"十四五"教育部高等学校电子商务专业教学指导委员会教材组立项教材

新文科·普通高等教育电子商务专业系列规划教材

农村电子商务基础

Fundamentals of Rural E-commerce

吴敬花 卢修元 帅青红 主　编

周竹荣 李忠俊 马　蓉 王　萍 副主编

郭　艳 李晓林 熊于宁 宗小兰 王　婷 参　编

西安交通大学出版社
XI'AN JIAOTONG UNIVERSITY PRESS

图书在版编目(CIP)数据

农村电子商务基础 / 吴敬花,卢修元,帅青红主编
. — 西安:西安交通大学出版社,2022.3
ISBN 978 - 7 - 5693 - 2559 - 1

Ⅰ.①农… Ⅱ.①吴…②卢…③帅… Ⅲ.①农村—
电子商务—教材 Ⅳ.①F713.36

中国版本图书馆 CIP 数据核字(2022)第 050293 号

书　　名	农村电子商务基础
	NONGCUN DIANZI SHANGWU JICHU
主　　编	吴敬花　卢修元　帅青红
策划编辑	祝翠华
责任编辑	祝翠华　赵化冰
责任校对	韦鸽鸽
封面设计	任加盟
出版发行	西安交通大学出版社
	(西安市兴庆南路1号　邮政编码 710048)
网　　址	http://www.xjtupress.com
电　　话	(029)82668357　82667874(市场营销中心)
	(029)82668315(总编办)
传　　真	(029)82668280
印　　刷	中煤地西安地图制印有限公司
开　　本	787mm×1092mm　1/16　印张　13.5　字数　339千字
版次印次	2022年3月第1版　2022年3月第1次印刷
书　　号	ISBN 978 - 7 - 5693 - 2559 - 1
定　　价	45.00元

发现印装质量问题,请与本社市场营销中心联系。
订购热线:(029)82665248　(029)82667874
投稿热线:(029)82665249　QQ:37209887
读者信箱:37209887@qq.com

前　言

　　受我国"二元经济"的影响,尽管在农村经济活动中应用计算机这一高新技术以实现农业的生产、经营、管理十分必要,但由于存在诸多困难,该举措难以付诸实施。直至移动通信技术和移动软件技术的发展与应用,在现代农业发展的推动下,电子商务最终得以在农村应用,使农户等农业生产的参与者能够借助电子商务的手段实现农产品经营和管理。移动通信技术和移动软件技术解决了农村电子商务在网络及信息服务不可达方面的问题,由此带动农村电子商务在信息流、资金流和物流等方面的全面发展,凸显了电子商务在农村资源配置中的优势。

　　2021年2月21日,《中共中央　国务院关于全面推进乡村振兴加快农业农村现代化的意见》(2021年中央一号文件)正式发布。这是21世纪以来第18个指导"三农"工作的中央一号文件。我国始终以中央一号文件的形式引领与推动农村经济的发展,持续解决农村发展中的各类问题。与此同时,随着农业现代化的推进、农村电子商务的进一步深化发展,以及与其他领域的融合,农产品品牌建设难题、农户增收瓶颈等问题均得到进一步化解。无论是在国家脱贫攻坚推进过程中,还是在紧急情况下保障居民的生活资源配给、推动农业生产恢复等方面,农村电子商务均展现出显著优势。目前,伴随农村电子商务的蓬勃发展,其应用范畴已突破单纯农户开店的局限,逐步转向借助农村电子商务平台开展产业规划与乡村治理实践。这一转变要求更多掌握电子商务专业知识的新农人投身农村基层建设与产业规划工作;在这一过程中,基层政府与行业领域既需要专业电子商务人才参与农村电子商务战略规划,也需借助电子商务工具实现对农村经济的系统性综合治理。

　　目前涉农电子商务领域的书籍数量可观,主要分为两类:其一是针对实操性技能的网店开设指导类教材,其二是聚焦农产品品牌建设、农业产业链优化升级或农村电子商务综合发展等细分领域的教材。此类教材因主题定位精准、内容聚焦,在涉农电子商务人才培养体系构建及行业纵深发展进程中发挥着显著的推动作用。然而,伴随电子商务向农村生产场景、农业产业全链条及农产品流通环节的深度渗透,涉农电子商务各细分领域正加速融合为有机整体,通过构建跨领域信息交互网络与数据共享机制,切实达成服务农户生产、赋能农业转型、助力乡村振兴的多维目标。鉴于此,农村电子商务亟须构建独立且成体系的知识框架,并整合商务运营、信息技术及农村经济发展规律等多维度知识资源,这对教材编写者的专业素养与知识整合能力提出了更高要求。

　　近年来,国家积极倡导推进新文科、新工科、新农科等多学科交叉融合领域的人才培养工作,农村电子商务作为典型的新兴交叉学科领域,充分融合了上述学科的核心要素与知识体系。尤其在农业作为国民经济基础产业的背景下,农村电子商务从业者不仅需要具备扎实的专业技能,更需要接受人生观、世界观和价值观的多维淬炼,唯有德才兼备、兼具家国情怀与社会责任感的新一代人才,方能切实承担起乡村振兴战略实施的重任。鉴于此,作者依托长期深耕教学与科研一线的实践经验,在教育部产学研协同育人项目(项目编号:201801114022)的专项支持下,与北京博导前程信息技术有限公司开展深度合作,以学术热忱为驱动、以实践探索为路径,最终高质量地完成了本书的编撰工作。

本书由吴敬花、帅青红和李忠俊共同完成总体架构设计,参与编写的成员均为深耕于电子商务领域的教育研究者与实践从业者。具体章节分工如下:西南财经大学的帅青红与中国银行四川省分行王婷共同负责第 1 章的编写,西南财经大学的王萍独立承担了第 2 章的编撰工作,四川农业大学的李晓林与西华大学的熊于宁共同完成了第 3 章内容的编写,四川农业大学的郭艳与云南农业大学的马蓉共同编写了第 4 章内容,四川农业大学的吴敬花与卢修元共同编写了第 5 章内容,四川农业大学的吴敬花独立撰写了第 6 章内容,西南财经大学的李忠俊独立完成了第 7 章的编撰工作,四川农业大学的卢修元独立完成了第 8 章的编写工作,四川农业大学的宗小兰独立完成了第 9 章的编写,西南大学的周竹荣负责第 10 章的编写。全书最终由吴敬花、帅青红和卢修元统筹定稿,陈雨薇和崔月红两位研究生也深度参与了教材第 1 至 5 章的文献调研与资料整理工作。

在本书编撰过程中,研究团队系统梳理了国内外近三年的前沿学术成果,涵盖期刊论文、学术专著及权威网络资源。受限于篇幅容量,部分引用文献未能逐一标注,仅在参考文献部分列示核心文献清单。若涉及知识产权争议,敬请权利人联系编委会。在此,谨向所有被引用文献的原创作者致以崇高的学术敬意与感谢!

当前,农村电子商务领域仍存在广阔的发展空间,数字农业技术的迭代升级正持续驱动该领域范式转型与生态重构。尽管编撰团队已竭力提升内容质量,但受限于学术视野与实践经验,书中仍难免存在不足之处,恳请广大读者不吝赐教。期待更多有志之士投身农村电子商务的理论研究与实践创新,通过构建产学研用协同创新网络,加速推动乡村产业数字化进程。

作　者

2022 年 1 月

目　录

第1章　农村电子商务概述

📖 学习目标

1.了解农村电子商务的相关政策。
2.了解农村电子商务的技术环境和商业环境。
3.掌握电子商务的定义、内容、分类等基础知识。
4.理解农村电子商务与电子商务的关系。

🎯 思政目标

1.了解国家涉农大政方针,培养学生家国情怀。
2.理解农村电子商务对农村资源配置的作用,强化学生的使命感,培养学生的团队合作意识、创新意识。

📝 内容提要

在国家政策的推动下,现代农业得到了较快发展,农村信息技术环境日趋成熟,农村电子商务得到快速发展。目前,农村电子商务发展面临着前所未有的机遇,如在政策推动下,农村电子商务基础设施得到完善、应用得到推广,其数据要素的价值得到更广泛的重视。相比主流电子商务,农村电子商务的发展以主流电子商务的理论和框架为基础,同其他涉农学科一样,有其独立的知识体系。

本章主要讲解农村电子商务面对的政策环境、技术环境和商业环境,以及电子商务和农村电子商务的基础知识。

📚 开篇案例

惠农网——一个产销两端精准撮合平台

惠农网,由湖南惠农科技有限公司开发运营,是2013年上线的农业产业互联网平台。惠农网根植"三农",服务"三农"。其中,"农"字为院士体,由中国工程院院士、"杂交水稻之父"袁隆平先生亲笔题写。

惠农网平台囊括水果、蔬菜、畜禽肉蛋、水产、农副加工、粮油米面、农资农机、种子种苗、苗木花草、中药材十大类目,涵盖2万多个常规农产品品种。

惠农网致力于孵化基于农村电子商务的县域电商服务,通过农产品品牌培育、农产品上行服务、供应链打造、农产品溯源体系建设、农村电商人才培训等落地方式,推进农村电商的健康可持续发展。

2020 年疫情防控期间,惠农网开展农产品保供稳价专题活动,搭建产销两端精准撮合平台,并协同物流企业,及时响应货运需求,稳定各类农产品价格。活动上线当天,供应商提供了近百种农产品,累计重量达上千吨。

惠农网 App 推出"找货源、找销路、找贷款、找物流"四大功能,开通紧急需求实时播报,帮助更多居民解决采购困难。支持免费发布供应源,在线找买家,并提供紧急贷款等服务。

此外,惠农网 App 针对新宁崀山脐橙、泸溪椪柑、广西砂糖橘等紧急待销的农产品开辟推广专区,通过线上撮合和线下代卖两种方式同步出货,加快农产品走向市场。

(文献来源:马娅.疫情下农产品稳产保供,惠农网做了这些事[EB/OL].(2020-02-27)[2022-01-19]. https://new.qq.com/omn/ 20200227/20200227A0RJBN00.html.)

近年来,电子商务在农村、农业和农产品等方面得到了快速发展,在各种影响因素中,国家颁布的一系列文件和政策成为农村电子商务发展的核心动力。在传统电子商务发展的基础上,农村电子商务逐渐形成一套独立的电子商务体系,推动了乡村振兴。

1.1 政策环境

农业是一个政策关联度较高的产业,中共中央在 1982 年至 1986 年连续五年发布以农业、农村和农民为主题的中央一号文件,对农村改革和农业发展作出具体部署;2004 年至 2022 年又连续 19 年发布以"三农"(农业、农村、农民)为主题的中央一号文件,强调了"三农"问题在中国特色社会主义现代化建设时期"重中之重"的地位。2007 年中央发布以"积极发展现代农业"为主题的一号文件,将发展现代农业提升至新农村建设首要任务的高度,并鼓励现代农业的发展,要求有与之配套的生产、流通、经营、金融服务。2015 年 11 月,国务院办公厅印发《关于促进农村电子商务加快发展的指导意见》,全面部署指导农村电子商务健康快速发展。

一方面,国家政策促进了现代农业的发展,竭力为现代农业的发展创造更好的条件,促使更多更优质的农产品产出;另一方面,国家政策促进了农村经济发展,通过更好的经济政策促进农产品流通,实现产业发展,通过农村经济增长,助力乡村振兴。

1.1.1 现代农业

目前国内外对于现代农业的概念还没有统一的定义。在本书中,现代农业是指使用现代物质条件装备、通过现代科学技术改造、依托现代经营形式发展、利用现代发展理念指导的农业。从产业划分角度,现代农业包括传统农业生产部门、农资生产、农产品加工等第二产业,以及技术研发、农产品流通等第三产业,是一、二、三产业融合,产前、产中、产后一体化的产业体系。

农业作为第一产业,涉及民生问题,关系到国家的安全与稳定。国家高度关注现代农业的发展,主要体现在两个方面:一是国家一号文件对现代农业提供方向性指导;二是提供相关配套政策,对现代农业的实施提供必要保障。

2007—2021 年中央一号文件中的现代农业政策如图 1-1 所示。

乡村振兴离不开现代农业提供的更多优质农产品、更有序的农业生产秩序以及更有效的农产品加工和流通,通过全面构建现代农业的生产体系、加工体系和流通体系,使农业生产既能生产优质农产品,也有畅通的流通环节,以实现经济增收,激励农业生产。

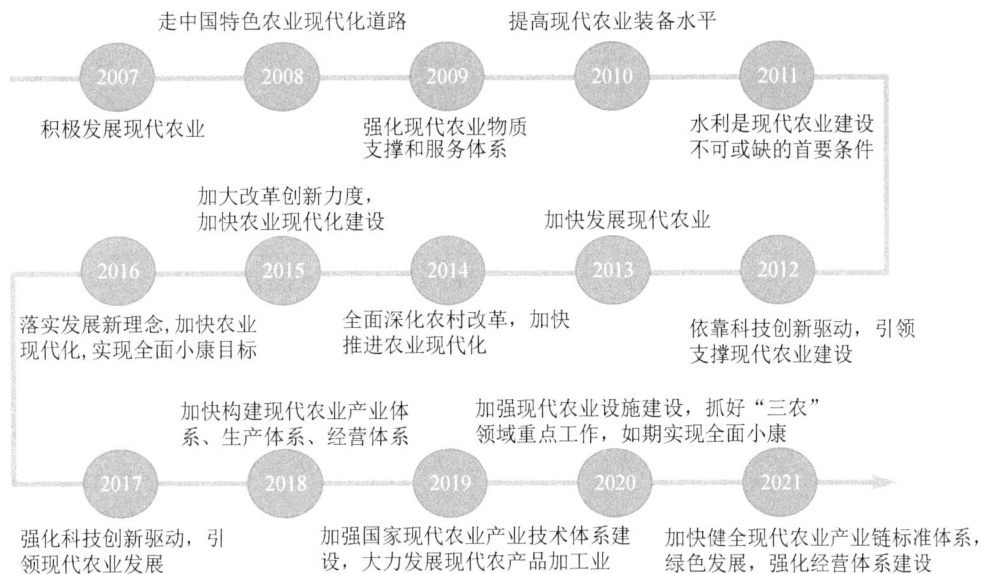

图 1-1　2007—2021 年中央一号文件中的现代农业政策

资料来源:新华社,由前瞻产业研究院整理。

除中央一号文件外,2014—2021 年我国还颁布了多项配套政策以支持现代农业的发展,这些政策涉及农村土地流转、农村电子商务、科技创新和产业园建设等方面的内容,具体配套政策如表 1-1 所示。

表 1-1　2014—2021 年我国现代农业发展的主要配套支持政策

政策分类	时间	相关政策	核心思想
农村土地类	2014 年 11 月	《关于引导农村土地经营权有序流转发展农业适度规模经营的意见》	鼓励农村土地经营权有序流转、适度规模经营,提高土地利用效率等
	2015 年 1 月	《关于引导农村产权流转交易市场健康发展的意见》	
	2015 年 8 月	《关于开展农村承包土地的经营权和农民住房财产权抵押贷款试点的指导意见》	
	2016 年 7 月	《农村土地经营权流转交易市场运行规范(试行)》	
	2019 年 9 月	《农村土地经营权流转管理办法(修订草案征求意见稿)》	
	2020 年 1 月	新修订的《中华人民共和国土地管理法》正式实施	
	2021 年 9 月	新修订的《中华人民共和国土地管理法实施条例》正式实施	
新型农业主体类	2017 年 5 月	《关于加快构建政策体系培育新型农业经营主体的意见》	通过培育新型农业经营主体等方式,提高农业生产组织化和专业化程度
	2019 年 2 月	《关于促进小农户和现代农业发展有机衔接的意见》	
	2020 年 3 月	《新型农业经营主体和服务主体高质量发展规划(2020—2022 年)》	
	2021 年 7 月	多地出台《关于支持新型农业经营主体高质量发展的若干措施》	

续表

政策分类	时间	相关政策	核心思想
农村电商类	2015年8月	《国务院办公厅关于促进农村电子商务加快发展的指导意见》	鼓励利用互联网等技术发展农村电子商务,提高农村商品流通效率等
	2015年12月	《推进农业电子商务发展行动计划》	
	2016年7月	《"互联网+"现代农业三年行动实施方案》	
科技创新类	2015年8月	《关于加大改革创新力度加快农业现代化建设的若干意见》	鼓励通过科技创新转变农业生产方式,用科技赋能现代农业发展,提高生产经营效率等
	2016年7月	《国家信息化发展战略纲要》	
	2017年6月	《"十三五"农业农村科技创新专项规划》	
	2017年11月	《增强制造业核心竞争力三年行动计划(2018—2020年)》	
	2018年1月	《国务院办公厅关于推进农业高新技术产业示范区建设发展的指导意见》	
	2018年1月	《国家农业科技园区发展规划(2018—2025年)》	
	2019年1月	《创新驱动乡村发展专项规划(2018—2022年)》	
产业园建设类	2017年3月	《农业部财政部关于开展国家现代农业产业园创建工作的通知》	通过创建现代农业产业园,形成示范作用,辐射带动全国现代农业发展
	2018年5月	《农业农村部 财政部关于开展2018年国家现代农业产业园创建工作的通知》	
	2019年3月	《农业农村部办公厅财政部关于开展2019年国家现代农业产业园创建工作的通知》	
	2020年3月	《关于开展2020年国家现代农业产业园创建工作的通知》	
	2016年3月	《国民经济和社会发展第十三个五年规划纲要》	
综合类	2016年10月	《全国农业现代化规划(2016—2020年)》	全方位制定现代农业发展目标重点任务、发展举措、保障制度等
	2016年12月	《中共中央 国务院关于深入推进农业供给侧结构性改革加快培育农业农村发展新动能的若干意见》	
	2018年9月	《乡村振兴战略规划(2018—2022年)》	
	2019年6月	《农业农村部 财政部发布2019年重点强农惠农政策》	
	2019年10月	《财政部办公厅 商务部办公厅关于推动农商互联完善农产品供应链的通知》	
	2020年2月	《中共中央 国务院关于抓好"三农"领域重点工作确保如期实现全面小康的意见》	
	2020年2月	《商务部办公厅 财政部办公厅关于疫情防控期间进一步做好农商互联完善农产品供应链体系的紧急通知》	

国家通过政策文件引导和各类制度保障，为现代农业发展创造良好的环境，使得现代农业和农村电子商务相互促进、协同发展。现代农业为农村电子商务的发展创造了良好的产品流通环境，而农村电子商务也促成了现代农业产业链的形成，提高了农村各类资源的配置效率。

1.1.2　乡村振兴

"三农"问题是指农村、农业、农民三个问题，是 2005 年党的十六届五中全会正式提出的。党的十六大以后，一系列高层会议和政策举措已勾勒出中央领导集体施政思路的概貌。十余年来，中央一号文件高度关注"三农"问题，党的十九大又首次提出乡村振兴战略，为破解"三农"问题指明了方向。随着农业、农村的发展，农民逐渐向新农人转化，并成为一种职业，因此，农民、农户和新农人作为农业参与者、农村居住者，在不同阶段均被视为农村电子商务的参与对象，本书中根据农村电子商务应用的时代背景进行使用。

在乡村振兴战略提出之前，农村已经历了扶贫、精准扶贫和脱贫攻坚等阶段，贫困标准最初是在农村居民家庭消费支出调查基础上计算得出，此后该标准根据物价指数变动逐年调整。在此过程中，通过文件引导和政策保障，贫困发生率逐年降低，1985 年农村贫困人口的扶持标准为 206 元；2005 年农村贫困人口的扶持标准为 683 元，贫困发生率近 20%；2016 年的扶持标准为 2952 元，贫困发生率为 4.5%；2018 年的扶持标准为 3200 元，为避免农村人口返贫问题，贫困的标准增加了是否有固定的产业以确保农户具有稳定的收入；2019 年的扶持标准为 3747 元，贫困发生率为 0.6%，贫困人口减少至 551 万人。

电子商务的发展依托信息技术在信息共享和资源配置方面的优势，它被广泛应用于农村地区并促进了农村经济的发展。在农村电子商务参与扶贫、精准扶贫和脱贫攻坚的过程中，中央及地方政府陆续出台了相关政策，一些电商企业（如京东等）也积极参与农村电子商务的实践。综合各类文献对农村电子商务发展的研究，可以将农村电子商务的发展历程大致分为以下四个阶段。

1. 第一阶段：1995—2005 年

在 1995 年底，我国正式启动了"金农工程"，郑州商品交易所成立了集诚现货网（即中华粮网的前身），这标志着农村电子商务的开端。到 2005 年，全国农村电子商务网站已经达到 2000 个以上，涉农网站 6000 多个，该阶段主要是政府主导、国家投入、官办平台，自上而下发展电子商务。

2. 第二阶段：2005—2012 年

非典疫情以后，以淘宝网为代表的电子商务平台逐渐被人们接受。我国东部沿海地区的部分农民率先尝试开设网店，实现了主流电子商务平台在地域上覆盖农村，在产业上提供面向农业的电子商务服务。该阶段依托市场驱动，利用市场化电子商务平台自下而上发展电子商务。

3. 第三阶段：2012—2014 年

这一阶段是电商扶贫的初级阶段，电子商务企业根据市场需求，在淘宝网等电商平台上销售特色农产品，典型的案例有甘肃成县、吉林通榆、黑龙江明水、甘肃陇南等，电商扶贫的概念主要形成于这一阶段。

4. 第四阶段:2014 年至今

在这一阶段,电商扶贫受到了国家的高度关注。在 2014 年 10 月 17 日召开的全国社会扶贫工作电视电话会议上,国务院扶贫办宣布将电商扶贫列为"脱贫攻坚十大工程"之一,电商扶贫被正式提出;2014 年 10 月,杭州市桐庐县人民政府与阿里巴巴集团正式签署农村发展战略落地桐庐试点项目协议,阿里巴巴的"农村淘宝"成为首个试点项目。2015 年国家拨款 20 亿元专项资金用于发展农村电子商务,并于该年确定了第二批共 200 个电子商务进农村示范县;2015 年 9 月,农村淘宝已覆盖 22 个省份的 147 个县市,包括 31 个国家扶贫开发工作重点县和 42 个省级扶贫开发工作重点县;2015 年 9 月,国务院扶贫办与苏宁云商在北京签署全国农村电商扶贫战略合作框架协议;2015 年 11 月,国务院发布《关于促进农村电子商务加快发展的指导意见》,明确把电子商务纳入扶贫开发工作体系。

2016 年,国家及多地政府将电商扶贫纳入"十三五"规划之中,并从政策扶持、资源配置、组织实施、人员培训等方面予以部署。同年,颁布了第一个专门针对电商精准扶贫的系统性政策文件《关于促进电商精准扶贫的指导意见》。2016 年 1 月,国务院扶贫开发领导小组办公室与京东集团在京签署电商精准扶贫战略合作框架协议。2017 年阿里巴巴、京东、苏宁等纷纷在农村布局线下便利店。2018 年 5 月,财政部、商务部、扶贫办联合发布了《关于开展 2018 年电子商务进农村综合示范工作的通知》;2018 年 6 月,《中共中央 国务院关于打赢脱贫攻坚战三年行动的指导意见》明确指出:"实施电商扶贫,优先在贫困县建设农村电子商务服务站点。"2019 年 4 月,国务院扶贫办会同商务部、财政部印发了《关于开展 2019 年电子商务进农村综合示范工作的通知》。2020 年 5 月 22 日,在十三届全国人大三次会议通过的《政府工作报告》中,明确指出要"支持电商、快递进农村,拓展农村消费"。

与此同时,与农村电子商务发展相关的各级部门发布了诸多政策,以确保农村电子商务的顺利实施。中共中央、国务院发布了《关于加大改革创新力度加快农业现代化建设的若干意见》(中发〔2015〕1 号)、国务院办公厅发布了《关于大力发展电子商务加快培育经济新动力的意见》(国发〔2015〕24 号)等数十个文件,推动了农村电子商务的发展,确保了农产品的流通,进行高效的资源配置。

2020 年,我国农村彻底摆脱了绝对贫困,全面进入乡村振兴阶段。2017 年,党的十九大报告提出了乡村振兴战略,指出实施乡村振兴战略。农业农村农民问题是关系国计民生的根本性问题,必须始终把解决好"三农"问题作为全党工作重中之重。

2022 年 2 月 22 日,中央一号文件——《中共中央 国务院关于做好 2022 年全面推进乡村振兴重点工作的意见》公布。这也是 21 世纪以来第 19 个指导"三农"工作的中央一号文件。该意见提出,坚持稳中求进工作总基调,立足新发展阶段、贯彻新发展理念、构建新发展格局、推动高质量发展,促进共同富裕,坚持和加强党对"三农"工作的全面领导,牢牢守住保障国家粮食安全和不发生规模性返贫两条底线,突出年度性任务、针对性举措、实效性导向,充分发挥农村基层党组织领导作用,扎实有序做好乡村发展、乡村建设、乡村治理重点工作,推动乡村振兴取得新进展、农业农村现代化迈出新步伐。

尽管我国农村经济长期受"二元经济"的影响,但是国家在现代农业发展和乡村振兴等方面从多个角度采用政策激励的方式,引导农村经济的发展。在现代农业方面,产业的发展需要通过电子商务构建农业全产业链,为农业生产提供高效的资源配置,以确保农业生产上游和下游信息共享,从而保障农产品的产、供、销渠道畅通。在乡村振兴方面,农村经济发展需要可持续发展的产业支撑,需要不断对瞬息万变的市场信息进行筛选和处理,而农村电子商务的发展有助于人们做出市场信息决策。因此,农村经济发展的诸多政策中包含了大量的农村电子商务政策。

1.2　技术环境

技术应用是农村电子商务发展的基础。在乡村振兴战略的支持下,随着农业现代化和农村电子商务的发展,农村的信息技术环境得到了明显改善。

(1)基础设施逐步完善,农村信息网络得到较大发展。"十三五"规划提出"加快第四代移动通信(4G)网络建设,实现乡镇及人口密集的行政村全面深度覆盖,在城镇热点,公共区域推广免费高速无线局域网(WLAN)接入"。截至2020年,在我国所有行政村拥有4G网络,部分行政村已经覆盖了5G网络,90%以上的贫困村实现了宽带网络覆盖。基础设施的升级和网络环境的改善,使我国在推进城镇化的过程中,虽然农村人口不断减少,但是农村网民高达2.11亿。

(2)移动软硬件技术的不断发展,促进了我国手机上网的普及。2020年初,我国网民使用手机上网的比例为99.3%,使用台式电脑上网的比例为42.7%,使用笔记本电脑上网的比例为35.1%,移动电子商务的发展惠及农村地区。

(3)信息技术在农村被广泛运用。随着现代农业的发展和乡村振兴战略的实施,各级政府、企业对农村电子商务也进行了多方面的探索。经过多轮农村电子商务示范县的建设以及各大电子商务平台的渗透,我国农村电子商务在信息管理、支付和物流等方面都得到了较大发展。截至2020年9月,我国淘宝村的数量达到5425个,淘宝镇的数量达到1756个,2019年全年农村电子商务交易额为22898亿元。农村电子商务的推广,不仅在农村电子商务的下行过程中培养了用户的电子商务交易习惯,还有力推动了农产品上行的电子商务市场的繁荣发展。随着信息技术的日趋成熟,电子商务由城市向农村渗透,并进一步与农村经济融合,形成了农村特有的电子商务体系。

1.3　商业环境

受我国"二元经济"的影响,农村市场难以对资源进行高效配置,随着电子商务的发展与渗透,农村商品经济市场逐步形成。农村电子商务不断发展,体系不断完善,逐渐形成了以服务农业、实现农村综合治理为主要内容的商业环境。

1.3.1　农业问题

农业属于第一产业,是基础产业,是国家发展的根本,具有重要的政治意义和战略价值,因此我国一直在积极发展农业。

1.制度上实施农业生产的供给侧结构性改革,优化农业生产和资源配置

土地是农业生产最宝贵的自然资源。我国不断完善土地政策,于2018年底基本完成农村承包土地确权登记颁证工作,使农村土地价值得到更加充分的体现,为土地流转创造了更加便利的条件。

通过农村合作社等新形式进行资源整合,实施规模化经营,优化产业结构,进行农业供给侧结构性改革,解决了传统农业小规模分散经营导致的生产成本高、盈利能力弱等问题,提高了农业产业化程度,延长了农业价值链。

2. 农村金融为农业生产提供保障

农村金融是农村的货币资金融通,农村金融的作用如下:一是发展农业信贷,在风险可控的条件下,确保农业经济活动获得必要的资金支持;二是发展农业保险,以降低农业生产者在从事农业生产过程中因农业遭受意外而造成的经济损失,从而保护农业生产者的积极性;三是通过证券等方式,引导更多的资本流向农业领域。

3. 技术上加快数字农业发展,实现农业集约化生产

数字农业是 1997 年由美国科学院和工程院的两院院士正式提出的,它是指将信息作为农业生产要素,用现代信息技术对农业对象、环境和全过程进行可视化表达、数字化设计、信息化管理的现代农业。

数字农业将遥感技术、地理信息系统和全球定位系统(简称 3S 技术)应用于农业生产,实现对农作物、土壤从宏观到微观的实时监测,实现合理利用农业资源、降低生产成本、改善生态环境、提高农作物产品和质量的目的。

数字农业主要包括农业物联网、农业大数据、精准农业和智慧农业四个方面。农业物联网主要使用传感器、摄像头等设备实现物物互联,在封闭的系统内,根据农业专家对农作物的研究,实现农业的自动化生产,但由于投资较大,农业物联网主要用于设施农业生产、农产品加工、仓储和物流管理等方面。农业大数据是利用各种开放渠道收集的数据,并使用这些数据进行决策,以实现农业生产全自动化控制和操作,主要用于大田农业生产全产业链的操作和经营。精准农业是建立在农机硬件基础上的执行和操作系统,能够根据作物的生长情况实现设备和设施操作的精准化和智能化。智慧农业是建立在经验模型基础上的专家决策系统,能够实现农业生产管理的智慧决策和控制,主要应用于农业物联网和农业大数据领域。

2020 年 1 月 20 日,农业农村部与中央网络安全和信息化委员会办公室发布了《数字农业农村发展规划(2019—2025 年)》,规划提出,到 2025 年,数字农业农村建设将取得重大进展,能够有力支撑数字乡村战略实施。实现农业农村数据采集体系建立健全,空天地一体化观测网络、农业农村基础数据资源体系、农业农村云平台基本建成。由此,以数字化引领并驱动农业农村现代化,实现数字乡村建设,促进乡村振兴。

1.3.2 农村问题

相比农业问题,农村问题主要体现在农村的综合管理、资源调度等方面。我国一直致力于农村发展的土地确权和基层组织的治理工作。

1. 抓住政策机遇顺势发展,实现乡村振兴

乡村振兴需要农村经济的全面发展。目前,国家深挖影响农村经济发展的根源,通过政策引领从源头上治理农村的经济问题,包括土地确权问题、农村城镇化问题等。因地制宜制定政策解决农村问题,对适合发展农业的地区,采用多种渠道促进农民工返乡创业,治理土地抛荒问题,确保粮食安全;对不适合发展农业的地区,采用土地流转、农村城镇化等方式,发展第三产业。

2. 加强基础设施建设和信息系统的使用，增进信息共享，实现美丽乡村

近年来，农村青壮年外出务工，农村基层人才缺口较大，基层组织缺乏"造血"功能，基础设施不完善，基础信息系统缺乏导致基层面临很多问题。加强农村的基础设施建设，改善农村基础设施环境，吸引外出务工人员返乡创业，带头发展农村经济；通过信息系统的使用，增强基层政府对农户的信息共享和信息服务，宣传国家政策，引领乡村文化建设。

3. 全面提高农户信息素养，增强农户参与现代农业或乡村治理的能力

农户是农业的主要生产者，是农村经济的主要参与者，是乡村振兴的主要推动者。目前农户主要面临提高综合素质和增加经济收入等问题。

由于城乡教育发展的不平衡以及受教育人口向城市流动，农户现有的知识水平难以接受现代农业发展所需要的新理念、新技术。农户自身观念和外在条件，影响着现代农业的生产和发展，从而进一步影响乡村治理水平的提高。因此，可以通过加强基础设施建设、改善软硬件服务、增进信息共享服务，提高农户的信息获取效率，从而进一步提高农户的综合素质。

在国家政策的引领下，农村经过了扶贫开发、精准扶贫和脱贫攻坚几个阶段，农户收入得到了有效提高，农村经济也实现了良性发展。目前，我国在信息服务方面已实现了移动网络在农村地区的全面覆盖，移动终端设备在农村家庭得到全面普及，农户可以通过获取的各种信息服务提高自身的综合素质。我国在农村医疗保险及农业保险方面的推动，为农户的生活和生产劳动都提供了必要的保障，降低了农户致贫、返贫的风险。在帮扶农民方面，一方面鼓励农村剩余劳动力外出务工，获得就业机会；另一方面为农民提供产业帮扶，实施土地流转，鼓励返乡农户发展产业，为农户实现可持续的经济增长提供了可能。2020年末，我国原先划定的贫困县、贫困村均成功实现脱贫，农村进入了乡村振兴战略发展阶段。

随着现代农业和农村经济的发展，需要应用农村电子商务满足农户日益增长的经济活动需求，面对新形势下的农业、农村环境，通过市场对资源的配置，促进农特产品流通，推动农村经济发展。

综上所述，农村电子商务面对的商业环境是国家政策引领下的乡村振兴战略，是关乎农业、农村发展全面治理的问题。在该商业环境下，农村电子商务需要共享现代农业信息，完善农业生产的产业链，以促进农业发展。农村电子商务需要加强农村和农户的信息管理，以实现农村综合治理，促进农村全面发展；需要促进农特产品流通，以帮助农户增收，实现农村经济可持续发展，助力乡村振兴。

1.4　电子商务与农村电子商务

农村电子商务以主流电子商务基本理论为基础，其电子商务的要素、模式和分类等基础知识同样适用于农村电子商务。

1.4.1　电子商务的基础知识

1. 电子商务的定义

电子商务（e-commerce，EC）是指通过网络开展的商务活动，也可理解为在互联网

(internet)、企业内联网(intranet)和增值网(value-added network,VAN)环境下以电子交易方式进行的经济活动。

电子商务分为广义的电子商务和狭义的电子商务。广义的电子商务(即电子商业，e-Business)是指使用各种信息工具从事商务活动，不仅包括面向外部的所有业务流程如电子数据交换、网络营销等，还包括企业内部的业务管理如企业资源计划、管理信息系统等。狭义的电子商务是指利用互联网从事与商品交易相关的一系列活动，不同于网络销售。从概念上讲，电子商业包含的内容比电子商务广，而电子商务包含的内容比网络销售广。

2. 电子商务包含的主要内容

电子商务的内容主要包含以信息网为载体的信息流、以金融网为载体的资金流和实现物品转移的物流。随着电子商务的发展，电子商务逐渐重视以商品价值转移为核心的商流，由此，商流将电子商务的三要素发展演变为四要素。

(1)信息流。信息流是指电子商务的各类信息展示、传递和共享等转移过程，是商品流通体系的"神经"。信息流包括商品信息提供、促销行销、技术支持、售后服务等内容，也包括诸如询价单、报价单、付款通知单、转账通知单等商业贸易单证，还包括交易方的支付能力、支付信誉等。在企业中，信息流分为两种：一是纵向信息流，发生在企业内部；另一种是横向信息流，发生在企业与其上下游相关企业、政府管理机构之间。信息流在电子商务中具体表现在电子商务网站及相关系统的规划和建设方面。

(2)资金流。资金流是指资金的转移过程，包括支付、清算和结算等，它始于消费者终于生产者，与物流方向相反。银行业参与电子商务，一方面是以电子商务的形式开展经济活动，提高银行业的金融服务水平；另一方面是参与电子商务的资金流服务，促进电子商务交易的完成。

(3)物流。作为"四流"中最为特殊的一种，物流是指物质实体(商品或服务)的空间转移过程，具体指运输、储存、配送、装卸、保管、物流信息管理等各种活动。若电子商务的交易对象为虚拟产品，则物流表现为信息的转移过程。相对商品交易的双方，电子商务的物流多为第三方物流。为了提高物流的效率，安德森咨询公司提出了第四方物流(the 4th party logistics，4PL)。第四方物流是一个调配和管理组织，其自身具有互补性的服务提供商的资源、能力与技术，可以为第三方物流公司提供全面的供应链解决方案。

(4)商流。商流是从生产者到消费者之间商品不断转卖的价值形态转化过程。商流由若干次买卖所组成的序列构成，是商品所有权在不同的所有者之间转移的过程。

无论是电子商务的策划、监管还是从事电子商务活动，都离不开信息流、资金流、物流、商流四要素。以开设网店这一电子商务活动为例，商家需要考察选择电商平台进行信息传递和交互，依赖电商平台选择快递企业从事物流，使用网上银行或第三方支付平台进行支付，若因为某种特定的原因导致商品未能按预期交付，则需通过商流对商品权属进行交易管理。

3. 电子商务模式的分类

电子商务模式是指在网络环境和大数据环境中，基于一定技术基础的商务运作方式和盈利模式。根据电子商务的实施情况，可以从多个视角对电子商务模式进行分类。

(1)根据商业活动中电子商务的使用情况进行分类。

①完全电子商务是指通过电子商务模式实现和完成完整交易的行为和过程，即商品或服

务的完整过程都是在信息网络上实现的。

②不完全电子商务是指在商品交易中,部分经济活动依靠电子商务模式实现、完成,结合传统商品交易手段,完成商品交易的行为和过程。

在完全电子商务中,信息流、资金流均为数字化交易场景,物流为数字信息或在数字通信系统管理下进行;在不完全电子商务中,信息流、资金流和物流在数字化环境中进行,线上或线下的电子商务多为不完全电子商务。具体见图 1-2。

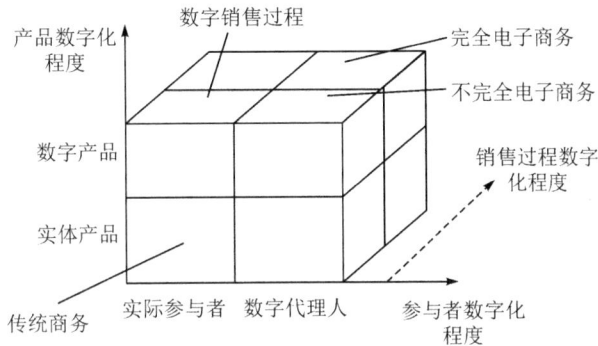

图 1-2 电子商务交易过程的数字化组合

资料来源:邵兵家.电子商务概论[M].4 版.北京:高等教育出版社,2019.

(2)根据电子商务交易的地域环境分类。

①本地电子商务是指利用本地区或本城市的信息网络实现的电子商务活动,一些同城服务平台或美团等平台的区域性服务均为本地电子商务。

②国内远程电子商务是指在本国范围内进行的网上电子交易活动,企业使用电子商务的目的是从地域上拓展商品交易的市场。

③跨境电子商务是指在全球范围内、在不同关境下进行的电子交易活动。相比国内电子商务,跨境电子商务拓展了国际市场,但在信息流、资金流和物流等方面均比国内电子商务更为复杂。

(3)根据电子商务使用的交易网络协议标准分类。

①基于电子数据交换(electronic data interchange,EDI)网络的电子商务。EDI 是指将商业或行政事务按照一个公认的标准,形成结构化的事务处理或文档数据标准格式,从计算机到计算机的电子传输方法。基于 EDI 网络的电子商务交易采用公共标准,主要用于安全性要求高的进出口贸易电子商务。

②基于互联网的电子商务。基于互联网的电子商务,顾名思义,是指利用互联网进行电子商务交易,这是当前最主要的电子商务形式。

③基于企业内联网的电子商务。基于企业内联网的电子商务,就是指利用企业内部网络进行的电子交易。企业内联网是利用互联网技术发展起来的企业内部网,是在原有局域网上附加一些特定的软件,将局域网与互联网连接起来,从而形成企业或行业的内部网络。

此外,电子商务还存在多种分类方法。根据电子商务参与主体不同,电子商务分为企业对企业电子商务(business to business,B2B),顾客对顾客电子商务(customer to customer,C2C),企业对顾客电子商务(business to customer,B2C)等;根据电子商务的作用形式不同,电子商务中的线上线下商务(online to offline，O2O)还分为"互联网＋""＋互联网"电子商务；根据电子商务的网络类型不同，电子商务可分为传统电子商务和移动电子商务等。

1.4.2　农村电子商务的基础知识

1.农村电子商务的定义

随着电子商务的发展，电子商务逐渐向农村地区渗透：一是通过网络突破城市和农村的边界，农村利用电子商务平台销售或购买商品，以满足日常生活需求，推动农村电子商务发展；二是通过产业影响突破农业与其他产业的边界，实现农产品网上销售，推动农业电子商务发展；三是通过技术降低农户使用电子商务的门槛，促进更多的农户参与电子商务，使新农人越来越多。新农人的参与促进了农业电子商务与农村电子商务的相互融合，从而形成真正意义上的农村电子商务。

农村电子商务是指为农村服务的电子商务，它是新农人参与的农村电子商务、农业电子商务的总和[①]。其中的新农人是相对于传统农户而言的，传统农户是指以种植农业为生的农户，新农人是指为了创业理想而投身农业之中的创业者，新农人不局限于农户，他们拥有一定的知识，又植根于农村。

农村电子商务是一个有机的整体，能够充分利用互联网的易用性、广域性和互通性，实现快速可靠的商务信息交流和业务交易。农村电子商务通过"互联网＋"，不仅捕捉了农产品的市场需求，推动农业供给侧结构性改革，解决现代农业"种什么"的问题，而且农村电子商务促进了农产品经济市场的形成和发展，推动农业生产要素在市场作用下进行资源配置，促进农业生产"产供销"产业链的形成和发展。

农村电子商务与县域电子商务既有联系又有区别，在以具体的县为单位应用农村电子商务时，两者具有一致性；而涉农产业或企业应用电子商务时，两者在应用的视角上具有差异：农村电子商务是以农村为服务对象开展电子商务，而县域电子商务则是围绕县域经济特征开展的商务活动。

2.农村电子商务的产生与发展

《2020全国县域数字农业农村电子商务发展报告》指出，2019年全国2083个县域网络零售额达30961.6亿元，同比增长23.5%，其中832个贫困县网络零售额达1076.1亿元，同比增长31.2%；县域农产品网络零售额达2693.1亿元，同比增长28.5%，其中832个贫困县农产品网络零售额为190.8亿元，同比增长23.9%，需求侧的数据、信息日益成为供给侧结构性改革的新动能，农业的产业链、供应链、创新链、价值链正在加速重构，电子商务成为"绿水青山就是金山银山"的重要"转换器"。

随着更多的电子商务企业、更多的网商和农特产品参与农村电子商务，农村电子商务出现新的交易理念，以生鲜为代表的农特产品实现生产者和销售者的对接，形成新的市场生态环境。2009年，阿里巴巴开始实施淘宝村计划，到2019年已经建成4310个淘宝村；同时，京东也向农村进行渗透，我国逐步建立农村电子商务示范县和示范村，中国农业银行以及中国邮政等纷纷参与农村电子商务，利用自身的资金流或物流优势推动农村电子商务发展。目前，农村

---

① 此处根据国家对农村的定义对农村电子商务进行了定义。

电子商务在国家政策激励下已形成县、乡、村三级电子商务网络体系,该体系是农村电子商务特有的且与传统电子商务不同的商品体系和电子商务生态环境。

本章小结

近年来,国家通过中央一号文件对"三农"问题的关注为农村电子商务的发展提供了良好的政策环境。在一系列国家政策的引领下,农村加强了基础设施建设,为农村电子商务的发展创造了有利条件。

农村电子商务将现代农业生产和市场融为一体,构建起农产品的全产业链,加速了农业供给侧结构性改革;充分利用信息技术发展成果,通过信息系统对农村进行综合治理,建设美丽乡村;畅通农产品销售渠道,实现农业增产、农民增收。

农村电子商务的主要理论来源为传统电子商务,其定义、要素和模式同样适用于农村电子商务。无论是监管、规划还是作为商家参与农村电子商务,均需要系统、全面地了解农村电子商务。

无论是对农村电子商务环境的理解,还是对农村电子商务知识的学习,农村电子商务的发展都具有广阔的空间,也将在政策的支持下逐步走向成熟,实现可持续的运行。

思考题

1.国家政策对农村电子商务发展的影响有哪些?

2.农村电子商务的技术环境包含哪些方面?

3."农村问题"是什么? 农村电子商务在"农村问题"上的作用有哪些?

4.如果要对电子商务进行监管,应从哪些方面入手?

5.电子商务根据其使用技术的不同,可分为哪些类型?

第 2 章　农村电子商务技术

学习目标

1. 理解传统电子商务中的基础技术。
2. 了解农村电子商务主要采用的移动通信技术。
3. 掌握并能够熟练应用农村电子商务主流的移动软件技术。
4. 熟悉物联网技术和计算智能化技术。
5. 了解现代农业技术,特别是数字农业的 3S 技术。

思政目标

1. 掌握农村电子商务技术,培养学生良好的职业道德规范和职业素养。
2. 认识技术在经济应用中的两面性,树立学生服务人民、奉献社会的人生观和价值观。
3. 熟练掌握技术的正确使用方法,弘扬以爱国主义为核心的民族精神,增强民族自豪感。

内容提要

在农村电子商务的发展过程中,不同的参与者和经济环境对电子商务技术的选择各有差异,但是,无论是规划、设计还是实施农村电子商务,都需要了解和掌握其所涉及的一系列主流技术乃至关键技术。

农村电子商务的主流技术包括数据交换技术、移动通信技术和移动软件技术等。结合现代农业构建全产业链农村电子商务,还涉及物联网技术、云计算技术、大数据挖掘技术和人工智能技术等,以及推动智慧农业发展的 3S 技术。

技术的渗透加速了农村电子商务向纵深方向的快速发展,进而形成了农村电子商务多元化、多层次的发展格局。

开篇案例

浙江浦江葡萄的数字化管理

葡萄丰收后的快递运输一直是行业难题,2020 年,浙江金华浦江的果农们不再为此而担忧,浦江县整合了邮政物流和互联网技术,推出了"极速鲜葡萄专送"服务,成功解决了葡萄运输的难题,省内当天即可送达。

2020 年,浦江县成为农业农村部公布的全国 110 个"互联网十"农产品出村进城工程试点县之一。葡萄作为浦江的特色农产品,是当地农业的第一大产业,年销售额 11 亿元。通过"互联网＋"农产品出村进城工程试点,浦江县进一步完善了葡萄产业出村进城的推进模式和标准规范,实现了"全产业链"的数字管理。根据浦江葡萄产业数字化发展现状,浦江县结合数字农业新技术,搭建起浦江县葡萄种植数字化管理服务平台,实现了葡萄产业从生产到销售的标准化、科学化、数字化、精准化管理,并构建了"互联网＋"智慧物流。具体举措为建设县、乡、村一体化,实施全域重点村全覆盖工程,设立村级物流揽收点,构建基于物联网技术的农产品智能冷链物流体系,实现从分拣包装到冷链物流仓储一条龙服务。推动农产品质量安全追溯管理、"三品"认证等系统与运营主体的融合对接,推行"二维码合格证",规范生产管理、包装标识,实现葡萄质量安全全程可追溯。

2021 年底,浦江县的农产品出村进城试点建设任务基本完成,葡萄产业将形成更为完善的适应农产品网络销售的供应链体系、运营服务体系和支撑保障体系,实现了产销顺畅衔接、优质优价,显著提升了供给能力和供应效率。

(资料来源:浙江金华市交通运输局.浦江农产品搭上智慧物流快车[EB/OL].(2020－08－25)[2022－01－19]. http://jtysj.jinhua.gov.cn/art/ 2020/8/25/art_1229168766_55073901. html.)

电子商务的发展是制度创新与技术渗透融合发展的产物。鉴于农村经济的特点,技术驱动成为农村电子商务的显著特征。其主要涵盖的技术包括 EDI 技术、移动互联网技术、移动终端技术、物联网技术、区块链技术、人工智能技术,以及数字农业中常用的 3S 技术等。其中,EDI 技术是电子商务领域的开创性技术;移动互联网技术为农村电子商务发展提供了必要的渠道;物联网技术能够自动获取农产品信息,缓解了农产品流通环节的信息不对称问题;移动终端技术降低了人们参与农村电子商务的门槛;人工智能技术则促使农村电子商务形成了从生产到销售的农产品供应链一体化决策模式,提升了农村电子商务的运行效率。

2.1　EDI 技术

电子数据交换 EDI 是由国际标准化组织(International Organzation for Standardization, ISO)推出并使用的国际标准,它依据一个公认的标准形成结构化的事务处理或消息报文格式,从而实现计算机之间的信息传输,其本身也是计算机领域可识别的商业语言。

2.1.1　EDI 技术的产生

传统商务活动主要依靠面对面直接交易及纸面交易的方式来进行,若需要进行远程的商务活动,则需参与贸易的各方通过电话、传真和邮递等方式进行贸易磋商、签约和执行。相关商务活动的文件形成和传输均依赖于人工操作,而贸易涉及的银行、海关、商检、运输等环节,则需要对交易中不同的文件进行重复的处理,且经常会遇到文件损毁、丢失等风险。因此,传统商务活动存在信息不完善、耗费时间长、花费高、库存和产品易于积压、生产周期长、客户服务有限等局限性。

随着计算机的出现,人们开始探索利用电子手段来替代传统的纸面信息记录和传输方式,以降低人工干预程度,提升信息的传递速度,减少信息的重复录入次数,从而大幅度降低出错的概率。因此,人们模拟传统的商务单据流转过程,为整个贸易过程制定了一系列交换标准(即 EDI 标准),以此实现远程商品交易。

20 世纪 80 年代,随着计算机技术的日趋成熟和国际贸易市场的异常活跃,以计算机应用、通信网络和 EDI 标准为基础的 EDI 技术得到了较快的发展和广泛的应用。

2.1.2 EDI 系统的组成

现有的电子商务系统主要依托 Internet 技术,但是一些大型的电子商务交易系统或跨国商务活动对商务活动的安全性要求较高,主要使用 EDI 系统。EDI 标准、EDI 软件和硬件,以及通信网络是构成 EDI 系统的三大核心要素。

1. EDI 标准

标准化工作是实现 EDI 互联互通的前提和基础。EDI 标准由各企业、各地区的代表共同讨论、制定,它能够使各组织之间的不同文件格式通过统一的标准达到彼此间文件交换的目的。

(1)按照标准用途的不同,EDI 标准分为 EDI 语言标准和 EDI 通信标准两类。

EDI 语言标准是用于表示信息含义的语言,它主要用于描述结构化信息,能够将信息以结构化的方式表达出来,使计算机能够相互理解;而 EDI 通信标准是承载信息语言的规则,它负责将数据从一台计算机传输到另一台计算机。一般来说,EDI 语言对其载体所使用的通信标准并无限制,但对语言标准却有严格的要求。

EDI 标准可以根据具体功能进一步细分为 EDI 网络通信标准、EDI 处理标准、EDI 联系标准和 EDI 语义语法标准等。其中,EDI 网络通信标准旨在明确 EDI 通信网络应该建立在何种通信网络协议之上,以保障各类 EDI 用户系统实现互联。国际上主要采用基于 X.400 的消息处理系统作为 EDI 通信网络协议,以解决 EDI 的支撑环境问题。而 EDI 处理标准则聚焦于研究不同地域、不同行业的 EDI 报文所共有的"公共元素报文"的处理标准,它与数据库、管理信息系统等接口有关。此外,EDI 联系标准解决的是 EDI 用户所属的其他信息管理系统或数据库与 EDI 系统之间的接口问题。EDI 语义语法标准(EDI 报文标准)主要用于解决各种报文类型格式、数据元编码、字符集、语法规则,以及报表生成应用程序设计语言等问题,是 EDI 技术的核心。

(2)按照标准的适用范围不同,EDI 标准分为企业专用标准、行业标准、国家标准和国际标准四类。

当某一公司采用计算机进行管理时,就需确保输入计算机的数据或文件具备一定的格式。这一特定标准专门为某个公司量身定制,将该公司的所有数据都纳入其中,从而形成该企业专用的标准。随着企业专用 EDI 标准的发展,不同的企业标准逐渐统一,进而形成了该行业共同遵循的行业标准。随着跨行业贸易往来的不断发展,行业标准与企业专用标准进一步融合,最终形成了适用于各个行业的国家标准,以满足整个国家的需要。随着国际贸易的进一步发展,占据主流地位的 EDI 国家标准或行业标准得到了更为广泛的应用,从而形成国际标准。

世界上通用的 EDI 标准有两个:一个是由美国国家标准研究所(American National Standards Insitute,ANSI)主持制定的 ANSI X.12 数据通信标准,该标准主要在北美地区使用;另一个是行政、商业与运输电子数据交换(EDI for administration commerce and transportation,EDTFACT)标准,它最早应用于西欧地区。在全球 EDI 使用者所遵循的 EDI 单证国际标准方面,1997 年,ANSI X.12 标准被并入 EDIFACT 标准之中。

2. EDI 软件及硬件

EDI 标准的实施依赖于 EDI 软件,而 EDI 软件的运行又需要借助硬件的支持,在 EDI 通信网络的作用下,才能最终实现数据交换。

(1)EDI 软件。由于不同行业有着各自特定的信息格式要求,因此 EDI 标准具有较大的灵活性。当需要发送 EDI 文件时,需要采用一定的方法从专有数据库中提取信息,并将其转换成 EDI 的标准格式进行传输,当接收方收到 EDI 文件时,能对传输的文件进行读取。上述功能均依赖 EDI 软件来完成。根据软件功能的不同,EDI 软件可分为转换软件、翻译软件和通信软件 3 类。EDI 转换软件可以帮助用户将原有计算机系统中的文件转换成翻译软件可识别的平面文件;或将从翻译软件处接收来的平面文件转换成原计算机系统中的文件。EDI 翻译软件则负责将平面文件转化为标准格式的 EDI 文件,或将接收到的标准格式 EDI 文件转化为平面文件。EDI 通信软件的作用是在标准格式的 EDI 文件外层添加通信信封,然后将其发送至 EDI 系统交换中心的邮箱,或从 EDI 系统交换中心取回收到的文件。

(2)EDI 硬件。EDI 软件需要借助硬件的支持来实现其功能,具体的硬件设备主要有计算机终端设备、网络设备等。其中,计算机终端设备主要有个人计算机、工作站、小型机、主机等;网络设备主要有调制解调器、服务器、电话线路等通信线路,以及局域网、增值网和 Internet 等计算机网络。

3. EDI 通信网络

EDI 通信网络是实现 EDI 的关键途径,是数据传输与交换的必备要素,它包括通信网络、EDI 技术交换中心系统以及计算机终端用户。

EDI 通信网络分为直接连接和增值网络两种形式。直接连接方式更适用于贸易伙伴数量较少的情形,当贸易伙伴数量较多时,可能会因为各贸易伙伴的通信协议不同、工作时间难以协调等问题,导致无法进行 EDI 通信。此时,可借助第三方网络公司进行通信,即增值网络方式。增值通信网络类似于邮局,可为发送者与接收者维护邮箱,并提供存储转发、信息保管、通信协议转换、格式转换以及安全管理等服务。EDI 的两种通信方式见图 2-1。

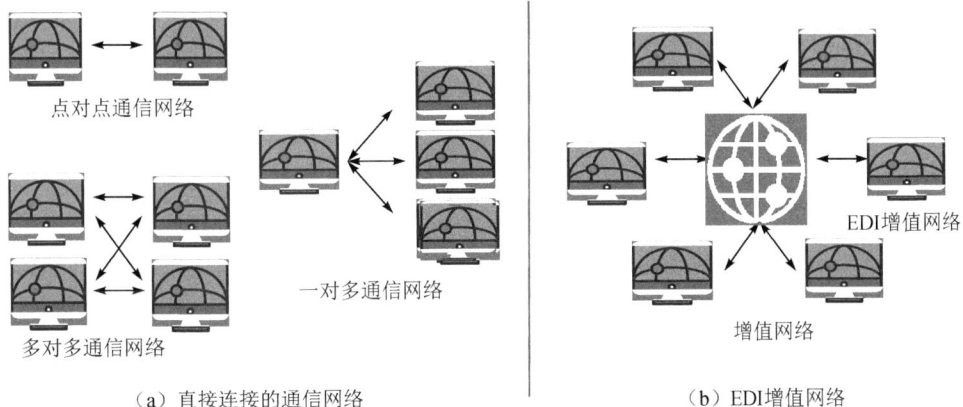

点对点通信网络

多对多通信网络

一对多通信网络

EDI增值网络

增值网络

(a)直接连接的通信网络　　　　(b)EDI增值网络

图 2-1　EDI 通信方式

在网络节点较多的情况下,EDI增值网络能够降低贸易伙伴使用计算机系统传送资料的复杂度和难度,提高 EDI 的运作效率。

2.1.3　EDI 系统的工作过程

EDI 系统完成一次数据交换的主要步骤如下:

(1)甲企业的商务应用系统生成一个原始文件,例如订货单;

(2)EDI 转换软件自动将该订货单转换成平面文件,作为向标准化格式转换的过渡;

(3)EDI 翻译软件将上一步生成的平面文件转换成标准化格式报文;

(4)通信软件将这份标准化报文封装在含有乙方 EDI 识别标识的电子信封中,并同时进行安全加密处理,之后通过 EDI 通信系统传输给乙方;

(5)贸易伙伴乙企业在收到电子信封后,会进行一系列反向操作,直至还原出最初的订货单。至此,一次完整的电子数据传输过程便宣告完成。

上述 EDI 数据传输过程见图 2-2。

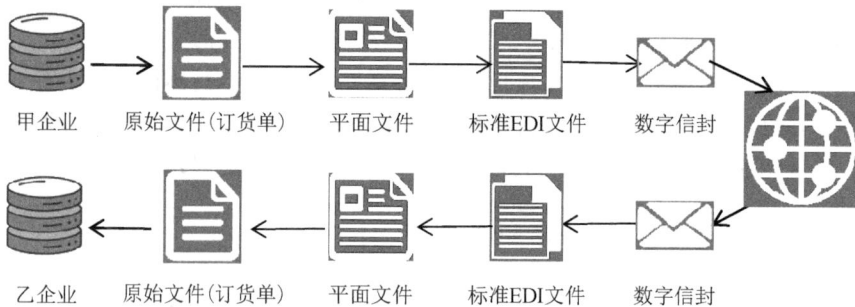

图 2-2　EDI 数据传输过程

EDI 文档的格式在不同国家、不同行业会存在差异。以 UN/EDIFACT 标准为例,EDI 通信文档具备清晰的结构,例如,使用"UNA…"来定义分隔符,用"UNB…"和"UNZ…"来定义所传输信息的头部和尾部,用"UNH…"和"UNT…"来定义其中的每一个字段等。

图 2-3 展示了航空行业中一段使用 UN/EDIFACT 标准的 EDI 文件,每一行的缩写都有特定含义。EDI 文档中包含了 5 种特殊字符,它们分别是:数据元成分分隔符":"、元素分隔符"+"、小数点"."、转义字符"?"和段结束符"'"。图中,"UNH+1+PAORES:93:1:IA'"是消息头部,它是每条信息不可或缺的起始部分,指出了消息的名称和版本,如该代码的版本是 PAORES Ver 93.1,这一规定由国际航空运输协会(IATA)制定。"IFT+3+NO MORE FLIGHTS'"是一个段,它的名称为 Interactive free text(IFT,互动自由文本),其内容代表:"后续没有更多航班出港(NO MORE FLIGHTS)","UNT+13+1'"是消息尾部的段,表示所发送的消息共有 13 个段,从 UNH 至 UNT。

在 EDI 通信过程中,严格遵守标准的电文能够被机器自动读取并转换为标准商业文档,从而便于接收方阅读。

```
UNA:+.?
UNB+IATB:1+6XPPC+LHPPC+940101:0950+1'
UNH+1+PAORES:93:1:1A'
MSG+1:45'
IFT+3+XYZCOMPANY AVAILABILITY'
ERC+A7V:1:AMD'
IFT+3+NO MORE FLIGHTS'
OdI
TVL+240493:1000::1220+FRA+JFK+DL+400+C'
PDH++C:3+Y:3+F::1'
APD+74C:0::6++++6X'
TVL+240493:1740::2030+JFK+MIA+DL+081+C'
PDH++C:4'
APD+EM2:0:1630:6++++++DA'
UNT+13+1'
UNZ+1+1'
```

- 每行是一个段，段内有若干个元素
- UNA这一行定义的分隔符将下文每一段内的元素隔开
- UNB和UNZ分别是顶层结构"交换"的头部和尾部
- UNH和UNT分别是次层结构"消息的头部和尾部"
- 该EDI文档是一则航班信息通知

图 2-3　采用 UN/EDIFACT 标准的航空行业 EDI 文档

2.1.4　EDI 系统的特点

通过 EDI 系统能够实现贸易信息的数据交换，具有以下特点。

（1）EDI 使用电子方式传递信息和处理数据。一方面，EDI 电子传输的方式取代了以往的纸质单证的邮寄和递送，提高了信息传输的效率；另一方面，EDI 借助计算机处理数据取代了人工处理数据的方式，大幅减少了差错和延误的发生。

（2）EDI 是采用统一标准编制的数据信息。EDI 与电传、传真等其他传递方式的重要区别在于：电传、传真等缺乏统一的格式标准，而 EDI 必须遵循统一的标准才能正常运作。

（3）EDI 实现了计算机应用程序之间的连接。一般的电子通信手段主要用于人与人之间的信息传递，其传输的内容即使不完整、格式不规范，也容易被理解。然而，这些通信手段仅仅是人与人之间的信息传递工具，无法处理和返回信息。

（4）EDI 系统采用加密防伪技术。EDI 系统配备了相应的保密措施，其传输信息过程中，通常采用密码系统。各用户掌握自己的密码，能够打开自己的"邮箱"取出信息，有关部门和企业发给自己的电子信息均会自动进入自己的"邮箱"。一些重要信息在传递时还需要进行加密处理，即把信息转换成他人无法识别的代码。接收方计算机按特定程序译码后，信息才能还原成可识别的信息。为防止信息在传递过程中被篡改，或防止有人传递虚假信息，EDI 系统常采用身份识别手段，即将普通信息与转变成代码的信息同时传递给接收方。接收方把接收到的代码转换成普通信息并进行比较，若两者完全一致，则可确认信息未被篡改，也不是伪造的信息。

2.1.5　EDI 技术的发展

EDI 技术通过实现数据标准化进行数据交换，显著提高了远程贸易的交易效率，并有效降低了远程贸易的风险，成为电子商务发展初期的一项关键技术。进入 20 世纪 90 年代，随着互联网技术的发展，为了满足人们对电子商务的多元化需求，基于互联网技术的电子商务得到了快速发展。

与基于 EDI 的电子商务相比,基于互联网的电子商务主要具有以下优势。

(1)费用低。互联网是开放性网络,其费用低于 EDI 增值网的 25%。

(2)市场覆盖面广。EDI 主要在企业与企业之间进行,其交易伙伴及运作的市场空间相对有限。而互联网在全球范围内对所有用户实现全覆盖,用户可以通过普通电话、移动电话等通信设备,与贸易伙伴传递商业信息和文件,这更符合电子商务随时随地以任何形式进行交易的特点。

(3)功能更加全面。与 EDI 相比,互联网能够全面支持不同类型的用户实现不同层次、不同需求的商务目标,如发布电子广告和电子信息、在线洽谈、建立虚拟商场或网上银行等。

(4)运作方式更加灵活。基于互联网的电子商务可以不受特殊数据交换协议的限制,任何商业文件或单证都可以直接通过填写与现行纸面单证格式一致的屏幕单证来完成,用户的使用门槛相对较低。

与基于互联网的电子商务相比,基于 EDI 的电子商务的优势体现在以下几个方面。

(1)操作更规范。基于 EDI 的电子商务将线下商务活动转入线上商务活动,由于经历了复杂的数据标准化过程,交易流程更安全、风险更低。

(2)网络安全性高。基于 EDI 的电子商务在专用增值网中进行商务活动,数据的安全性更高。

目前,基于互联网的电子商务主要用于大众化的电子商务活动,而基于 EDI 的电子商务则主要用于跨境电子商务等一些特定的交易领域。

2.2 移动通信技术

我国农村地区地广人稀,移动电子商务的兴起为解决农村电子商务发展的瓶颈问题提供了新思路。相比有线通信网络,移动通信网络实现了对我国农村地区的网络全覆盖。

2.2.1 移动网络技术

移动网络特指以移动设备连接并浏览 Web(World Wide Web,万维网)的行为,常见的移动设备主要有手机、掌上电脑和其他便携式工具。它是以宽带 IP(internet protocol,互联网协议)为技术核心,能够同时提供语音、传真、数据、图像、多媒体等高品质电信服务的新一代开放的电信基础网络,也是国家信息化建设的重要组成部分。移动网络的发展历程见表 2-1。

表 2-1 移动网络发展历程

参数	发展历程						
代际	1G	2G	2.5G	3G	4G	5G	6G
信号	模拟	数字	数字	数字	数字	数字	数字
制式	—	GSM、CDMA	GPRS	CDMA2000、WCDMA、TD-SCTMA	TD-LTE、LTE	FlexDD(混合制式)	—
主要功能	语音	语音与数据	语音与数据	低速宽带	高速宽带	高频宽带	无障碍通信
典型应用	通话	短信、彩信	WAP网	高速上网与多媒体	高清视频	无人机、AR/VR、物联网等	智享生活、智赋生产等

资料来源:胡金柱,等.计算机基础教程[M].4 版.武汉:华中师范大学出版社,2015.

由表 2 - 1 可知,移动网络的发展历程具体如下:

(1)第 1 代模拟移动通信系统诞生于 20 世纪 80 年代中期。随着蜂窝组网技术的完善和大容量系统的出现,模拟蜂窝移动通信系统①首先得到发展,以美国的 AMPS(Advanced Mobile Phone System,高级移动电话系统)和欧洲的 TACS(Total Access Communication System,全接入通信系统)系统为代表,其主要特点是采用频分多址方式,语音信号为模拟调制。

(2)第 2 代数字移动通信系统出现于 20 世纪 80 年代后期。与模拟系统不同,数字移动通信系统中移动台与基站间传送的是无线数字信号。比较成熟的数字移动通信制式主要有全球移动通信系统(Global System for Mobile Communications,GSM)和公用数字蜂窝(Public Digital Cellular, PDC),其中 GSM 是全球使用最多的一种制式,主要采用时分多址方式。GSM 的工作频段是 900 MHz,每载频支持 8 个信道,信号宽为 200 kHz。

(3)第 3 代移动通信系统出现之前,以 GPRS(General Packet Radio Service,通用分组无线服务)为代表的第 2.5 代网络,是 2G 网络向 3G 网络的过渡。相比 1G 和 2G 网络,3G 网络有更宽的带宽,其传输速度最低为 384 Kb/s,最高为 2 Mb/s,可以传输语音和图像数据,还可以接入 Internet,实现多媒体信息服务。

(4)第 4 代移动通信系统中,中国移动采用了中国主导的 4G 网络标准 TD - LTE,4G 通信技术集 3G 与无线局域网于一体,能够传输高质量的视频、图像等多媒体数据,且信号稳定、干扰少。

(5)第 5 代移动通信技术源于物联网对网络速度的更高要求,是未来新一代信息基础设施的重要组成部分。与 4G 相比,5G 具有更高的速率、更宽的带宽、更高的可靠性和更低的时延,能够满足消费者对虚拟现实、超高清视频等更高的网络体验需求,拓宽了融合产业的发展空间。

(6)第 6 代移动通信技术,是未来网络的发展趋势,不仅提升了网络传输能力、降低了网络延迟,还能在水中实现无障碍通信。它主要用于人体数字孪生、空中高速上网等方面。

移动网络技术出现后,农村网民迅速增加,2020 年初,农村网民数量达到 2.85 亿,手机网民比例达到90.81%,进一步推动了农村电子商务的发展。

2.2.2　Wi-Fi 技术

Wi-Fi(Wireless Fidelity,无线保真)技术又称为行动热点,是 Wi-Fi 联盟制造商的商标,用于产品的品牌认证。它是基于 IEEE 802.11 标准创建的无线局域网技术,能够将计算机设备互联起来,构成可以互相通信和实现资源共享的体系。

Wi-Fi 技术是一种短距离的无线联网技术,它能够将以前通过 ADSL(Asymmetric Digital Subscriber Line,非对称数字用户线)或其他有线网络连接的设备,采用 IEEE802.11 协议实现联网。通常情况下,ADSL 网线会连接一个无线路由器,形成"热点",将网络进行延伸,支持已安装 IEEE 802.11 标准的设备上网。这些设备包括个人计算机、游戏机、智能手机、平板电脑、打印机、笔记本电脑以及其他可以无线联网的周边设备。

---

①　蜂窝移动通信也称小区制移动通信,是采用蜂窝无线组网方式,将终端和网络设备通过无线通道连接起来,进而实现用户在活动中的通信。随着移动通信技术的发展,人们发现蜂窝状的通信技术更稳定、更快捷。

Wi-Fi 技术的应用,使一些原本无法使用移动网络又无法连接 ADSL 有线网络的设备能够使用 Wi-Fi 接入网络。在 Wi-Fi 的支持下,智能手机可以采用 Wi-Fi 技术接入互联网,也可以通过移动网络直接接入互联网;此外,智能手机还能将自身作为移动热点,通过移动网络建立虚拟 Wi-Fi 网络,供其他已安装 IEEE 802.11 协议的终端设备上网使用,从而形成移动的网络。计算机在接入互联网的情况下,也可以通过无线网卡建立热点,模拟 Wi-Fi 网络,供其他已安装 IEEE 802.11 协议的设备上网。

在短距离无线通信方面,Wi-Fi 具有以下优势。

(1)覆盖范围广。Wi-Fi 技术依靠无线电波传输和接收信号,其覆盖范围较大,一般"热点"所发出的信号有效传输半径为 100 米左右。

(2)传输速度快。移动终端利用 Wi-Fi 技术进行无线上网,速度非常快,有利于文字、图片、视频等文件的传输。

(3)进入门槛低。若在某个区域内的某个地方设置一个"热点",则该区域内通常都可以实现无线网络覆盖,用户利用移动终端进入该覆盖区域后都能获得无线网络服务。

(4)不需要布线。网络的建设无需像传统有线网那样铺设网线,从而大大节约了成本。

2.2.3 蓝牙技术

同 Wi-Fi 技术一样,蓝牙技术是一种短距离无线通信技术。其名称源自丹麦国王哈拉尔一世(Harald Gormsson)。1998 年,爱立信公司提出蓝牙技术标准,其实质内容是要建立通用的无线接口及其控制软件的开放标准,使计算机和通信进一步结合,使不同厂家生产的便携式设备在没有电线或电缆相互连接的情况下,能在近距离范围内互联互通。相比 Wi-Fi 技术,蓝牙技术支持的通信距离一般为 10 米,最多可以与 8 台设备相连。蓝牙技术公布后,迅速得到了包括摩托罗拉、朗讯、西门子等厂商的支持和采纳,同时,成立了蓝牙技术联盟(Special Interest Group,SIG),以推动该技术的广泛使用。

蓝牙技术利用短距离、低成本的无线连接代替了电缆连接,从而为现存的数据网络和小型外围设备接口提供了统一的连接方案,其主要特点有:

(1)蓝牙技术的开放性。蓝牙是一种开放的技术规范,该规范完全公开且可共享。为鼓励该项技术的应用推广,SIG 在其建立之初就确立了完全公开的基本方针。只要是 SIG 的成员,都有权无偿使用蓝牙的新技术,而蓝牙技术标准制定后,任何厂商都可以无偿地采用该标准进行生产,只要产品通过 SIG 的测试并符合蓝牙标准,即可投入市场。

(2)蓝牙技术的通用性。蓝牙设备的工作频段选在全球范围内都可以自由使用的 2.4 GHz 的 ISM 频段(Industrial Scientific and Medical Band,工业、科学和医疗频段),这样用户无须申请即可在 2400～2483.5 MHz 的范围内选用适当的蓝牙无线电设备。

(3)短距离、低能耗。蓝牙无线技术通信距离较短,消耗功率极低,非常适合小巧的、便携式的、由电池供电的个人装置。

(4)无线且即连即用。蓝牙技术最初的目标是取代各种电器之间的连线。任意蓝牙技术设备一旦搜寻到另一个蓝牙设备,两者之间即可建立联系,而无须用户进行任何设置,实现了真正的即连即用。

(5)抗干扰能力强。ISM 频段是对所有无线电系统开放的频段,连接时常遇到不可预测的干扰源。蓝牙技术特别设计了快速确认和跳频方案,以确保连接的稳定性。

(6)支持语音和其他数据通用传输。

(7)灵活组网。蓝牙根据网络的概念提供点对点和一点对多点的无线连接。在任意一个有效通信范围内,所有的设备地位平等,且遵循相同的工作方式。

蓝牙技术推广以后,不仅可以将多个终端接入同一个设备实现信息共享,建立类似局域网的服务器——终端的星形网络,还能在一个区域内实现终端之间点对点的组网,从而使蓝牙网络的连接更加多样化。

2.2.4　NFC 技术

近场通信(Near Field Communication,NFC)是 2003 年由索尼公司和当时的飞利浦半导体(现为恩智浦半导体)共同研发的一种基于非接触式射频卡技术的无线通信技术。运用 NFC 技术的设备(例如移动电话)可以在彼此靠近的情况下进行数据交换,实现移动支付、电子票务、门禁功能,以及移动身份识别、防伪等应用。

NFC 技术的主要特征为:

(1)近距离通信。NFC 是一种近距离(通常为 10 厘米以内)的无线通信技术。

(2)功耗低。NFC 的射频频率为 13.56 MHz,射频兼容 ISO/IEC 14443、ISO/IEC 15693以及 Felica 标准。

(3)数据传输速度快。

NFC 技术不仅具有极高的安全性,在短距离通信中展现出卓越的性能优势,而且成本较低。

综上所述,从移动网络技术、Wi-Fi 技术、蓝牙技术到 NFC 技术,移动通信技术满足了农村电子商务不同距离的数据传输需要,实现了农村电子商务网络服务的多元化。目前,移动网络技术是推动农村电子商务发展的主流技术;Wi-Fi 技术解决了部分不能使用移动网络的移动设备的上网问题,如不带移动通信技术的平板电脑;蓝牙技术主要用于短距离的设备通信,如键盘、鼠标等;"碰一碰"功能主要采用了 NFC 通信技术,有效解决了线上与线下电子商务中的资金流问题。

2.3　移动软件技术

在移动通信技术的支持下,农村智能手机的持有量呈逐年上升的趋势,智能手机的正向外部性①使人们更加重视智能设备终端的软件应用,以此有效降低农村电子商务应用的成本。

2.3.1　WAP 技术

无线应用通信协议(Wireless Application Protocol,WAP)技术是 1997 年由爱立信、摩托

---

①　外部性又称外部效应或外部经济,是指经济当事人(生产者和消费者)的生产和消费行为会对其他经济当事人(生产者和消费者)的生产和消费行为施加有益或有害影响的效应。外部性应分为外部正效应和外部负效应两种。好的或积极的影响被称为外部正效应;坏的或消极的影响被称为外部负效应。智能手机既能满足用户电话通信的需要,也能提供因特网上网服务、语音等多种媒体技术的服务以及位置信息服务,甚至在移动程序支持下实现更多的手机信息服务。因此,相对于手机通话,这些服务为用户使用电子商务带来了外部正效应。

罗拉、诺基亚和无线星球四大公司制订的一套全球化的无线应用协议。它使互联网的内容和各种增值服务适用于手机用户和各种无线设备用户,并促使业界采用这一标准。目前,该协议已被多家移动运营商和软件开发商所采用。

WAP 是一种技术标准,它融合了计算机、网络和电信领域的诸多新技术,旨在使电信运营商、Internet 内容提供商和各种专业在线服务供应商能够为移动通信用户提供一种全新的交互式服务,即用户在该协议下可以享受 Internet 提供的各项服务。对手机用户而言,安装微型浏览器后,可借助 WAP 接入并访问 Internet。此外,WAP 还支持 HTML 技术的网页访问。

当采用 HTML 和 CSS 等技术开发电子商务网站时,该网站支持计算机浏览器访问,能够给用户展示丰富的信息;当采用基于 Bootstrap 框架开发的电子商务网站时,该网站在支持移动端浏览器访问时可自动折叠网页,这一形式适用于手机等移动设备,如图 2-4 所示。

(a) 使用计算机浏览电子商务网站　　　　　　　(b) 使用手机浏览电子商务网站

图 2-4　Bootstrap 框架下同一网页在计算机和手机上不同的呈现方式

Bootstrap 框架是基于 HTML、JAVASCRIPT、CSS 语言定义,它使得移动 Web 网站的实现更为简洁灵活。用户通过不同的设备访问网站时,网站的显示具有自适应性。

2.3.2　移动 App 技术

传统手机使用的是生产商自行开发的封闭式操作系统,不具备智能手机的扩展性,不能随意安装、卸载软件,一般只具有手机自带的通信及其他相关功能。Java 技术的应用使手机的硬件技术得到了快速的发展,新型的智能手机具备了安装 Java 应用程序的功能,与此同时,平板电脑等智能终端也得到了广泛应用。

随着智能手机的广泛应用,出现了不同类型的智能手机操作系统,这些操作系统主要有谷歌公司的 Android、苹果公司的 iOS、微软公司的 Windows 和华为公司的鸿蒙。移动 App 软件在操作系统的选择上与移动 Web 不同,除了基于 HTML5 开发的静态 App 外,移动 App 对移动终端操作系统的依赖性较强,即基于 Android 系统开发的移动 App 软件不能用于 iOS 系统。

App 是移动端应用程序的英文缩写,通常专指移动设备上的应用软件,当该应用软件用于手机时,也称手机客户端软件。2008 年 3 月,苹果公司开放了针对 iPhone 的应用开发包(software development kit,SDK),为软件开发者提供了在 iPhone 操作系统上进行应用软件开发的工具和资源。随后,在 2010 年,谷歌公司开放了部分 Android 操作系统的源代码,这一举措极大地激发了第三方应用开发人员的热情,促使他们更加积极地在相应的操作系统上进行应用软件开发。

移动设备赋予用户的可移动性和私有性,使得移动 App 软件在设计时可以对用户的操作流程进行优化,如调用手机的摄像头进行人脸识别以完成用户的身份认证,或调用手机已有的 GPS(Global Positioning System,全球定位系统)对用户进行实时导航等,以此降低用户使用信息技术的门槛。

以 Android 平台移动软件的开发为例,首先需要在计算机上配置专用的移动软件开发环境,该软件至少应包含 Java 标准开发工具包(Java SE SDK,JDK)、集成开发工具(Eclipse)、Android 标准开发工具包(Android SDK)和开发 Android 程序的 Eclipse 插件(Android Development Tools,ADT),这些组件分别对应构建移动 App 软件所需的语言环境、开发环境、运行环境等方面的内容。此时,计算机可以模拟 Android 系统环境进行移动 App 软件的测试和运行。待软件调试完成,可将手机与计算机连接,拷贝软件至手机并运行;或将其打包为安装文件,上传至手机应用商店供用户下载。

移动 App 软件在手机上完成安装后直至被卸载,一直存在于手机中。在用户初次使用时,该软件会记录用户的部分信息数据,例如多数软件在用户第二次使用时能够实现免登录,这一设计优化了用户的操作流程。软件能够根据用户的行为提供个性化的服务,而软件运行方则利用这些用户数据实施精准的营销和管理。

移动软件技术的盛行,推动了移动软件应用商店的发展。目前,市场上存在众多的移动应用商店,它们主要由手机厂商、移动运营商、移动平台开发商,以及其他机构与企业为了促进自身的发展而设立的第三方应用商店构成,如华为应用商店。用户可根据自身需求在应用商店中选择相关软件,进行安装和使用。

2.3.3　微信小程序技术

使用移动 App 技术开发的软件极大地方便了用户,但这些 App 会占用移动设备的硬件资源。腾讯公司自 2011 年 1 月推出微信后,通过订阅号、服务号、企业微信(原企业号)以及小程序等多种服务形式,满足了不同用户群体的需求。企业通过订阅号、服务号和企业微信公众号进行信息发布、用户管理,并提供企业应用接口。同时,企业还借助微信小程序平台,允许软件公司根据具体需求在微信平台上进行二次开发,这一过程不仅简化了小程序的开发过程,还有效减少了各 App 对移动设备硬件资源的占用,微信小程序的软件逻辑结构如图 2-5 所示。

图 2-5　微信小程序的软件逻辑结构

据图 2-5 可知,通过微信小程序及其应用框架,能够将手机上的多个应用软件集成在微信 App 中,此时仅有微信 App 占用移动设备的硬件资源。用户在使用这些应用时,需要先登录微信平台,通过临时调用微信应用或微信小程序来共享微信用户信息,从而实现用户与企业应用之间的精准连接与便捷访问。

微信作为一款广受欢迎的软件,其微信公众号和微信小程序提供了大量无须下载安装即可直接使用的应用,真正实现了应用的"触手可及"。用户只需通过"扫一扫"(二维码)或"搜一搜"(关键词)的简单操作,即可迅速打开并使用这些应用,而"用完即走"的特性则体现在小程序闲置时不会占用移动设备的资源,且业务逻辑清晰简洁,适合低频次使用的场景。然而,对于业务逻辑复杂或需要高频使用的应用,专用的 App 软件则显得更为可靠和适用。

在农村电子商务领域,用户不仅可以基于微信平台自行开发相应的小程序,还可以通过扫描二维码或查找"关键词"的方式使用其他企业已开发的小程序。微信小程序的开发过程如图 2-6 所示。

| (1) 微信小程序账号注册 | → | (2) 小程序开发环境准备 | → | (3) 创建小程序项目 | → | (4) 运行及发布小程序 |

图 2-6　微信小程序的开发过程

(1)微信小程序账号注册。新用户可在微信公众平台的官方网站首页点击位于右上角的"立即注册"选项。对于已拥有账号的老用户,可以选择使用已有账号进行登录,或使用手机微信扫描页面上的二维码,完成身份验证并进入微信小程序的环境配置界面。微信小程序账号注册界面如图 2-7 所示。

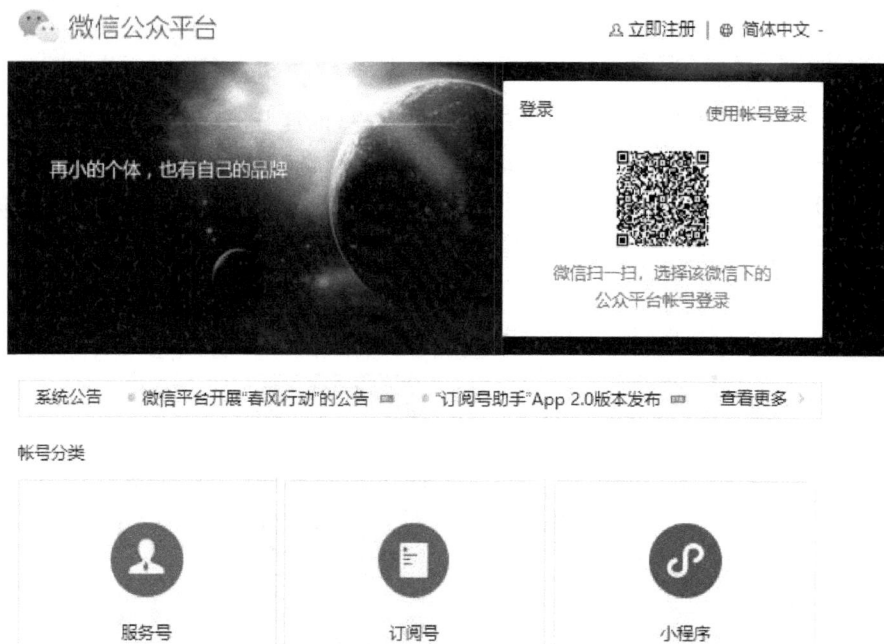

图 2-7　微信小程序账号注册界面

对于小程序注册,可使用邮箱、手机短信和手机微信为小程序提供注册所需的确认信息,一旦认证成功,则进入微信小程序开发准备环节。

(2)小程序开发环境准备。登录微信公众平台官网,进行小程序环境配置,如图 2-8 所示。

图 2-8　微信小程序环境配置

通过这一步骤,用户需设置微信小程序的名称及其 App ID(需要注意的是,只有填写了 App ID 的项目,开发者才能通过手机微信扫描二维码来对其进行真机测试)。随后,用户需下载并安装微信小程序的开发工具。

(3)创建小程序项目。若用户是首次打开或长时间未使用"微信开发者工具",在开发过程中,工具会弹出一个二维码,用户需扫描此二维码进行程序开发。接下来,用户应选择"小程序"这一选项,输入已预先设置的 App ID 并填写项目名称。最后,通过编码来实现微信小程序的各项功能。微信小程序的开发及测试见图 2-9。

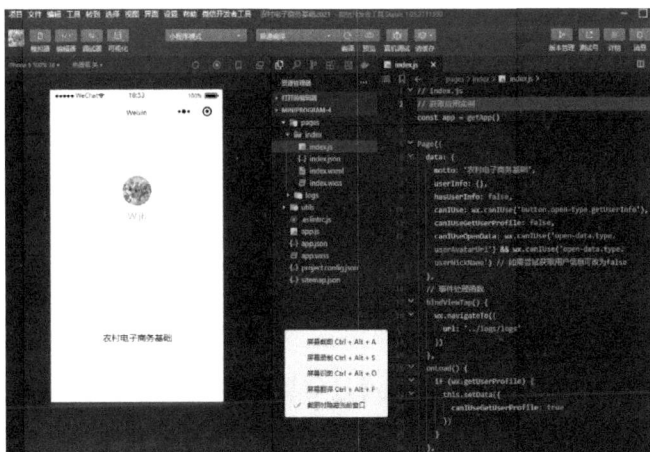

图 2-9　微信小程序的开发及测试

（4）运行及发布小程序。单击工具栏中的"调试器"图标,在模拟器中运行新开发的小程序,以查看它的运行效果;或单击工具栏中的"预览"图标,扫描生成的二维码,即可在微信客户端中体验该小程序。另外,还可以单击工具栏中的"上传"按钮,小程序上传到微信公众平台。上传成功后,该小程序将经历严格的审核流程,通过审核后,它会被标记为"线上版本"。随后,只需进行"发布"操作,用户便可在微信"发现"页面中搜索并访问该小程序。图 2-10 为在微信手机端所看到的应用项目。

图 2-10　微信小程序应用

随着计算机软件技术的不断进步,人们愈发重视优化移动软件的性能。他们不仅关注软件在资源占用上的时间复杂度和空间复杂度问题,还充分利用其他软硬件的经济溢出效应,通过调用设备本身的软硬件资源来优化移动端软件的操作流程,从而降低软件应用的技术门槛。

2.4　物联网技术

从技术角度看,互联网实现了人与人之间的联系,而物联网则是在此基础上进行了延伸和发展。它通过射频识别(radio frequency identification,RFID)技术、红外线感应器、全球定位系统等装置,按照约定的协议,将物品与互联网连接起来,从而实现人与物、物与物之间的信息交互。

2.4.1　物联网基础

物联网(Internet of Things,IoT)是指通过信息传感设备,按约定的协议将任何物体与网络相连接,使这些物体能够通过信息传播媒介进行信息交换和通信,进而实现智能化识别、定位、跟踪、监管等多种功能。物联网具有两层含义:一是物联网的核心和基础仍然是互联网,它是计算机网络的一种延伸和扩展;二是物联网的用户端已经延伸和扩展到物品与物品之间,为这些物品进行数据交换和通信提供媒介,从而实现许多新的系统功能。

物联网的应用最早可以追溯到 20 世纪 80 年代,卡内基梅隆大学的程序设计人员通过监视可乐的销售程序,在网络环境下实现了可乐销售的实时展示。1995 年,比尔·盖茨在其出版的《未来之路》一书中提到了物联网的概念和多种物联网应用。1999 年,美国麻省理工学院的凯文·阿什顿(Kevin Ashton)建立了自动识别中心,该中心基于物品编码、RFID 技术和互联网首次对物联网进行了明确的定义。在我国,物联网被称为传感网。中国科学院早在 1999 年就启动了传感网的研究,并建立了一些实用的传感网络。然而,在早期,由于技术尚不成熟,物联网的应用主要局限于物体间的简单感应,如门禁卡、公交 IC 卡等。21 世纪以来,随着经济和技术的不断发展,各国纷纷开始重视物联网技术的应用,旨在实现信息的自动感知与物物互联。2009 年,时任国务院总理的温家宝同志在无锡考察时,明确提出要加快物联网的发展,这标志着我国的物联网事业迈入了一个崭新的发展阶段。

目前,物联网主要被划分为以下四类:私有物联网(Private IoT)、公有物联网(Public IoT)、社区物联网(Community IoT)和混合物联网(Hybrid IoT)。私有物联网主要服务于单一机构内部,多见于企业内网的应用场景;公有物联网则是基于互联网向公众或大型用户群体提供服务的物联网形态;社区物联网则专注于为特定的关联社区或机构(如公安系统、银联系统等)提供服务;混合物联网则是上述两种或两种以上物联网类型的组合,但其后台通常由统一的运维实体进行管理和维护。

物联网一般由感知层、网络层、应用层这三个层级构成,如图 2-11 所示。

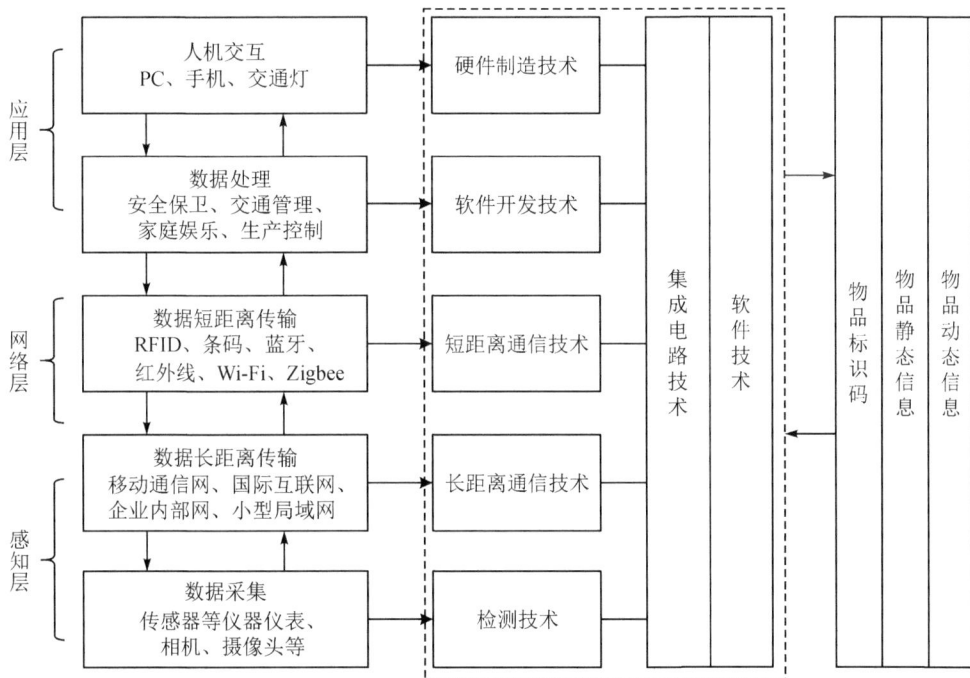

图 2-11　物联网的构成

物联网本质上是通过嵌入物体中的传感器和现代化数据采集设备,将客观世界中的物体信息最大限度地数字化。随后,利用物体识别技术和通信技术将数字化的物体信息接入互联网,然后将这些信息传输至后台服务器进行数据的整理、加工、分析和处理。最后,基于这些分析与处理结果,物理世界中的物体得以被有效管理和相应控制。

(1)感知层是物联网的重要组成部分,由各类传感器、相机、摄像头、视频检测识别系统、GPS以及机器对机器(machine to machine,M2M)终端等设备组成。这一层级实现了对物体的感知、识别、检测和数据采集以及相应的反应控制等。感知层改变了传统信息系统内部运算能力强但对外部感知能力相对较弱的状况,它不仅是物联网的基础,也是物联网与传统信息系统之间的本质区别。

(2)网络层是由各类有线及无线节点、固定与移动网关所构成的通信网络与互联网的融合体,其主要功能是把感知层所收集的数据接入网络,以供上层应用使用。它的核心是互联网,而各类无线网络则能够随时随地为用户提供网络接入服务。所应用的技术涵盖互联网、移动通信网络(如3G/4G/5G)、Wi-Fi等无线宽带网络以及蓝牙等无线低速网络。

(3)应用层是在高性能计算机与海量存储技术的支持下,为上层服务提供智能支撑平台的层次。它涵盖了能够存储大量数据的数据中心、以搜索引擎为代表的网络信息查询技术、智能处理系统、保护信息与隐私的安全系统、数据库技术等。通过这些技术,物联网实现了"物物互联",并推动了智能化应用的发展。

物联网技术的应用进一步促进了人与物体的交流互通,以及物体与物体间的信息共享与传递,从而创造出一批自动化程度更高、反应更灵敏、功能更强大、更适应各种内外环境的应用系统,这些系统对各产业产生了显著的赋能作用。由此,物联网具有下列特征。

(1)全面感知。物联网通过采用传感器、RFID等技术进行信息感知,能够实时采集物体的动态信息。其接入对象广泛,信息的维度和动态变化过程更加清晰,信息的可靠性和易用性也得到了显著提升。

(2)可靠传递。物联网是一种建立在互联网基础上的泛在网络,物联网技术的基础和核心仍是互联网,通过各种有线和无线网络与互联网融合,确保信息的安全传递和共享。

(3)智能处理。物联网利用云计算、模糊识别等智能计算技术,对海量数据进行处理和分析,实现了智能化控制。

2.4.2 农业物联网

农业物联网是由大量的传感器节点构成的监控网络,它通过各种传感器收集信息,帮助农户及时发现问题,并准确地确定发生问题的位置。在农业互联网的推动下,农业将逐渐从以人力为中心、依赖于孤立机械的生产模式转变为以信息和软件为中心的生产模式,并得以大量使用各种自动化、智能化、远程控制的生产设备。此举极大地推动了农业生产的现代化进程。

借助农业物联网的各类感知设备,我们可以全面感知并采集大田种植、畜禽养殖、设施园艺、水产养殖以及农产品物流等领域的现场信息。同时,利用无线传感器网络、互联网和电信网等多种途径,实现农业信息多尺度、多维度的信息可靠传输。将获取的海量信息进行智能化处理后,最终实现农业产业化生产过程中的最优控制、智能化管理以及农产品流通环节的系统化物流、电子化交易、质量安全追溯等目标。

信息处理是农业物联网的关键环节之一,其主要技术有3种,分别为:

(1)智能控制技术。智能控制技术是通过实时监测农业对象的个体信息、环境信息等,根据控制模型和策略,运用智能控制方法和手段,对相关农业设施进行精准控制。目前,国内外在农业信息智能控制方面的研究颇为丰富,如室内温度和湿度的智能控制、二氧化碳浓度控制、光源和强度控制、水质控制、农业滴灌控制以及动物生长环境的智能控制等。

（2）预测预警技术。预测预警技术是以所获得的各类农业信息为依据，以数学模型为手段，对所研究的农业对象未来的发展趋势进行推测和估计。预警则是在预测的基础上，结合实际情况进行判断，预报可能出现的不正常状态及其对农业对象造成的危害，从而最大限度地避免或减少损失。目前，我国已研发出大量的信息管理系统，并广泛应用于农业生产管理之中。

（3）智能决策技术。智能决策技术是将专家的知识和经验整理成计算机可表示的知识，组成知识库，通过推理机模拟专家的推理思维，为农业生产提供智能化的决策支持。目前，国内外在农业智能决策方面的研究主要集中在精准施肥、合理灌溉、病虫害防治、变量作业、产量预测预警以及农产品市场预警等方面。

值得注意的是，农业物联网与智慧农业、数字农业有所区别。在智慧农业中，通过农业物联网进行信息传递，采用云计算、人工智能等技术进行决策，如在专家系统的指导下实施农业生产过程的自动控制，实现农业的精准化生产。而数字农业则是将数据作为农业生产要素，用现代信息技术对农业对象、环境和全过程进行可视化表达、数字化设计、信息化管理。数字农业将遥感、地理信息系统、全球定位系统、计算机技术、通信和网络技术、自动化技术等高新技术与农业基础学科有机地结合起来，以实现对动植物生长、发育状况、病虫害、水肥状况以及相应环境的实时监测，生成动态空间信息系统，对农业生产中的现象和过程进行模拟，以达到合理利用农业资源、降低生产成本、改善生态环境、提高农作物产量和质量的目标。

农业物联网与智慧农业、数字农业之间存在密切联系。在农业的生产、管理、交易过程中，应用农业物联网将农业生产过程信息数字化，为智慧农业提供了丰富的信息支持，进一步有利于实施农业生产的精细化管理。同时，农业物联网提供的信息在数字农业实施过程中，为农业全产业链提供信息支持，实现全产业链数字信息共享，支持农产品溯源，这有利于推动农村电子商务的发展。

2.4.3　物联网的关键技术

国际电信联盟在其报告中提出，物联网包含 4 种关键性技术——RFID 技术、传感网技术、智能技术（如智能家庭和智能汽车）和纳米技术。

1. RFID 技术

射频识别（radio frequency identification，RFID）技术是一种无线通信技术，俗称电子标签，该技术最早起源于英国，并于 20 世纪 60 年代开始商用。该技术利用射频信号通过空间耦合（交变磁场或电磁场）实现无接触信息传递，进而通过所传递的信息识别物品。

射频识别系统通常由电子标签（射频标签）、天线、阅读器和数据管理系统等关键部分组成。电子标签内存储着特定格式的电子数据，这些数据通常作为待识别物品的标识性信息。在实际应用中，电子标签被附着在待识别物品上，充当待识别物品的"身份证"。阅读器与电子标签遵循约定的通信协议进行信息互传，通过开放性的计算机网络实现信息的交换和共享，实现对物品（商品）的识别和"透明"管理。电子标签通常由标签天线（或线圈）和标签芯片两部分构成。从技术层面来看，射频识别技术的核心在于电子标签，阅读器则是根据电子标签的特性设计的。根据电子标签内部是否需要加装电池以及能量来源的不同，可以分为无源标签（passive tag）、半无源标签（semi-passive tag）和有源标签（active tag）三种类型。无源标签没有内置电池，当它位于阅读器的阅读范围外时，标签处于无源状态；当它进入阅读器的阅读范围时,标签会从阅读器发出的射频能量中提取工作所需电能。半无源标签内装有电池,其电池仅用于辅助支持标签内要求供电维持数据的电路或标签芯片工作所需的电压。有源标签的工作电源则完全由内部电池供给,同时,标签电池的部分能量会转换为与阅读器通信所需的射频能量。数据管理系统主要负责数据信息的存储、管理以及对射频标签的读写控制等。

射频识别技术的基本原理是电磁理论,即利用射频信号实现无接触的信息传递和读写操作,从而达到自动识别的目的。当 RFID 电子标签进入射频识别系统的电磁场后,它会接收阅读器发出的指令,并对其内部存储的标识信息进行实时的读写操作,然后将标识信息发射出去。阅读器则通过天线接收并识别电子标签发回的信息,在对信息的有效性进行校验后,通过计算机网络将识别结果发送给主机进行进一步的信息处理和传输。RFID 技术的工作原理如图 2-12 所示。

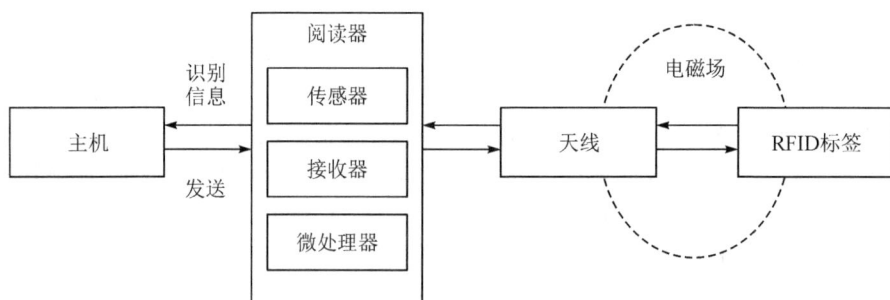

图 2-12 RFID 技术的工作原理

在物流过程中,射频识别标签被贴在集装箱和各种设备上,而射频阅读器则通常安装在运输路线中的仓库、车站、码头和机场等关键地点。射频阅读器接收到标签发送的识别信息后,会将接收地点的位置信息一并上传到通信卫星,再由卫星传递至物流管理信息数据库。各级物流管理人员和作业人员可以通过 RFID 技术及物流信息系统实时掌握货物订购、仓储、运输等状态,从而安全有效地解决货物库存问题,避免货物重复运输,实现物流作业的自动化和决策的智能化。

RFID 技术根据工作频段的不同,可以将电子标签划分为低频（125～134 kHz）、高频（13.56 MHz）、超高频（868～915 MHz）和微波（2.45～5.8 GHz）等不同种类。这些不同频段的电子标签工作原理各异,其中,低频和高频段电子标签一般采用电磁耦合原理进行信息传输,而超高频及微波频段的电子标签则一般采用电磁发射原理进行信息传输。在使用 RFID 技术时,射频识别设备和电子标签会在有限距离（即作用距离）内交换信息,读取标签中的数据。根据标签所采用技术的不同,其作用距离一般在 0～100 m 内。具体而言,低频 125 kHz 和高频 13.56 MHz 频段上的无源标签,其作用距离通常为 10～30 cm;在超高频 UHF 频段,无源标签的作用距离为 3～10 m;而更高频段的系统则一般采用有源标签,其作用距离最远可达 100 m。

除了 RFID 技术外,物联网还常采用二维码等技术作为信息标签,以实现信息的自动化获取和存储。

2. 传感网技术

传感网有狭义和广义之分。狭义上,传感网是由传感器构成的网络,它利用大量的微型传感计算节点,通过自组织网络以协作的方式实时采集、感知和监测各类环境或监测对象的信息。目前,该技术主要由微型传感器、传感模块和组网模块构成。广义上,传感网是以物理世界的信息采集和处理为主要任务,以网络作为信息传递的载体,实现物与物之间(thing to thing,T2T)、物与人之间(thing to human,T2H)、人与人之间(human to human,H2H)的信息交互,提供信息服务的智能网络系统。目前,面向物联网的传感网主要涉及传感网体系结构、协同感知技术、传感网自身的检测与自组织以及 ZigBee(紫蜂协议)、NB-IoT 等技术。

物联网的传感网络不同于传统的计算机网络和通信网络,它主要由分层网络通信协议、传感网管理和应用支撑技术这三部分组成。其中,分层网络通信协议的结构类似于 TCP/IP (transmission control protocol/internet protocol,传输控制协议/互联网协议)体系结构;传感网管理技术主要用于管理传感器节点自身及用户对传感网的使用;在分层协议和网络管理技术的基础上,提供对传感网的应用支撑技术。所谓的协同感知技术则涵盖了分布式的组织机构、协同资源管理、任务分配、信息传递等关键技术,这些关键技术的实现需要综合运用传感器技术、嵌入式计算机技术、分布式数据处理等技术手段。鉴于传感网是整个物联网的底层及数据来源,网络自身的完整性、安全性和效率等至关重要,因此,我们需要对传感网的运行状态及信号传输的通畅性进行持续检测,以确保对整个网络的有效控制。

ZigBee 技术是基于底层 IEEE 802.15.4 标准,用于短距离范围内、低数据传输速率的各种电子设备间的无线通信技术,它定义了网络、安全层和应用层。经过多年的发展,ZigBee 技术体系已经相对成熟。在标准方面,ZigBee 技术的新版本 V1.2 已发布;在芯片技术方面,已能够量产基于 IEEE 802.15.4 的网络射频芯片和新一代的 ZigBee 射频芯片;在应用方面,ZigBee 技术已广泛应用于工业领域、农业领域、医学领域、家庭和楼宇自动化,以及道路指示、安全驾驶等众多领域。

基于蜂窝的窄带物联网(Narrow Band Internet of Things,NB-IoT)是物联网的一个重要分支。NB-IoT 构建于蜂窝网络之上,具有低功耗、广覆盖、低成本、大容量以及可直接部署于移动网络等特点,因而也被称为低功耗广域网(low power wide area network,LPWA)。NB-IoT 支持待机时间长、对网络连接要求较高,能够提供非常全面的室内蜂窝数据连接覆盖。当前,我国诸多运营商均在积极开展 NB-IoT 的研究,NB-IoT 在标准制定、芯片研发、网络建设及商业应用场景等方面均日益成熟。

3. 智能技术

智能技术旨在高效地达成特定预期目标,它运用知识,采取多样化的手段,在物体中嵌入智能系统,使物体获得一定的智能特性。能够主动或响应地与用户进行交互,是物联网领域的核心技术之一。其主要研究内容包括人工智能理论探索、智能控制技术与系统、智能信号处理、机器学习等诸多方面。

农业物联网中的智能技术被广泛用于农业的生产、管理、加工和农产品销售等环节,主要通过各种传感设备自动获取信息,并在此基础上进行大量的计算,按照预先设定的模型进行推理和决策。在农业生产环节,智能技术发挥着关键作用,它指挥和协调整个系统的操作,调用各类设备对农业生产环境进行精准控制,以实施现代化的农业生产。在农产品加工和销售环节,智能技术能够准确地捕捉销售端用户的需求,促进农产品溯源体系的建立,有效解决农产品生产消费端的问题,助力农业生产供给侧结构性改革。

4. 纳米技术

纳米技术是研究结构尺寸介于 0.1 至 100 纳米范围内材料的性质及其应用的科学,它涵盖了纳米力学、纳米物理学、纳米化学、纳米生物学、纳米材料学、纳米电子学、纳米加工学等多个领域。在纳米材料、纳米器件和纳米尺度的检测与表征这三个研究领域,上述这些相对独立又相互渗透的学科得到了充分的体现。其中,纳米材料的制造和研究是整个纳米科技的基础,纳米物理学和纳米化学是纳米技术的理论基础,纳米电化学是纳米技术最重要的内容。纳米技术的独特优势,意味着物联网中体积较小的物体也能够轻松实现交互连接与信息传递。

当前,纳米物联网(Internet of Nano Things,IoNT)在消费电子产品、汽车应用以及智能家用电器中应用较多,如电视或显示器、手机和电脑中的处理器与电池、联网的汽车导航传感器、检测脉搏与步数的可穿戴设备,乃至植入式心脏起搏器等。物联网与纳米技术的另一个新兴领域是增强现实、虚拟现实及混合现实的设备制造,该新兴领域致力于提升硬件性能、优化通信效率及延长电池寿命。

物联网技术的广泛应用,促进了农业生产产业链的构建与信息共享机制的形成,使得农村电子商务中的农产品信息不再局限于销售环节的数据输入。物联网通过对农业生产信息的全自动采集与高效共享,不仅有效弥补了农产品品牌建设方面的不足,而且降低了金融机构的信贷风险,从而能够帮助农户降低农业生产的融资成本,并进一步推动农村电子商务的蓬勃发展。

2.5 计算智能

除了上述 4 种技术以外,随着计算机新技术的不断出现,电子商务能够为各参与者提供更加快速且智能的决策服务,这些新技术包括云计算技术、区块链技术以及大数据技术。其中,云计算技术支持高用户访问量,能够辅助决策的制定,并增强电子商务的信息安全性;区块链技术实现了电子商务在远程环境下的信息溯源功能;大数据技术支持电子商务交易中海量数据的挖掘,能够为电子商务各参与者提供更加精准的服务。

2.5.1 云计算技术

云计算是一种基于互联网的计算方式,它使得共享的软硬件资源和信息能够按需提供给计算机和其他设备。

根据中国云计算网的定义,云计算是分布式计算、并行计算和网格计算的发展,或者是这些科学概念的商业实现。而根据美国国家标准与技术研究院(National Institute of Standards and Technology,NIST)对云计算的阐释,云计算采用的是一种按使用量付费的模式,该模式为用户提供了便捷、按需的网络访问途径,能够使其进入一个可配置的计算资源共享池(这些资源涵盖网络、服务器、存储、应用软件及各项服务)。在这个资源池中,各类资源能够迅速被提供,且资源的提供过程仅需极少的管理工作或与服务商进行简单的交互。

云计算不仅是物联网的核心技术,也是推动农村电子商务实现智能化决策的关键技术之一。借助云计算模式,对现代农业生产中数以亿计的物品信息进行实时动态管理和智能分析成为可能。通过云计算的应用,农村电子商务面临的资源短缺问题得到了最大程度的缓解,同时,云计算也有效解决了海量信息和数据的管理难题。当前,众多超算中心具备强大的计算能力,它们专门为各类海量数据的决策提供超算支持。

2.5.2　区块链技术

计算机技术的应用研究推动了计算机技术在纵深领域的发展。为了在金融领域实现去中心化交易,中本聪设计了比特币(Bitcoin)的交易机制,并创新性地使用了区块链技术。随后,区块链技术不断发展,并迅速向包括农业在内的多个领域渗透。

区块链(Blockchain)是一种分布式账簿技术,它通过去中心化和去信任的方式集体维护一个可靠数据库。从数据角度来看,区块链是一种几乎不可能被篡改的分布式数据库。这里的"分布式"不仅体现在数据的分布式存储上,也体现在数据的分布式目录上(即由系统参与者共同维护)。从技术角度来看,区块链并非一种单一的技术,而是多种技术整合的结果。这些技术以新的结构组合在一起,形成了一种全新的数据记录、存储和呈现方式。

区块链由区块和链接组成,区块是区块链的核心单元,是区块链分布式账本网络上的一个数据包,即账本(用于存放已记录数据的文件),用于记录交易、确认并保存信息。每次写入数据时,都会创建一个新的区块。每个区块都包含区块头(head)和区块体(body)两个部分,其中,区块头用于记录当前区块的特征值,区块体是实际存储的数据。区块的大小被限制在1 MB 以内(防止资源浪费和 DOS 攻击),区块头的大小被固定为 80 B。区块链的一般结构如图 2-13 所示。

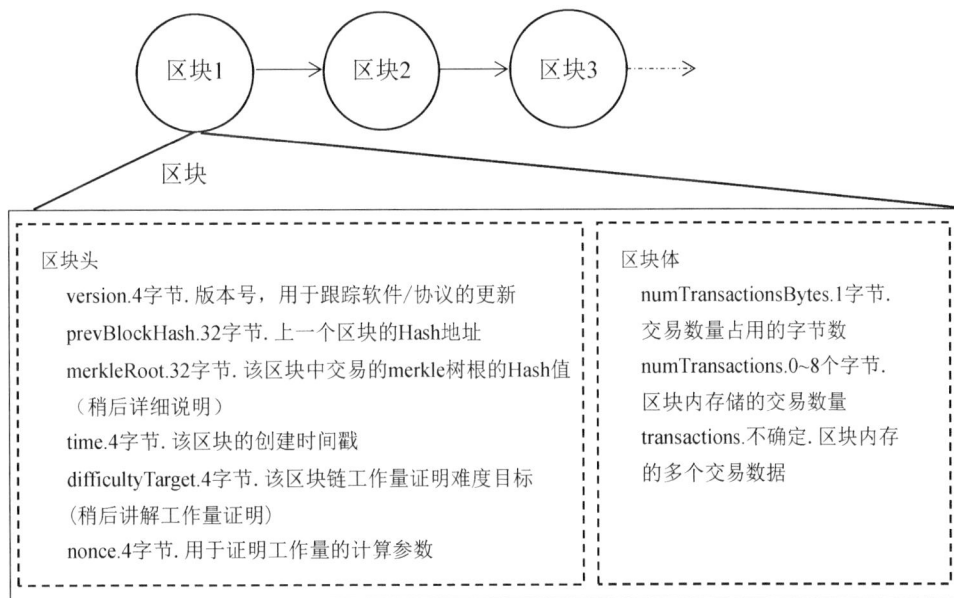

图 2-13　区块链的一般结构

区块与区块之间相互连接。数据以区块为单位产生并存储,按照时间顺序连接成链式(chain)数据结构。区块的生成时间由系统设定,通常平均每几分钟就能生成一个区块。由于每个区块中都包含了指向前一个区块和指向后一个区块的指针,因此每个区块都能找到其前后节点,从而可以一直追溯至起始节点,形成一条完整的交易链条,即区块链。沿着区块链,在经济领域可进行交易回溯,在农业等其他领域可以进行产品溯源。

区块链的链接纽带是哈希值,每个区块都会包含前一个区块的哈希值,同时还会计算并存储本区块的哈希值。哈希值代表了一种身份,构成了数据的唯一标识"指纹"。每一个区块都包含了前一个区块的哈希值(即唯一身份证明)、相应的时间戳以及交易数据,这样的设计使得区块内容具有难以篡改的特性。利用区块链连接的分布式账本,双方可以有效地记录交易,并且可以永久查验此交易。

哈希又称随机散列,哈希的过程是计算机将任意内容计算出长度相同的哈希值的过程。如果区块链的哈希长度是 256 位,那么无论原始内容是什么,最终都会计算出一个 256 位的哈希值。哈希是一种思想,有多种实现哈希过程的算法,如随机选择、直接寻址、折叠等。

由于区块头不仅包含了上一个区块的哈希值,还包含了当前区块体的哈希值。因此,如果前一个区块或当前区块体的内容发生改变,当前区块的哈希值就会随之改变。这是因为,如果有人修改了一个区块,该区块的哈希值就会发生变化,为了让后面的区块还能链接到它(因为下一个区块包含了上一个区块的哈希值),就必须依次修改后面所有的区块,否则被修改的区块就会脱离区块链。由于哈希的计算非常耗时,除非有人掌握了全网 51% 以上的计算能力,否则在短时间内修改多个区块几乎是不可能的。数据一旦写入,就无法修改,正是通过这种联动机制,区块链保证了自身的可靠性。

区块链的核心技术主要包括分布式存储、共识算法、智能合约和密码学等。分布式存储是将数据分散存储在网络中的多台独立的设备上,而传统数据中心式存储则是将重要的数据都存储在一个中心服务器上。相比之下,分布式存储的数据更安全,存储和读取效率也更高。由于区块链系统中没有像银行一样的中心化记账机构,为了保证每一笔交易在所有记账节点上的一致性(即让全网达成共识),需要通过特定的共识机制来解决多方互信问题。多个记账节点必须达成共识才能确认记录有效,因此,共识机制是区块链系统中用于处理一个时间窗口内事务的先后顺序并达成共识的算法。目前,主要的共识机制有工作量证明(Proof of Work,PoW)、权益证明(Proof of Stake,PoS)、委托权益证明(Delegate Proof of Stakel,DPoS)、瑞波共识算法(Ripple Consensus Protocol,RCP)和实用拜占庭容错算法(Practical Byzantine Fault Tolerance,PBFT)等。智能合约于 1995 年由 Nick Szabo(尼克·萨博)首次提出,是一种旨在以信息化方式、验证、传播或执行合同的计算机程序。智能合约允许在没有第三方干预的情况下进行可信交易,这些交易可追踪且不可逆转。密码学是区块链信息安全的重要技术,包括信息安全加密、散列算法(即哈希算法)、数字签名和数字证书等。

区块链技术具有去中心化、开放性、自治性、信息不可篡改、匿名性等特征。区块链的实质是在信息不对称的情况下,借助新信息技术构建的一个去中心化的可信任系统。由于使用分布式计算和存储,不存在中心化的硬件或管理机构,任意节点的权利和义务都是均等的。系统中的数据块由系统中具有维护功能的节点共同维护。区块链系统是开放的,除了交易各方的私有信息被加密外,区块链的数据对所有人公开。任何人都可以通过公开的接口查询区块链数据和开发相关应用,因此整个系统信息高度透明。区块链采用基于协商一致的规范和协议(如一套公开透明的算法)来确保整个系统中的所有节点能够在去信任的环境中自由且安全地交换数据,从而将对"人"的信任转变为对机器的信任,任何人为干预都不起作用。由于区块链在参与者的节点上运行,能提供服务过程所需的保密性,交易各方之间不需要设置中间人,点与点之间也不需要进行信任验证。

区块链采用密码学中的散列(哈希)算法,由多方共同维护。每一个区块都包含了前一个区块的加密散列(即哈希值)、相应时间标记(时间戳)以及交易数据,这样的设计使得区块内容具有难以篡改的特性。由于区块链各节点之间的数据交换遵循固定且可预知的算法,因此在区块链网络上,大家不需要完全信任对方也能进行安全交易。可以基于地址而非个人身份进行数据交换,从而很好地保护交易者的隐私。

区块链技术的使用,使数字农业在生产和交易中的信息变得不可篡改,增强了信息的可信任度。当区块链信息用于农产品溯源时,可以解决农产品品牌不足的问题,并推动农产品电子商务交易的发展。农业生产、经营过程中众多可信任信息汇聚在一起,促进了智慧农业的发展,进而推动了农村电子商务的发展。

2.5.3　大数据技术

早在人类文明诞生之初,人类就开始利用数据来描绘自然和社会的特征。从泥板、竹简、纸张到磁带、软盘、硬盘,从算筹、算盘到计算机、智能手机,人类记录和处理数据的工具随着科技的进步而持续发展,同时也促使人类数据存储量和数据处理速度的快速增长。全球权威咨询机构国际数据公司(IDC)发布的《数据时代 2025》报告显示,2025 年,全球每年产生的数据将从 2018 年的 33 ZB 增长到 175 ZB,相当于每天产生 491 EB 的数据。根据数据单位的换算关系:1 TB 等于 1024 GB,1 PB 等于 1024 TB,1 EB 等于 1024 PB,1 ZB 等于 1024 EB。以 1 GB/s 的速度传输 1 ZB 的数据需要约 3.5 万年。

海量数据的出现及其爆炸式的增长,给现有的信息处理技术带来极大的挑战,人们也逐渐认识到海量数据将给人类发展带来巨大的价值。2008 年,国际顶尖期刊《自然》(Nature)推出了名为"大数据(big data)"的专刊,同年,计算社区联盟也发表了名为《大数据计算:在商务、科学和社会领域创建革命性突破》的报告。而真正使"大数据(big data)"这一概念广为人知的是国际知名管理咨询公司麦肯锡于 2011 年 6 月发布的一份名为《大数据:下一个创新、竞争和生产力的前沿》的研究报告。该报告作为首份从经济和商业维度阐述大数据发展潜力的研究成果,首次系统地阐述了大数据的概念,详细列举了大数据的核心技术,深入分析了大数据在各行业的应用,并明确提出了政府和企业决策者应对大数据发展的策略。随着时间的推移,大数据被商业巨头及各国政府广泛关注。美国、英国、法国、澳大利亚等发达国家先后将推动大数据发展提升至国家战略层面。2011 年,在中华人民共和国工业和信息化部发布的物联网"十二五"规划中,信息处理技术被列为 4 项关键技术创新工程之一,其中海量数据存储、数据挖掘、图像视频智能分析均属于大数据的重要组成部分;信息感知技术、信息传输技术、信息安全技术也与大数据密切相关。2012 年,中国计算机学会发起成立了大数据专家委员会(Big Data Task Force,CCF),该专家委员会撰写并发布了《2013 年中国大数据技术与产业发展白皮书》。2014 年的政府工作报告首次提及大数据的概念。2015 年,在党的十八届五中全会上,我国提出了实施国家大数据战略,并颁发了《促进大数据发展行动纲要》,将大数据发展提升至国家战略层面。在此期间,一些信息科技公司,如腾讯、百度等,利用自身从事电子商务所获取的数据,在实践中推动了大数据技术的发展。

虽然大数据常被提及,但在大数据的定义问题上很难达成完全共识。较为常见的几种定义包括:

(1)根据维基百科的定义,大数据指的是所涉及的资料量规模巨大到无法通过目前主流软件工具,在合理时间内达到撷取、管理、处理并整理成为帮助企业经营决策的资讯。

（2）根据麦肯锡的定义，大数据是指规模达到无法用传统数据库软件工具对其内容进行采集、存储、管理和分析的数据集合。

（3）根据研究机构高德纳咨询公司（Gartner）的定义，大数据是指需要新处理模式才能具有更强的决策力、洞察发现力和流程优化能力的海量、高增长率和多样化的信息资产。

（4）根据咨询机构国际数据公司（IDC）的定义，大数据是指为更经济地从高频率的、大容量的、不同结构和类型的数据中获取价值而设计的新一代架构和技术。

上述定义中，（1）和（2）主要凸显了大数据的"大"这一特性，即其规模之大已经超出了现有数据处理技术的范围，并且这一规模还会随着时间的推移和技术的不断进步而持续增长；（3）和（4）则着重强调了大数据的"新"这一特点，也就是说，大数据的处理必须依赖于新的思维方式、新的技术架构、新的处理技术和新的工具手段。

大数据的5V特征，如图2-14所示。

图 2-14　大数据的 5V 特征

大数据的 5 个特征分别为大量性（Volume）、多样性（Variety）、高速性（Velocity）、价值性（Value）和真实性（Veracity）。其中，Volume 指数据量大，数据规模通常超过 10TB（1TB＝1024GB）；Variety 指数据种类繁多、来源广泛，包括结构化、半结构化和非结构化数据，这些数据往往无法用 Excel 等简单的数据库进行存储，目前常用的存储方案有 MongoDB（一种流行的 NoSQL 数据库）和 Impala（面向 Apache Hadoop 的大数据分析引擎，Apache Hive 是基于 Hadoop 的数据仓库工具）等；Velocity 则强调数据增长迅速，数据获取与处理的速度同样也要快，依赖于各类终端设备的数据采集、自动化存储、智能化处理和高效传输技术，大数据显著提升了决策制定的时效性；对于 Value，尽管单个数据点的价值密度可能相对较低，有价值的信息占比少，但大数据的全面性和丰富性为其提供了巨大的挖掘潜力，以监控视频为例，连续的监控画面中可能仅有几秒有用信息；Veracity 则关乎数据的准确性和可信度，即数据质量，在大数据时代，智能终端依据预设程序自动采集和记录数据，能够真实反映事物的状态与行为。大数据的前三个特征已被广泛认可，基本无争议，而后面两个特征则是从不同维度对前三个特征进行补充。因此，将大数据特征描述为 3V 特征、4V 特征或 5V 特征均具有一定的合理性。

依据其产生方式不同，大数据的来源可划分为被动收集、主动生成和自动采集三种。被动收集的数据主要源自企业、机构在生产运营过程中产生的记录，例如超市的销售记录、银行的交易流水、医院的医疗档案等;主动生成的数据则是互联网用户在社交媒体、视频平台等互联网应用中自发产生的海量信息;自动采集的数据则依赖于物联网中的传感设备,随着智慧城市、智能工厂、无人驾驶、无人超市等技术的日益成熟,社会生产生活的各个方面都置于传感器的监控之下,这些感知设备持续不断地产生大量数据。

从海量数据中提取有价值的信息,需要经过一系列严谨的处理流程,即数据采集、数据处理与存储、数据分析以及数据可视化展示四大关键步骤,如图 2-15 所示。

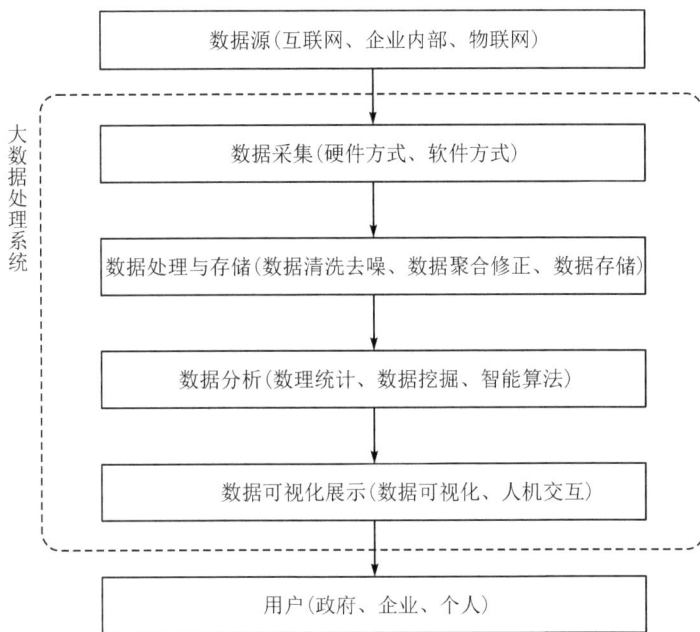

图 2-15　大数据处理流程

数据采集是指从互联网、企业内部系统、物联网等多种数据源获取原始数据的过程,该过程可以通过硬件或软件的方式实现。数据的处理与存储则是对已采集到的原始数据进行适当处理、清洗去噪以及进一步集成与存储。采集到的数据体量庞大、格式多样且可能存在冗余或缺损的情况,因此需要对数据进行清洗和去噪,以确保数据的质量。数据分析是基于应用需求对整理后的数据进行深入分析,以提取有用信息的过程。常用的分析手段包括数理统计、数据挖掘、机器学习以及智能算法等。数据展示则是将大数据分析处理的结果以清晰直观的方式展示给用户,这主要依赖于人机交互设计和数据可视化技术,旨在提升用户使用数据决策支持系统的体验。大数据在数据采集、分析和使用过程中,主要的技术包括:

(1)网络爬虫技术。网络爬虫是一种能够按照预设规则自动抓取互联网信息的程序或脚本,是一种实时的数据采集技术。网络爬虫技术相对成熟,利用开源系统可以快速设计和实现自己的网络爬虫。常用的工具有基于 Java 的 Apache Nutch 和 Heritrix 以及基于 Python 的 Scrapy。

(2)分布式存储技术。分布式存储技术由分布式文件系统和 NoSQL 数据库构成,分布式文件系统为大数据提供了底层的数据存储支撑架构,典型的分布式系统产品有谷歌文件系统(Google File System,GFS)、Hadoop 分布式文件系统 (Distributed File System Hadoop,

HDFS)等。而 NoSQL 数据库则提高了大数据的管理效率和访问速度,与传统的关系型数据库(如 SQL、Oracle、MySQL)主要存储和管理结构化数据不同,NoSQL 可以存储半结构化和非结构化数据。

(3)数据挖掘技术。数据挖掘是通过特定算法从大量数据中挖掘有价值的信息和知识的过程。与传统数据分析方法相比,数据挖掘的重要区别在于它在没有明确假设的前提下挖掘未知信息的方法。数据挖掘的常用分析方法有分类分析、聚类分析和关联规则分析。数据挖掘结果的好坏与选择的数据挖掘算法密切相关,常见的数据挖掘算法有决策树、神经网络、遗传算法、粗糙集和模糊集等。

(4)数据可视化技术。数据可视化技术是运用计算机图形学和图像处理技术,将数据转换为可在屏幕上显示的图形或图像,并进行交互处理的理论、方法和技术。它可以帮助人们发现数据中潜藏的知识和规律。不同数据类型的数据可以有不同的可视化方式,如文本信息可以使用标签云(tag cloud)的方式呈现,使用工具为基于 Python 的词云(word cloud)。针对时间序列数据能够以时间轴的方式展示,使用工具可以选择 jQuery 的 Timeline.js 插件。统计数据通常以统计图表(如柱状图、折线图、饼图等)的方式呈现,常用的统计图表可视化工具包括HighCharts、ECharts、Chart.js 等。展示数据间复杂关系通常可以选择以网络图的方式呈现,常用的工具包括 Igraph、Gephi、networkD3 等。地理空间信息通常以地图的方式呈现,常用的工具包括 Leaflet、Polymaps 等。

目前,随着人们对大数据决策的日益重视,农村电子商务依赖于各种渠道采集的海量数据进行大数据决策。在农作物生产阶段,农作物生产过程的数据有助于发展智慧农业,实现农业生产的精准化管理;在农产品交易阶段,通过将农业生产的数据与农产品交易市场需求方进行信息共享,并采用大数据技术促成农产品供需双方交易,构建并不断完善农业生产全产业链。

2.6 现代农业技术

随着信息技术在农业领域应用的深入,农村电子商务的信息直接来源于农业生产端。因此,现代农业技术也成为支撑农村电子商务技术的重要组成部分,它为农村电子商务提供了农产品从生产到产品形成过程中的所有关键信息。3S 技术包括遥感技术(remote sensing technique,RS)、地理信息系统(geographic information system,GIS)和全球卫星导航系统(global navigation satellite system,GNSS),它作为现代农业生产中的重要技术之一,在农村电子商务物流领域同样发挥着关键作用。其中,GNSS 技术不仅是现代农业的关键技术,也是农村电子商务物流不可或缺的技术。

GNSS 是一种全新的定位技术,它将卫星定位和导航技术与现代通信技术相结合,具有全天候、高精度、连续实时地提供导航、定位和授时的能力。GNSS 在空间定位技术领域引发了革命性的变化,已在众多领域逐步取代了传统的光学与电子定位设备。利用 GNSS 同时测定三维坐标,测绘定位技术得以从陆地和近海拓展至整个地球空间乃至外层空间,从静态扩展到动态,从单点定位发展到局部和广域定位,从事后处理进化到实时定位与导航。同时,GNSS将定位精度提升至厘米级,并广泛应用于陆地、海洋、航空航天等多个领域。

目前,全球主要的 GNSS 系统有四个:全球卫星定位系统(GPS)、欧盟的"伽利略"(Galileo)卫星定位系统、俄罗斯的格洛纳斯(GLONASS)卫星定位系统与中国的北斗卫星定位系统。这四大系统被誉为全球四大卫星导航系统,并已被联合国确认为全球卫星导航系统的核心供应商。

北斗卫星定位系统是中国自行研制开发的区域性有源三维卫星定位与通信系统,可在全球范围内全天候为各类用户提供高精度、高可靠的定位、导航、授时服务,并兼具短报文通信能力。第八颗和第九颗"北斗"卫星于 2011 年被"长征三号甲"运载火箭送入太空预定转移轨道,从 2011 年 12 月 27 日起,已开始向中国及周边地区提供连续的导航定位和实时服务,该系统在 2020 年已经覆盖全球。我国的北斗卫星定位系统是中国自主研发的区域性有源三维卫星定位与通信系统,可在全球范围内全天候为各类用户提供高精度、高可靠的定位、导航、授时服务,并具备短报文通信功能。2011 年,第八颗和第九颗北斗卫星由长征三号甲运载火箭成功送入预定轨道,自 2011 年 12 月 27 日起,该系统开始向中国及周边地区提供连续的导航定位和授时服务,至 2020 年,该系统已实现全球覆盖。北斗卫星系统如图 2-16 所示,图中的中心是地球,所有北斗卫星均按照既定轨道运行,共同服务于卫星定位和通信。

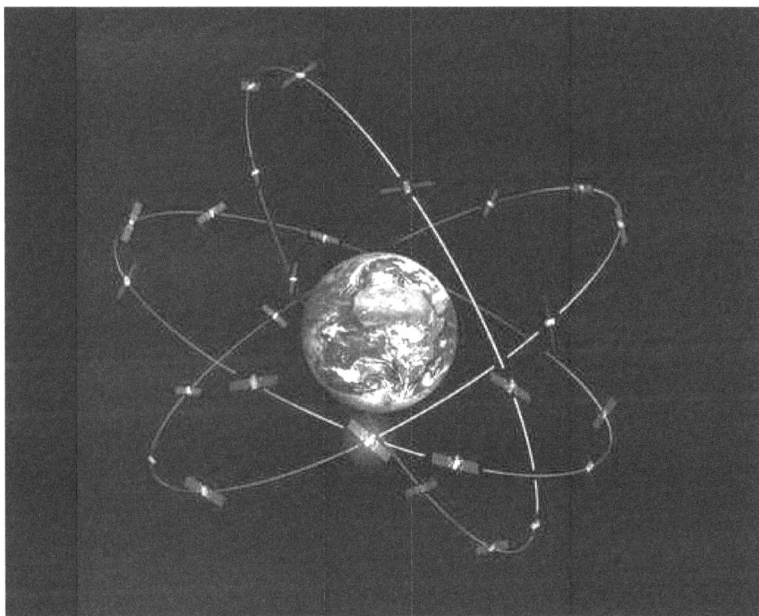

图 2-16　北斗卫星系统

资料来源:网易新闻。

GNSS 技术为农业生产及农产品流通提供了精准的定位信息服务,结合 GNSS 定位技术、遥感监测技术以及无人机巡检技术,农业生产的位置信息、周围环境以及农产品生长周期等全过程信息得以全方位呈现,这些信息在优化农业生产布局、促进农业资源配置合理化以及推动农村电子商务物流发展方面发挥了重要的支撑作用。

本章小结

农村电子商务的参与者在系统内扮演着不同的角色。当新农人参与农村电子商务的规划、监管、平台运营以及网络店铺开设时,掌握或熟悉农村电子商务技术,将有利于他们更好地规划电子商务活动和利用电子商务手段作出经济决策。

从农业生产到农产品交易的各环节,农村电子商务涉及的技术涵盖了EDI技术、移动通信技术、移动软件技术、物联网技术、计算智能技术以及现代农业的相关技术。EDI技术作为电子商务早期的核心技术,其应用为电子商务的远程数据交换提供了坚实保障,从而推动了电子商务的发展;移动通信技术的飞速发展,解决了农村电子商务长期以来面临的渠道不畅问题,使得电子商务得以惠及广大农村地区;移动软件技术的不断创新,不仅充分挖掘了用户已有的智能设备资源,有效降低了电子商务的使用成本,还通过优化流程等手段进一步降低了用户使用电子商务的门槛,有力促进了农村电子商务的推广与普及;物联网技术不仅广泛应用于智慧农业的发展,还为农村电子商务的实施提供了海量数据支持,最大限度地减少了农产品电子商务实施过程中的信息不对称问题;计算智能相关技术的快速发展,使得农村电子商务的信息处理更为丰富、执行速度更为迅速、决策过程更为智能;而现代农业技术在农业生产中的应用,不仅减少了农村电子商务中信息的人为干预程度,还在农产品交易市场中向消费者传递了农产品优质的重要信号,有效促进了农产品交易,并进一步推动了农村电子商务的繁荣发展。

鉴于农村电子商务服务于我国农村经济,面对农村经济多元化的特征以及参与主体信息素养的多样性,农村电子商务对技术提出了更高的要求。现行的数字农业技术在源头上实现了农产品信息的精准采集以及生产过程的科学管理,使得农产品品牌建设和信息追溯变得更为简便。其中,具有自主知识产权的北斗技术,为电子商务从业者树立了良好典范,即既要拥有先进的技术手段,又要确保这些技术能够正确应用于社会服务之中。

ⓩ 思考题

1. EDI软件的组成部分有哪些?各组成部分的具体内容和作用是什么?
2. 简述EDI系统的工作过程。
3. 移动通信技术在发展中经历了哪几个阶段?各个阶段的具体特征是什么?
4. Wap网站、移动App软件和微信小程序各自的优点和缺点分别是什么?
5. 简述物联网技术在农村电子商务中的作用。
6. 在农村电子商务领域,区块链技术的具体作用有哪些?

第3章 农村电子商务系统建设

学习目标

1. 了解农村电子商务系统建设的过程。
2. 理解农村电子商务的系统硬件体系结构和软件体系结构。
3. 掌握软件开发的过程和方法。
4. 熟悉常用电子商务平台的网店开设流程。

思政目标

1. 了解农村电子商务系统的体系结构,培养学生良好的道德规范和职业素养。
2. 熟悉农村电子商务系统建设的特点,强化学生的创新能力。
3. 掌握农村电子商务系统设计、开发和运营的具体过程及方法,同时对学生进行以爱国主义为核心的民族精神教育。

内容提要

新农人在农村电子商务系统中扮演着规划者、使用者以及监管者等角色,尽管不同角色承载着不同的技术需求,但从农村电子商务可持续发展的视角来看,新农人最常扮演的角色是电商平台的规划者与使用者。

农村电子商务系统主要以移动端访问为主,这决定了农村电子商务在硬件体系结构中需要以移动通信网络为核心,在软件体系结构中需要以移动软件为主导,同时在存储访问方面,数据主要依赖于云端存储。

农村电子商务系统中角色的多样化,其电子商务系统架构的复杂性和差异性显著。本章将从电子商务平台规划和运营的角度出发,详细阐述运行农村电子商务系统所需的知识体系,涵盖农村电子商务架构、移动端的定位、服务器的选择、软件体系结构及软件开发、运营和维护的全过程。最后,从使用者的角度出发,以微店为例,讲解了电子商务中网店的开设流程。

开篇案例

上海菜管家——互联网+农产品电子商务的开拓者

上海菜管家于 2009 年 12 月正式上线,专注于安全优质农产品的开发以及农产品 B2C 电子商务平台的建设与运营(不涉及增值电信业务及金融业务)。该平台集农业生产、信息化建设、平台研发、市场运营、冷链物流于一体,为涵盖蔬果、水产等 10 大类、81 小类、超过 2000 种来自全国各地的优质农产品的交易提供了服务平台,并配备了全程质量安全追溯系统、冷链物流中心及质量管理部门。

上海菜管家实现了供应链信息化的全线贯通,确保了农产品的全程可追溯。因此,该企业在 2013 年被工业和信息化部评为农产品冷链信息化应用试点单位,2014 年获批上海市农业产业化重点龙头企业,2015 年被农业部评为全国农业农村信息化示范企业。

上海菜管家通过电子商务平台,主要解决了农业生产中"丰产不丰收"的问题。在高度信息化的供应链管理下,该企业提高了农产品销售时的流通效率,降低了农产品的物流成本,还保障了农产品的质量安全。目前,菜管家电子商务平台已与超过 100 个获得有机及绿色认证的合作基地和供应商单位建立对接,拥有农产品产销对接模式的农业生产基地 5500 多亩,惠及农户 2000 多户。在供应链的推动下,平台一方面向市场传递优质的产品;另一方面向农户反馈市场信息,并对其生产活动进行跟踪指导,切实帮助农户增效增收。

(资源来源于:农业部市场与经济信息司,"互联网+"优秀案例:上海菜管家——互联网+农产品电子商务的开拓者[EB/OL],(2016 - 09 - 20)[2022 - 01 - 19],http://www.moa.gov.cn/ztzl/ scdh/sbal/201609/ t20160902_5262092.htm.)

地方经济和产业特征作为客观事实,新农人参与电子商务规划的关键在于如何利用技术为地方经济赋能,实现技术与经济的协调发展。因此,在深入了解和掌握农村电子商务技术的基础上,新农人还需要进一步应用这些技术来实施系统建设。

3.1　农村电子商务系统架构

农村电子商务系统在功能上与传统电子商务系统相似,均旨在促进不同经济活动主体之间的协同工作,特别是卖家和买家之间在商品交易中的互动,这些参与者及其经济活动共同构成了整个社会的电子商务活动体系。对于每一位参与者而言,商务活动的顺利开展离不开特定电子商务系统的支持。广义上的电子商务系统是由开展电子商务活动的所有要素构成的综合性系统,包括所有参与者、产品或服务以及支撑这些经济活动所需的软硬件系统。而狭义上的电子商务系统则是指支撑电子商务活动运行的软硬件系统。更多情况下,电子商务系统仅指支撑其活动的软件系统。

农村电子商务系统是专门服务于农业、农村领域,涉及农产品或服务交易的电子商务系统,包括软件与硬件系统的建设。在软件环境建设方面,主要包括应用软件的选择和服务软件的建设。其中,服务软件多为第三方软件,而应用软件则需要根据平台运营的实际需求有针对性地选择或开发。硬件环境建设则涵盖了服务端与客户端的硬件选择、网络架构的搭建以及移动网络的建设等内容。农村电子商务系统的结构如图 3 - 1 所示。

农村电子商务的产业链涵盖了农业生产环节的信息共享,旨在帮助消费者更好地了解产品。随着数字农业的蓬勃发展,农业生产环节已经构建起以物联网为核心的新兴技术——农业生产控制网络,该网络最终能够将相关数据与农村电子商务交易平台实现共享。农产品形成后,它们或直接通过交易市场流向消费者,或作为下游企业的原料参与加工和深加工流程,并最终通过零售交易市场向消费者转移。

在信息传输网络层面,农村电子商务既可以选择自建网络,也可以共享现有的移动网络;在信息管理系统层面,农村电子商务涵盖了用于农业生产的智慧农业管理系统、面向消费者的

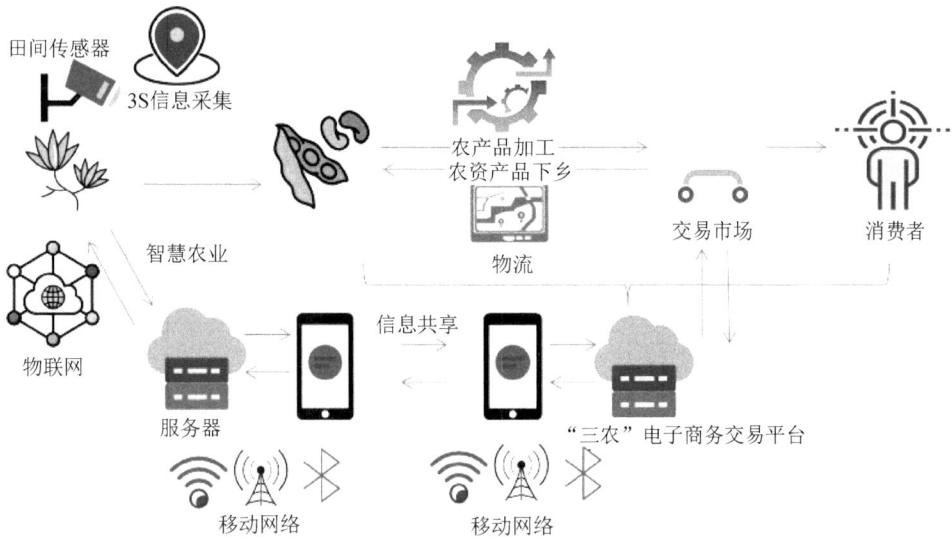

图 3-1 农村电子商务系统的结构

农产品交易系统、全面的信息管理系统以及农资产品和服务的交易和管理系统等；在终端设备方面，农村电子商务采用移动设备和计算机共同使用的方式；在服务器配置方面，农村电子商务采用云服务器与自有服务器并存的方式。参照现有的电子商务系统框架，图3-2为农村电子商务系统框架。

在图3-2中，农村电子商务系统建设分为硬件系统建设和软件系统建设两大部分。

(1)硬件系统。硬件系统是由实施农村电子商务系统所必需的硬件配置、硬件的连接方式和分布情况构成的。随着数字农业的深入发展，硬件系统除传统的主机、服务器外，还涵盖了支撑农业信息自动采集的传感器、支持农村电子商务移动访问的智能手机，以及支撑高性能数据交换和决策的云平台等。因此，农村电子商务的网络结构也由单一的主站式网络发展为主站式网络与多机网络并存的模式，既支持有线网络访问，也支持移动网络访问。农村电子商务的开展可以充分利用移动公司的有线或无线网络资源，如电信部门专营的公共数据通信网络中国公用分组交换数据网(ChinaPAC)和中国数字数据网(ChinaDDN)等，也可以利用有线电视网，或者通过自建局域网有线或无线网络实现通信。选择不同的网络环境开展农村电子商务，会导致农村电子商务在软件系统的设计和应用上存在差异。例如，使用手机访问农村电子商务平台时，系统可以自动调用手机已有的定位、导航和身份识别等功能，从而简化电子商务平台的使用步骤，进而降低农村电子商务用户的使用门槛。因此，农村电子商务的规划者或致力于自建网站运营的涉农企业，在规划或实施农村电子商务时，务必将硬件系统的规划作为重要内容。

(2)软件系统。软件系统包括软件及开发环境、商务服务环境和电子商务应用的相关软件。其中，软件及开发环境是支撑农村电子商务应用软件的基础环境，包括操作系统，如Windows、UNIX/Linux等；网络通信协议，如TCP/IP、HTTP(hypertext transfer protocol，超文本传输协议)、WAP(wireless application protocol，无线应用协议)等；开发语言，如Java、JavaScript、C/C++等；对象组件，如JavaBeans、EJB、CORBA等。这一环境为电子商务系统

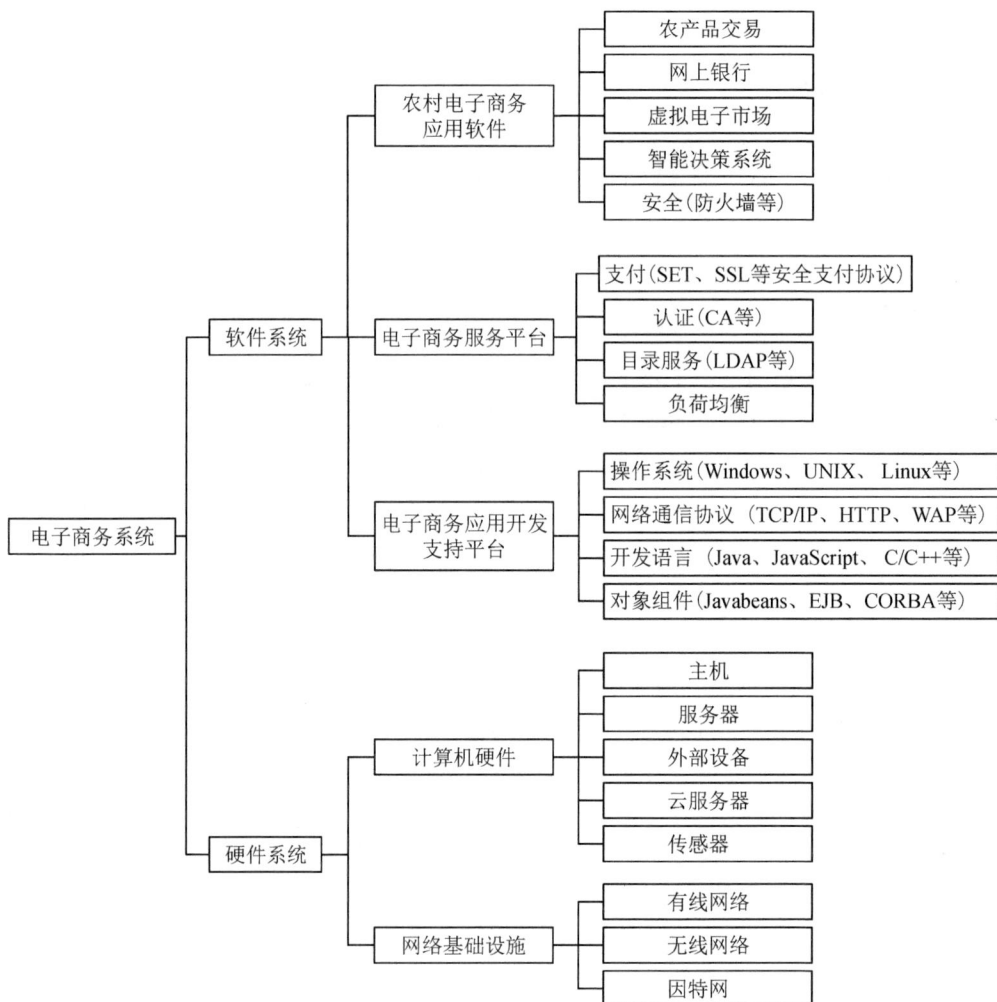

图 3-2　农村电子商务系统框架

的开发、测试、部署及维护提供了必要的平台支持。商务服务环境为农村电子商务系统的正常运行提供了必要的软件支持和保障,主要提供了公共服务功能,如资金转账、订单传输、系统安全管理等,这些公共服务和具体业务的关系并不密切,但它们的支持是不可或缺的,如负责系统运行安全、支付、认证等的相关软件以及进行系统优化的软件。电子商务应用软件则是企业开展商务活动的核心,同时也是农村电子商务系统的核心,其功能的实现依赖于应用程序。

　　农村电子商务系统在规划或实施时,必须进行软、硬件系统的全面规划。由于各个主体参与农村电子商务时的需求各异,他们所进行的软、硬件系统建设也不尽相同。若企业规模大、产品种类多,则可以考虑自建电子商务系统,以获得完整的商品交易数据并进行独立的大数据分析;反之,企业可以选择借助微信、京东等专业化的电子商务平台,通过开发公众号或开店的方式进行产品交易,在电子商务系统建设中,参与者可通过租赁或购买的方式获得相应服务。

3.2 移动终端和云服务器

与传统电子商务相比,农村电子商务系统的用户更倾向于使用移动终端进行访问和信息管理。为了支撑电子商务中高频次的商品交易活动,企业通常会选择租用云平台作为服务器,以支持各类软件应用及数据管理。

3.2.1 移动终端

移动终端也被称为移动通信终端,是指能够在移动状态下使用的计算设备。广义的移动终端包括手机、笔记本电脑、平板电脑、电子付款机(point of sale,POS)以及车载电脑等,而在实际应用中,多数情况下移动终端是指具有多种应用功能的智能手机与平板电脑。随着移动网络环境的优化与移动应用的丰富,智能手机及平板电脑已成为主流的终端设备。得益于集成电路技术的飞速发展,移动终端已具备强大的处理能力。2007 年,智能技术的应用从根本上改变了移动终端作为移动网络末梢的传统定位,使其转变为互联网业务的核心入口与主要创新平台,移动终端进而成为新型媒体、电子商务及信息服务的平台,移动终端同时也是互联网资源、移动网络资源与环境交互资源的最重要交汇点。

智能手机在硬件配置上拥有中央处理器、存储器、输入设备以及输出设备,这些硬件组件使智能手机如同移动的计算机一般。在软件层面,智能手机搭载独立的操作系统,用户可自由安装第三方服务商提供的程序,以此不断扩展手机的功能。智能手机具备灵活的接入方式及高带宽通信性能,在移动网络的支持下可随时接入互联网,也可通过 Wi-Fi 热点组网连接其他设备接入互联网,同时还支持蓝牙通信与 GPS 定位功能。随着 5G 移动网络的普及,能够使用智能手机对农产品进行直播营销,从而增强消费者对农产品的体验感。2020 年,新冠疫情在我国暴发后,众多乡村旅游景点推出了云赏花、云旅游等项目,除部分项目是通过互联网调用田间摄像头进行直播外,更多的项目是旅游主办方使用手机进行移动直播。

在软件设计方面,智能手机高度重视用户的个性化使用需求。智能手机具有较强的私密性,通过集成嵌入式计算、控制技术、人工智能技术以及生物认证技术等,充分彰显了以人为本的设计理念。智能手机配备了 GPS、摄像头、触摸屏等多种传感器,通过相应硬件的开发,智能手机不仅能实现通话功能,还能进行手机定位、人脸识别、指纹识别等操作。结合 RFID 技术或农产品溯源系统,用户还可通过手机扫描二维码追溯农产品信息。尽管智能手机技术日新月异,但面对海量的 App 应用,手机存储空间显得较为有限。因此,诸如微信 App 等公共平台应运而生,这些平台将其他应用以公众号或小程序的形式集成在一个平台上,以便在智能手机有限的存储空间内支持尽可能多的应用软件。

3.2.2 云服务器

传统的电子商务交易平台多采用浏览器-服务器(browser/server,B/S)模式架构,即浏览器-服务端的访问模式。在这种模式下,电子商务网站和数据均存放于服务器上,客户端通过 HTTP 请求服务。由于服务器价格昂贵,传统电子商务网站的运营成本相对较高。农村电子商务因数据交易频繁且农产品经营附加值相对较低,故采用云服务会具有较高的性价比。一些专注于云计算或提供云服务的公司,利用云服务器为广大需要进行商务管理的企业提供了便捷的云服务。此外,一些电子商务平台运营企业也通过租赁第三方公司的云服务来完成部分或全部服务。

云服务器是一种简单高效、安全可靠、处理能力可弹性伸缩的计算服务。与虚拟主机类似,但其管理方式相较于物理服务器更为简单便捷。用户无须购买服务器硬件,即可迅速创建或释放任意多台云服务器。此外,云服务器能够帮助网站开发者快速构建更稳定、更安全的应用,降低开发、运营和维护的难度,进而降低 IT(information technology,信息技术)成本,使网站能够更专注于核心业务的拓展。

云服务器所采用的虚拟化技术可以将大量(如 1000 台以上)的服务器集群虚拟化为多个性能可配置的虚拟机。同时,对整个集群系统中的所有虚拟机进行监控和管理,根据实际资源使用情况灵活分配和调度资源池,为租用云服务器的网站提供优质的软、硬件运行环境。

云服务器具有高密度、低能耗、易管理、系统优化等优点,已逐渐取代虚拟主机,成为网站建设的主要服务模式。

目前,国内已有多家公司提供云服务器业务,包括百度云、腾讯云等。在选择租用云服务器时,除了需要考虑带宽、容量和价格外,还需要特别注意该服务器所支持的软件类型,如操作系统及其版本。

对于任意一个网站而言,云服务提供 IP 地址访问服务。IP 地址由四段数字组成,在 IPV4 协议中,每一段的取值范围均是 0~255。由于 IP 地址不便于用户记忆,因此,作为商业性的电子商务平台,通常会有一个域名。该域名需要向域名注册管理机构申请,与 IP 地址一样,域名在互联网上具有唯一性,且遵循一定的命名规则。例如,域名 www.baidu.com 中,"baidu"是主体名称,"com"代表商业机构;而域名 www.baidu.edu.cn 中,"edu"代表教育机构,".cn"则是中国的顶级域名。

云服务器与云计算既有区别又有联系。云服务器是提供云服务的重要硬件设备,通过提供云端解决方案来为企业提供云服务;云计算则是实现云端解决方案的具体技术方法,当云服务器向企业提供云服务时,就会通过云计算来执行;而云平台则是云端服务向企业提供的具体应用平台。云计算的服务类型按照服务提供方式可划分为三个大类:基础设施即服务(infrastructure as a service,IaaS)、平台即服务(platform as a service,PaaS)和软件即服务(software as a service,SaaS)。它们共同向企业共享云端资源,提供不同层次的服务。

3.3　软件体系结构

体系结构这一概念是由吉恩·阿姆德尔(Gene Amdahl)于 1964 年首先提出的,体系结构包括一组部件以及这些部件之间的相互联系。在此基础上,人们通过定义计算机内部的各个组成部分及其相互之间的关联来深入理解计算机系统。目前,以"体系结构"为名的概念包括计算机体系结构、网络体系结构和软件体系结构等。

软件体系结构是系统的一个或多个结构的集合,它涵盖了软件的组成元素,这些元素的外部可见特性以及这些元素之间的相互关系。"一个或多个结构"表明软件体系结构可以由单一结构或多个结构进行表示,这些结构可以从层次化角度进行分解,也可以从不同视角进行分解;"组成元素"和"外部可见特征"揭示了软件体系结构包含软件的各个组成元素及其对外呈现的方式,一般为接口等;"相互关系"则说明了软件体系结构不仅包含静态结构,还包含动态结构,能够描述各个元素之间的交互行为。因此,软件体系结构既可以代表一个整体系统,也可以代表系统中的一个或多个模块。在考察软件体系结构时,我们关注这些模块的外部特性,如相关接口、操作方式等,同时也考察这些模块内部的静态构成和动态构成。静态构成包括模块由哪些子模块组成以及各模块之间的关系;动态构成则涉及这些子模块如何运行、子模块之间的消息如何传递以及模块与外部硬件的关联等。常见的软件体系结构有客户端/服务器(client/server,C/S)模式或浏览器–服务器(browser/server,B/S)模式。随着移动软件的出现,农村电子商务的软件体系结构仍然采用了传统的 Web 三层体系结构。这种体系结构将各个功能模块划分为表示层(UI)、业务逻辑层(BLL)和数据访问层(DAL)三层架构。各层之间通过接口相互访问,并借助对象模型的实体类(Model)作为数据传递的载体。不同的对象模型实体类通常对应于数据库中的不同表格,实体类的属性与数据库表格的字段名保持一致,如图 3-3 所示。

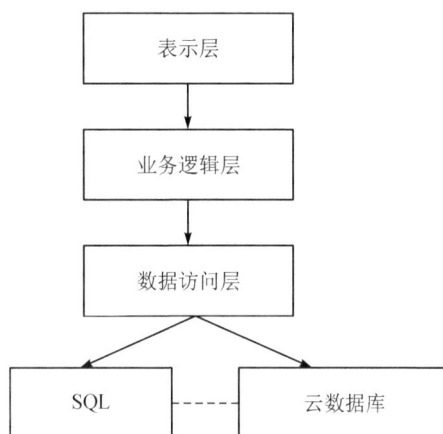

图 3-3　农村电子商务软件体系结构

采用三层架构的软件体系结构使得开发人员分工更加明确,能够使他们将更多精力专注于应用系统核心业务逻辑的分析、设计和开发,从而加快项目的进度,提升开发的效率,并有利于项目的后续更新与维护。

在三层体系结构中,客户(负责请求信息)、程序(负责处理请求)和数据(操作对象)被物理地分隔开。三层结构作为一种更为灵活的软件体系结构,成功地将显示逻辑从业务逻辑中分离出来,这意味着业务代码是独立的,无须关注如何显示以及在哪里显示。业务逻辑层位于中间层,既无须关心由哪种类型的客户端来显示数据,又可以与后端系统保持相对独立,这为系统的扩展提供了便利。同时,三层结构具备良好的移植性,能够跨不同类型的平台运行,并支持用户请求在多个服务器间进行负载均衡。由于应用程序已经与客户端隔离,因此在三层结构中实现安全性更为简便。

与传统的 Web 系统相比,农村电子商务系统在表示层上不再局限于 B/S 模式的用户访问,而是更多地采用了 App 形式。农村电子商务系统在业务逻辑层上与传统 Web 系统相似,它们的业务逻辑层均具有承上启下的作用,负责向数据访问层提交用户请求,并传递数据访问结果。它实际上是一个中间层,与领域知识紧密相关,包含定义领域实体(如对象的属性和行为)、定义业务规则(如需要完成的动作及满足的条件)、确保数据完整性以及定义数据工作流等任务。在数据访问层上,农村电子商务系统进行了扩展,数据访问层在负责数据读取时,其数据库不局限于关系型数据库,还包括云数据库等结构化或非结构化的数据库类型。

根据农村电子商务外部环境的特点,农村电子商务软件前端采用移动软件方式提供服务,后端则采用 Web 方式进行数据管理。鉴于前端 App 对移动终端资源的占用情况,当软件面向的用户市场相对较小时,常选择在一些成熟的软件平台上进行农村电子商务软件的二次开发,如微信小程序或微信公众号等。此时,虽然农村电子商务软件的实现方式更为复杂,但其仍然遵循三层软件体系结构的原理。

软件总是具有其特定的体系结构,不存在没有体系结构的软件。结构化程序的程序结构和逻辑结构的一致性以及自顶向下的开发方法,自然而然地形成了软件的体系结构。在结构化程序设计时代,由于程序规模相对较小,通过强调结构化程序设计方法(即自顶向下、逐步求精),并注意模块的耦合性,就可以获得相对良好的结构。因此,这一时期并未对软件体系结构进行深入研究。

3.4 软件开发过程

软件开发过程通常根据软件开发计划和软件的具体需求进行定义。在软件开发中,往往是由软件使用组织向软件公司提出具体需求,软件公司则基于这些用户需求进行分析、设计与实现,并最终将软件产品交付给软件使用组织。然而,电子商务企业与传统软件使用企业在这一过程中存在显著差异。电子商务运营需要不断适应瞬息万变的市场环境,因此,多数电子商务企业选择自主研发软件,并自行负责软件的运营工作。

3.4.1 软件开发的一般过程

1. 软件开发的一般过程包括软件需求定义过程、软件设计过程、软件编码过程和软件、硬件集成过程

软件需求过程主要依据软件开发计划、系统全生命周期过程中的系统需求、硬件接口规范、系统结构设计以及软件需求标准,来开发包括功能、性能、接口和安全性等相关要求及派生需求在内的高级需求,并将这些高级需求文档化,即形成软件需求规格说明文档。

结合农村电子商务领域,软件开发的过程实质上是一个发现农村电子商务商业需求,并将其转化为具体软件需求的过程。例如,新农人群体从政府角度出发,以推动乡村振兴为战略目标,针对当地特色产业的营销和管理进行电子商务规划,旨在提供电子商务服务平台。该项目的商业需求是通过电子商务平台实现当地农特产品的营销和信息管理,而对应的软件需求则是设计并实现该地区的电商服务平台。无论是由项目团队自行开发还是委托专业软件公司进行开发,鉴于电子商务软件技术更新快以及用户需求变化快的特点,在农村电子商务平台开发启动之前,需要明确界定农村电子商务平台的最低需求、派生需求以及最高需求。

软件设计过程主要依据软件开发计划、软件需求规格说明书中的高级需求、软件设计标准来开发软件体系结构以及低级需求(含派生需求),并将体系结构和低级需求详细记录于软件设计文档中。对于边界条件较为模糊的软件需求,应特别注重保护非修改部件的稳定性。当无法提供明确的目标指南时,软件设计过程需致力于降低软件复杂性,这是因为随着软件复杂性的增加,验证设计并确保软件安全性目标得以实现将变得愈发困难。软件编码过程则主要依据软件开发计划、软件编码规范、软件设计过程中的低级需求以及软件体系结构等要素,来实现源代码的编写,并生成可执行的目标代码。软件编码过程可以迭代进行,其输出成果为源代码。作为农村电子商务平台的重要组成部分,该软件设计过程需充分考虑网络环境、硬件环境、商务服务环境以及信息安全和网络安全等多方面因素,为电子商务平台的稳健运营奠定坚实基础。

集成过程涵盖了软件集成和硬件集成两个方面,该过程将软件编码过程生成的源代码通过链接操作与数据相结合,生成可执行的目标代码,并将其加载至目标硬件中,以开发出满足系统要求的完整机载系统或设备,从而完成软件的全面开发与测试。在此过程中,应对无效代码和软件修补进行额外考虑,以确保最终输出的可执行目标代码、连接和加载数据的准确性和有效性。

2. 软件开发模型是软件开发全部过程、所有活动和任务的结构化框架

软件开发模型涵盖了需求分析、设计、编码和测试等各个阶段,有时还包括维护阶段,为软件开发提供了一个清晰、直观的表达方式。它明确规定了要完成的主要活动和任务,是软件项目工作的基础。对于不同类型的软件系统,可以采用不同的开发方法、使用不同的程序设计语言、允许不同技能水平的人员参与,运用多样化的管理方法和手段,同时允许采用各式各样的软件工具和软件工程环境。常用的软件开发模型包括瀑布模型、快速原型模型、增量模型和螺旋模型等。

(1)瀑布模型。瀑布模型是软件开发领域最早出现的模型之一,由温斯顿·罗伊斯(Winston Royce)于 1970 年提出。该模型通过设定一系列固定的顺序,将软件生命周期的各个活动从上一个阶段有序地过渡到下一个阶段,直至最终开发出软件产品并投入使用。瀑布模型将软件生命周期划分为制订计划、需求分析、软件设计、程序编写、软件测试和运行维护这六个基本活动,并严格规定了这些活动自上而下、相互衔接的固定次序。瀑布模型宛如瀑布流水般逐级下落,形成了一条清晰的工作流程,如图 3-4 所示。

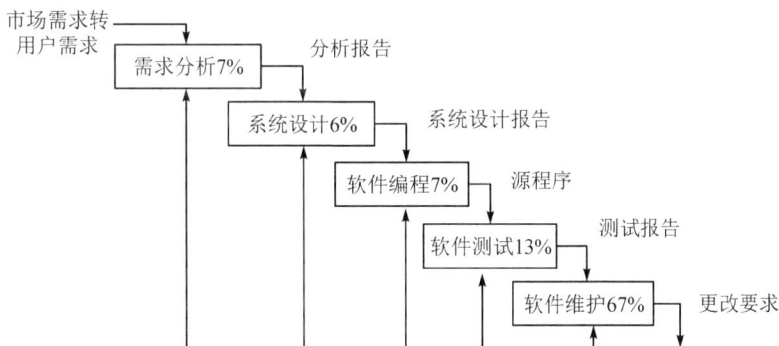

图 3-4　软件开发的瀑布模型

瀑布模型中,软件开发的各项活动严格按照线性顺序进行。当前活动接收上一项活动的工作成果,并基于此实施和完成所需的工作内容。当前活动的工作成果需经过验证,若验证通过,则作为下一项活动的输入,继续推进下一项活动;若验证未通过,则返回至上一阶段进行修改。

瀑布模型高度重视文档的作用,并要求每个阶段都进行细致的验证。然而,该模型的线性流程过于理想化,已不再适应现代软件开发的实际情况。其主要问题包括:首先,各阶段的划分过于僵化,导致阶段间产生了大量文档,增加了工作量;其次,由于开发流程是线性的,用户需等到整个过程的末期才能看到开发成果,这增加了开发的风险;最后,最为严重的是,早期的错误可能要到开发后期的测试阶段才能被发现,这可能会造成无法挽回的损失。

（2）快速原型模型。快速原型模型的首要步骤是构建一个快速原型，以实现用户或未来用户与系统的交互。用户或客户对原型进行评价，并根据评价情况进一步细化待开发软件的需求。通过逐步调整和优化原型，使其满足客户的需求，开发人员能够准确把握客户的真实需求，并在此基础上开发出令客户满意的软件产品。显然，快速原型模型能够克服瀑布模型的缺点，有效减少因软件需求不明确而带来的开发风险。

（3）增量模型。增量模型又被称为演化模型，该模型将软件视为一系列增量构件的组合，这些构件由多种相互作用的模块构成，每个模块提供特定的功能。在增量模型中，各个阶段并不能形成一个可运行的完整产品，而是形成满足客户部分需求的可运行产品。增量模型的好处在于，软件开发能够更好地适应需求的变化，客户可以不断看到软件开发的进展情况，从而降低开发风险。然而，增量模型在软件的整体性方面表现较差，要求软件具备开放式的体系结构。

在使用增量模型时，第一个增量通常是实现基本需求的核心产品。核心产品使用后，经过评价形成下一个增量的开发计划，该计划包括对核心产品的修改和新功能的发布。这个过程在每个增量发布后都会不断重复，直至最终产生完善的软件产品。

（4）螺旋模型。1988 年，柏瑞·贝姆（Barry Boehm）正式提出了软件系统开发的"螺旋模型"。该模型将瀑布模型和快速原型模型相结合，并强调了被其他模型忽视的风险分析，特别适用于大型复杂的系统。螺旋模型沿着螺旋线进行多次迭代，逐步推进软件开发进程，图 3-5 为软件开发的螺旋模型。

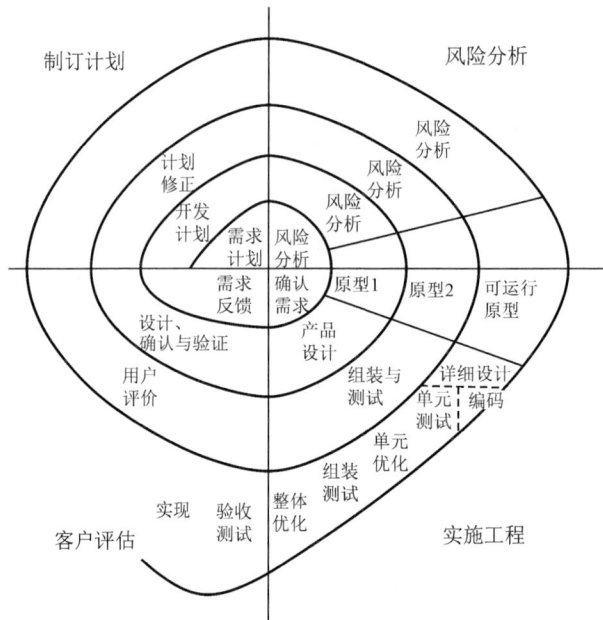

图 3-5　软件开发的螺旋模型

图 3-5 中的四个象限分别代表了软件开发过程中四个方面的活动：一是制订计划，确定软件目标，选定实施方案，并深入了解项目开发的限制条件；二是风险分析，对选定的方案进行深入分析和评估，着重考虑如何有效识别和规避风险；三是实施工程，着手进行软件开发和验证工作；四是客户评估，对开发工作进行全面评价，提出修正建议，并据此制定下一步开发计划。

螺旋模型是一种风险驱动模型,它强调可选方案和约束条件的重要性,从而提高软件的性能,并有助于将软件质量作为核心目标融入产品开发的全过程。然而,螺旋模型的不足之处在于它高度重视风险分析,因此更适合大规模的软件项目。此外,还要求该模型的开发人员必须具备出色的风险识别与分析能力,以避免引发更大的风险。

在软件开发过程中,应根据当前正在开发的特定产品的特性,选择适合的软件开发模型,并随着开发进程的推进不断调整,以最大限度地减少所选模型的缺点,并充分利用其优点。上述 4 种开发模型的优劣势比较见表 3 - 1。

表 3 - 1　四种软件开发模型的优劣势比较

名称	优势或劣势
瀑布模型	靠文档驱动,系统存在不能满足客户的需求的情况
快速原型模型	关注满足客户需求,可能导致系统设计差、效率低,难以维护
增量模型	开发早期,反馈及时,易于维护,需要开放式体系结构,可能会导致效率低下
螺旋模型	风险分析人员需要有经验且经过充分训练

3. 软件开发过程强调可追踪性,有利于软件的管理

软件开发过程高度重视可追踪性,需要确保在各个阶段所开发的产品具备可追踪性、可验证性以及一致性,并能准确实现上一层的要求。这包括三个层次的追踪。

(1)在软件需求文档中,应确保提供高级需求与系统需求之间的可追踪性,并明确列出由高级需求派生出的具体需求,以验证高级需求对系统需求覆盖的全面性。

(2)在软件设计文档中,应提供低级需求与软件需求文档中高级需求的追踪性,并明确给出高级需求进一步派生出的低级需求,以此验证低级需求对高级需求覆盖的全面性。

(3)在软件源代码层面,应在函数或过程的前方提供源代码与低级需求之间的追踪性,确保源代码能够准确反映低级需求的内容,以此验证源代码对低级需求覆盖的全面性。

3.4.2　敏捷软件开发

为了应对软件开发中的需求的"变化",软件开发出现新的理念——敏捷软件开发(minimum viable product,MVP),在此理念下,软件被视作产品,软件开发的目标是以最少的工作量来验证产品的核心价值主张,以便及时响应市场需求和尽早完成市场验证。如果出现开发设计缺陷和相关功能缺失的问题,开发者可以在后续开发过程中结合市场需求持续更新,通过快速迭代进一步完善和优化软件产品。

相比面向工程的软件开发的瀑布模型,敏捷软件开发的迭代模型更快捷、更灵活,瀑布模型与迭代模型模式下软件开发的过程比较见图 3 - 6。

敏捷软件开发的理念是尽快将软件推向市场,以实现软件的核心价值,然后通过收集市场反馈来进行迭代和优化,使软件适应不断变化的市场需求。

1. 敏捷软件开发的宣言

2011 年初,长期从事软件开发的人员自行结成敏捷联盟,该联盟概括出一些能够让软件开发公司快速工作的原则,并创建出一份敏捷联盟宣言,具体为:

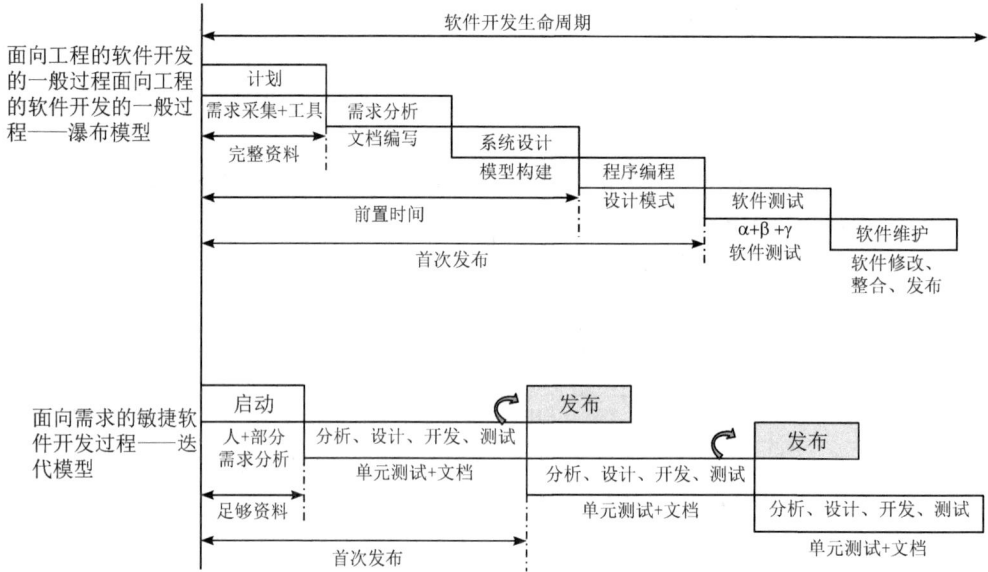

图 3-6　瀑布模型与迭代模型模式下软件开发的过程比较

（1）个体和交互胜过过程和工具。

人是软件开发的重要推动者，发挥团队优势快速开发软件，合作、沟通以及交互能力要比单纯的编程能力更为重要。如果一个团队具有良好的沟通能力，它将比那些虽然拥有一批高水平程序员但成员之间不能进行良好沟通的团队更有可能获得成功。

选择合适的工具而不是大而全的工具，是软件开发的重要步骤。过多庞大、笨重的工具反而会降低软件开发的效率。

（2）可以用来工作的软件胜过面面俱到的文档。

没有文档的软件是一种灾难，过多的文档却会束缚软件的开发。对于一个团队来说，需要编写并维护一份系统原理和结构方面的文档，要求该文档短小且能突出主题，并能够为程序服务。代码和团队是团队新成员学习的重要内容，代码最能真实地表达团队所做的事情。人和人之间的交互是将内容传递给他人的最快、最有效的方式。

（3）客户合作胜过合同谈判。

成功的项目需要有序、频繁的客户反馈。不是依赖于合同或者关于工作的陈述，而是让客户和开发团队密切地工作在一起，并尽量由客户提供反馈意见。

如果一个指明了需求、进度和项目成本的合同存在根本上的缺陷，则合同中指明的条款在项目完成之前变得毫无意义；反之，为开发团队和客户协作提供指导的合同才是最有效的合同。

（4）响应变化胜过遵循计划。

响应变化的能力常常决定着一个软件项目的成败。当构建计划时，应该确保计划是灵活的并且易于适应商务和技术方面的变化。

软件开发中必须有计划，但是不能做过于长远的详细计划。对短期任务做详细计划，而对长期任务只能做粗略计划。

2. 敏捷软件开发的原则

敏捷软件开发的方法有多种，这些敏捷方法虽各有不同，但罗伯特·C.马丁（Robert C.Martin）

认为这些方法都遵循以下 12 条原则,具体为:

(1)最重要的是通过尽早地、持续地交付有价值的软件来满足客户。

(2)即使到了开发后期,也可以修改需求。敏捷过程通过灵活变化来为客户创造竞争优势。

(3)经常性地交付可以工作的软件,交付间隔可以从几周到几个月,间隔越短越好。

(4)在整个项目开发期间,业务人员和开发人员必须每天都在一起工作,紧密协作。

(5)围绕积极主动的个人来构建项目,给他们提供需要的环境和支持,并且信任他们能够完成工作。

(6)在团队内部,最具有效果且富有效率的信息传递方法,就是面对面交谈。

(7)可以用于工作的软件是首要的进度衡量标准。

(8)敏捷过程提倡可持续的开发速度。责任人、开发者和用户应该能够保持一个长期的、稳定的开发速度。

(9)持续关注先进的技术和优秀的设计能促进团队的敏捷性。

(10)简单是一切的基础——少即多。

(11)最好的架构、需求和设计出自自身组织的团队。

(12)每隔一定时间,团队应对如何才能更有效地工作方面进行反省,然后相应地对自己的行为进行调整。

3. 敏捷软件开发的流程

尽管每个项目的流程不完全相同,以敏捷方法中最为流行的极限编程(extreme programming,XP)为例,将罗伯特·C.马丁所阐述的传统分阶段的软件开发活动与 XP 的迭代过程相对应,以此阐述 XP 编程的流程。

(1)计划。

XP 团队的现场客户(常称为客户,可以是真实用户,也可以是产品经理、领域专家、交互设计师和需求分析师扮演的现场客户角色)负责制定业务决策,包括阐明项目愿景,创建用户故事,制订如何把众多特性分成小的、频繁的发布计划,管理风险。程序员负责综合用户的重点需求、估算和建议,让整个团队开始投入频繁发布的过程。

除了整个发布计划,每次迭代开始的时候,团队要聚集在一起参加一系列的活动,如迭代演示、回顾和迭代计划,迭代演示用以收集真实用户和其他利益相关者的反馈。

(2)分析。

在这一阶段,现场客户尽可能地与团队成员一起工作。客户在程序员依据计划估算需求之前提供用户的大致需求,在程序员实施开发时提供用户的具体需求;对于复杂的需求,客户可以与测试人员共同创建客户测试。程序员实现用户故事的过程与客户(以及测试人员)创建客户测试的过程是同时进行的。

对于用户界面,需要客户和团队一起创建,有些团队也有交互设计师来负责程序界面设计。

(3)设计和编码。

XP 采用增量式设计和架构来持续创建和改进设计。开发过程中,程序员大多数时间都在结对编程,来增加每个任务上的脑力投入,并保证每组中有一个人能够考虑更大的设计策略问题。这项工作需要所有程序员的共同努力,整个团队会共享编码所有权,共同承担代码的责任。团队的任何一个程序员都有权利也有义务来解决他们注意到的任何代码问题,不管这个问题涉及程序的哪个部分。程序员要负责管理开发环境,通常利用版本控制系统来进行管理,程序员需要高频率地将代码集成到版本控制系统中,并保证每个集成都能用在部署中,即保证可以在任何迭代的末尾发布软件,并力求在已完成的软件中不产生任何漏洞。

(4)测试。

测试是驱动开发必需的过程,程序员通过测试驱动开发来构建第一道防线,以确保软件如预期般运行。而客户需要通过测试对工作过程进行评估,以保证满足客户预期。此外,测试能有效帮助团队了解代码质量、性能、稳定性等。当测试员发现了一个漏洞,会帮助团队的其他人进行根源分析并改进流程以杜绝类似漏洞再次出现。

(5)部署。

在每次迭代的结尾,XP团队要将软件部署给内部利益相关者以为下一阶段做好准备,而面对真实用户的部署则需要按照业务需要来进行安排。

XP团队的重要特点是每个人都编码,每个人都设计。测试驱动开发能够把设计、测试和编码合并为单一的、不断前进的活动,推动软件的迭代。

3.4.3 农村电子商务系统的实现方式

软件开发并不总是始于源代码的编写。随着软件技术的不断进步,现有的软件开发平台提供了丰富的资源库。这些资源库以构件的形式呈现,供软件开发者通过拖拽等直观方式进行使用。在农村电子商务领域,软件实现方式主要涵盖以下三种。

一是将网站设计和实现的全部或部分工作外包给专业的软件公司,由其负责开发。这种方式能够充分利用软件公司的专业能力和经验。

二是依托现有的软件开发技术,自主进行农村电子商务平台的开发工作。这种方式的优点是后续的运营和维护较为方便,且能够根据实际需求随时扩展软件功能,增强了平台的灵活性和适应性。

三是利用付费或免费的软件包进行二次开发。以微信小程序为例,它借助于微信这一社交平台,通过相对简单的二次开发过程,即可为用户提供公众号服务,或建立起符合自身需求的小型网站。同时,微信小程序开发也是实现移动电子商务的有效途径之一。不同软件开发方式的优缺点比较见表3-2。

表 3-2　不同软件开发方式的优缺点比较

软件开发方式	优点	缺点
软件外包	企业不需要配备专业的开发人员,能够专注于电子商务的商业策划、运营和管理	会对开发商产生依赖,失去对技术管理的控制,可能会有安全方面的威胁,如开发人员将信息泄露给竞争对手等
自行开发软件	能更好地满足企业的需求,一旦市场环境发生变化,企业可以依靠自己的力量迅速对系统进行维护或升级	对多数中小型企业而言,电子商务系统的各种复杂功能的实现与专业化的软件公司具有差距,成本高
使用软件包二次开发	容易实现,成本低,开发周期短	系统的实现受限于第三方平台的性能,需要有能够开发系统的技术人才

3.4.4　农村电子商务系统实施

与电子商务相同,农村电子商务的实施也是技术和商业的结合。因此,在电子商务系统实施的过程中,部分工作需要具备专长的技术人才,部分工作需要具有商业技能的人才,还有部分工作则需要同时具备技术和商业两方面知识的人才。

农村及农村经济的多样性使得新农人对农村电子商务的需求呈现出多层次特点,电子商务的实施方式也各不相同。农业小生产者期望电子商务能提升开店的便捷性,并实现农特产品的预订销售。农业生产的周期性使得当生产达到一定规模时,产业园区需要构建中小型电子商务平台,以实现品牌经营、农特产品预售、客户关系管理等多重功能。地方政府则希望通过电子商务平台为当地农村经济提供服务,并为政府经济决策提供数据支持。针对不同层次的农村电子商务需求,所采用的电子商务系统实施方式、人员配置及管理方式均有所差异,具体如下。

(1)农业小生产者主要采用第三方平台开店的方式。在此过程中,他们只需准备开店所需的素材并选择适合的第三方平台(如微店、淘宝店铺)即可。这类电子商务系统的应用,通常需要从事简单商业应用的人才。然而,依托第三方平台开店的可持续性,不仅与经营者自身的水平有关,更受到平台服务和经营状况的影响。当用户从一个电子商务平台迁移到另一个电子商务平台时,往往需要承担较高的迁移费用。

(2)对于具有一定规模的产业园区而言,第三方平台提供的网上商店形式难以满足其在产业规划方面的需求。农业生产周期长、农产品储藏周期短等特点,导致农业园区常需采用预售方式来实现供应链的有效管理,但该模式需要平台长期支撑企业品牌建设。因此,这些园区往往需要建立独立的电商平台来维持自身的经营。在系统实施过程中,他们常采用微信小程序或委托第三方代为运营网站的方式。此时,电子商务系统的应用需要园区对自己的电商平台进行初步规划和常规的运营管理,人才配置上需要应用型技术人才和商业管理人才。

(3)地方政府根据所辖区域的资源和人口状况,选择合适的电子商务系统实施方案,并配备相应的人才。一般情况下,村级电子商务系统的实施多以第三方平台开店的方式,借助成熟的电商平台快速推进农村电子商务的发展;县或乡级则可能采用微信小程序或已有的软件平台进行二次开发,构建电子商务平台;而县以上的政府部门,若需要全面了解本地经济运行和产业内循环情况,则可通过电子商务平台实现一网通办。此时,电子商务系统的实施需要专业的技术人员进行研发和运营,平台管理可以交由第三方公司进行服务托管。地方政府对这类电子商务系统有着较强的数据收集、存储和分析能力要求,且期望其能提供数据共享和决策支持能力,因此,一个完整的电子商务系统的实施涉及开发、运营、管理(包括服务器级的管理)等多方面的人才。电子商务系统实施所需的人员配置见表3-3。

通过合理的人员配置,电子商务系统的实施步骤如下:

(1)电子商务系统域名的申请与注册。由企业法人依据相关的域名管理办法,申请适合的电子商务域名。

(2)系统运行环境准备。该步骤涵盖系统运行所需的机房、电力、空调等基础设施,以及计算机与网络设备的安装调试。若电子商务系统采用主机托管方式,或在专业服务器提供商(如提供主机托管或网络数据备份服务)的环境中运行,则需要协调各方共同完成系统的实施。

(3)系统开发和集成。该步骤主要完成电子商务软件系统的设计与实现,并在服务器上进行调试和运行。

（4）人员培训。该步骤针对电子商务系统的维护人员及业务人员,通过培训使他们熟悉系统结构、性能、维护与管理以及系统功能、操作方式等方面的知识。对于移动端用户,可通过视频的方式进行培训。

（5）数据准备。从企业或政府现有的信息系统中收集、整理和加工新系统所需要的原始数据,以确保电子商务系统的顺利运行。

表 3-3　电子商务系统实施所需的人员配置

规划人员		知识领域	作用
企业（政府）管理层		经济、管理和技术等多学科交叉的知识	控制、决策
企业（政府）经营层		电子商务系统涉及的企业（政府）内外部环境的知识	商务模型、服务内容、业务流程、再造系统评估、运行决策
咨询专家	商务顾问	系统设计及项目实施、电子商务成功案例	商务模型规则、系统规划、职业设计、投资与收益
	技术顾问	系统设计、技术产品、系统集成	商务逻辑实现、系统接口、系统集成、系统实施
	电子商务师	运营经验、经营风险	商务模型、系统运行管理
	物流专家	物流与供应链管理	电子商务系统相关的供应链设计
	金融专家	项目风险评估	投资效益分析
专业技术人员	项目经理	规划组织、协同工作、知识管理	规划实施、项目风险、项目管理
	网络工程师	网络工程、综合布线、网络通信	基础设施规划、网络互联、数据交换
	Web 应用工程师	信息管理、应用服务器、数据库、数据仓库、软件体系结构	应用平台设计、应用逻辑设计、应用软件开发
	其他人员	特定的专业知识	法律、税务等

3.5　软件运营和维护

不同于其他软件系统,大型农村电子商务系统的运行不仅意味着软件的投入运行,更重要的是企业商务活动在新模式下运转。因此,该系统的运营除了电子商务软件系统的正常使用外,还包括软件的维护、管理以及企业基于系统所开展的市场、销售、客户服务等基本商务环节的组织与运作。即不仅要关注平台在服务器上是否按预期的软件目标提供相关功能,还要关注平台在运营中是否按照预期的商业目标实现业务处理,以满足多方参与者的商业需求。系统经过测试评估,若能达到规定的性能指标,则可投入运行。

在电子商务系统的运行阶段,需注意以下问题。

首先,运行包括系统运行和商务运行两部分。系统运行是指从原有信息系统切换到电子商务系统,使新系统支持企业（政府）的日常业务运转。商务运行则是指企业在电子商务系统的支持下,按照新的模式开展商务活动。因此,在系统运行之前,应首先完成新旧系统及新旧业务的切换,包括信息系统切换和商务流程切换。例如,在传统方式下人们使用线下商品交易或基于 Web 的商品交易时,需手动填写收货地址;而新系统支持直接调用 GPS 定位的地址作为收货地址,用户可以选择定位信息并对信息做适当修改,从而降低了电子商务对参与者的信息素养要求,推动了更多移动用户参与电子商务。

其次,电子商务系统的运行必须有相应的运行团队及维护团队,并需要制定相关的管理制度和条例。对于农业小生产者,他们主要负责自身网站的经营和管理,而将更多的技术和商业运营交由第三方电子商务平台。对于大型电子商务系统,从客户端到服务器端的软件维护、流程优化以及数据管理和评测,都需由专业技术人员进行管理。

最后,电子商务系统的实施需在一定的配套环境下才能实现最优效果。若系统运行切换过程不是一步到位的,则必须考虑切换过程中企业商务流程在新旧系统中并行的问题,以及在并行工作期间业务处理的问题。此外,对于连续工作的实时系统,在切换过程中还需做好故障恢复等应急措施,以减少系统运行的技术风险、商业风险以及技术和商业协调过程中产生的风险。

3.6　网上开店

农业小生产者在构建电子商务系统时,主要采取借助第三方电子商务平台开设网店的方式。在不同的电子商务平台上,开设网店的方式各有差异,对用户的信息技术能力要求以及所需准备的材料也不尽相同。微店是以微信作为营销工具的电商平台,得益于微信和 QQ 庞大的用户基础,加之相对较低的技术门槛,受到了用户的广泛欢迎。以微店为例,其电子商务系统的构建过程具体如下:

(1)微店提供了手机微店和电脑微店两种运营模式。以手机微店为例,需要先从正规的应用商店下载并安装手机 App 软件(微店店长版),如图 3-7 所示。

图 3-7　微店店长版 App

(2) 安装完成后,若用户尚未注册,则须按照提示输入手机号码、设置密码,并填写其他相关注册信息,以完成实名认证流程;若用户已拥有注册账号,则直接登录后输入店铺名称,即可完成店铺的创建。图3-8为微店店铺管理的主界面。

图3-8 微店店铺管理主界面

（3）在图3-8展示的界面中，用户可以进行店铺装修、商品管理等一系列操作。商品在上传后，须经过平台审核，审核通过后方可正式发布。若商品未经审核或审核未通过，则平台将直接对其进行下架处理。此外，商品管理的主界面如图3-9所示。

图3-9 商品管理的主界面

通过开设微店,农户或农业小生产者能够完成一个依托于第三方平台的电子商务系统的构建、实施及运营,而该系统的日常管理、运营维护及其他相关事务则主要由第三方平台负责处理。

本章小结

本章主要对农村电子商务系统建设的相关知识进行详尽阐述。在农村电子商务领域,新农人这一角色可以是小生产农户、产业园区或基层政府,他们能够通过电子商务系统的应用,实现农产品的营销、品牌塑造以及区域经济的有效治理。然而,就农村电子商务系统建设的内容与流程而言,在系统规划之初,规划者须具备本章所传授的知识与技能,才能确保将具体的商业计划顺利转化为电子商务平台(网店)的规划、实施与运营。

农村电子商务系统的建设与其他信息管理系统建设相仿,涵盖了硬件系统建设与软件系统建设两大方面。硬件系统建设具体包括网络架构的搭建、终端设备及服务器环境的配置;而基于现有的硬件条件,采用既定的软件架构,以完成软件环境的构建。在系统规划阶段,规划者需根据实际需求,在软件建设中审慎考虑系统涉及的内容,选择软件外包、现有软件的二次开发或自主研发等路径;在软件实施层面,可选择自建服务器运行或租用云服务等方式。规模较小的电子商务参与者更倾向于通过在第三方平台开设网店的方式开展电子商务活动,采用这一方式,除店铺管理外,规划、开发、实施及运营工作均由第三方平台负责。

农村电子商务系统建设与其他电子商务系统建设相似,在建设过程中均需充分考虑商业活动的实际需求,如页面布局的设计、信息的有效采集以及业务操作流程的优化等。值得注意的是,与主流电子商务相比,农村电子商务以移动电子商务为主要特征,其客户端应用广泛,同时,参与者对系统的性能、安全性等方面均有着较高的要求。

通过学习农村电子商务系统的相关知识,学生不仅应掌握相关的专业知识和技能,还应具备强烈的服务人民的意识,恪守职业道德和职业操守,确保在掌握技术的同时,能够真正将技术运用到实处,服务于人民和社会。

思考题

1. 农村电子商务系统建设主要包含哪两个方面的内容?

2. 在农村电子商务推动移动电子商务发展的过程中,主要涉及哪些移动终端?这些移动终端又具有哪些显著特点?

3. 云计算的服务类型,按照其服务的提供方,主要可以分为哪些类别?

4. 常用的软件体系结构通常包含哪些层?

5. 在软件开发过程中,常用的软件开发模型主要有哪些?

6. 软件系统的实现方式主要有哪些?

第4章 农村电子商务安全

学习目标

1. 了解农村电子商务安全的内容。
2. 理解农村电子商务服务器端的防火墙技术、VPN 技术。
3. 掌握农村电子商务信息传输过程中的信息加密技术、认证技术。
4. 了解农村电子商务的新型安全问题和应对办法。

思政目标

1. 了解并掌握农村电子商务安全相关的政策法规及具体内容,强化学生的法律意识和道德意识。
2. 熟练掌握农村电子商务安全问题的应对策略与解决方法,强化学生的责任感和使命感。

内容提要

农村电子商务安全涵盖了一般软件系统的网络安全与信息安全,同时也涉及因使用移动设备而引发的硬件安全问题,以及在农业生产交易过程中出现的特定安全等问题。

农村电子商务的网络安全,主要指的是在农村电子商务应用过程中,与网络通信相关的安全性问题;农村电子商务的信息安全问题,则是在实施电子商务交易、支付等环节时,信息未能按照预期方式正确显示、修改或传输所引发的安全问题。此外,农村电子商务主要以移动商务的形式开展,因此还面临着移动商务特有的安全问题以及现代农业基础设施带来的设备安全等挑战。

针对不同的农村电子商务安全问题,可以采用不同的解决办法。网络安全问题主要采用防火墙技术、访问控制技术和协议技术等来解决;信息安全问题主要采用加密技术、数据完整性检验或数字证书技术;移动设备安全主要是加强硬件设备的管理。

本章将重点讲述网络安全和信息安全的相关知识。

开篇案例

2800 多家电子商店受到信用卡黑客的攻击

2020 年 9 月初,2800 多家电子商店因运行过时的 Magento 软件受到信用卡黑客的攻击,这一针对运行 Magento 1.x 电子商务平台的零售商的网络攻击是由一个攻击组织发起的。

RiskIQ 在 11 月发表的一份报告中指出:"这个组织实施了大量不同种类的 Magecart 攻

击,这些攻击通常通过供应链攻击(如 Adverline 事件)或利用漏洞(如 9 月 Magento 1 事件)危害大量网站。"这些攻击被统称为 CardBleude。至少有 2806 家运行 Magento 1. x 的在线商店遭到攻击,这些商店在 2020 年 6 月 30 日已经停止使用 Magento。

Magecart 攻击是针对在线购物系统的不同黑客团体的联合体,在购物网站上注入电子窃取程序以窃取信用卡详细信息是 Magecart 已实践过的作案手法,其攻击被称为 formjacking 攻击。攻击者通常会在支付页面上偷偷将 JavaScript 代码插入电子商务网站中,以实时捕获客户卡的详细信息并将其传输到攻击者控制的远程服务器。但最近几个月,Magecart 组织加大了攻击力度。

Cardbleed(最初由 Sansec 记录)通过使用特定域与 Magento 管理面板进行交互,然后利用"Magento Connect"功能下载并安装一个名为"mysql. php"的恶意软件,将 skimmer 代码添加到"prototype. js"后,恶意软件会自动删除以逃避被发现。根据 RiskIQ 的说法,这些攻击具有 Magecart group 12 组织的所有特征。此外,skimmer 是 Ant 和 Cockroach 在 2019 年 8 月首次观测到的 skimmer 的变体。

恶意域名(myicons[.]net)与 5 月份的另一个活动有关。在该活动中,一个 Magento favicon 文件被用来将 skimmer 隐藏在支付页面上,并加载一个假的支付表单来窃取捕获的信息。在恶意域名被识别时,Magecart group 12 已经熟练地换入了新的域名,以继续攻击行为。

RiskIQ 的研究人员表示:"Cardbleed 行动被公开以来,攻击者已经重组了他们的基础设施。""他们开始从 ajaxcloudflare[.]com 装载 skimmer,并将渗透转移到最近注册的域 console. in 中。"

RiskIQ 威胁研究人员乔丹·赫尔曼(Jordan Herman)表示:"升级到 Magento 2 是一种特别的缓解措施,尽管升级的成本可能会让较小的供应商望而却步。"他补充说:"还有一家名为 Mage One 的公司也在继续支持和修补 Magento 1。他们发布了一个补丁来缓解攻击者在 10 月底利用的特殊漏洞。所以,防止这类攻击的最好方法是让电子商店在其网站上运行完整的代码清单,这样他们可以识别出弃用的软件版本,以及任何可能引发 Magecart 攻击的漏洞。"

（资料来源:创宇盾新闻中心,2800 多家电子商店因运行过时的 Magento 软件受到信用卡黑客的攻击[EB/OL],(2020 - 11 - 16)[2022 - 01 - 20]. https://www.365cyd.com/m/news/detail/5fb1e7bdd132c81c289d427b/)

电子商务的发展依托于网络社会信用体系的建立而健全,而电子商务安全技术则是电子商务信用体系的重要支撑与保障。电子商务安全技术能够确保电子商务交易过程中商家和客户的信息安全,维护交易双方的财产权益及信誉,促使电子商务各参与者遵循既定的规则进行商品或服务的交易。因此,唯有采用必要且先进的电子商务安全技术,方能充分体现并发挥电子商务在资源配置方面的效率。

4.1　农村电子商务安全的内容

农村电子商务涉及面广泛,其交易主体具有多元化特征,服务需求也呈现多层次的特点。农村电子商务安全的内容主要聚焦于其安全性问题,总体上包括网络安全、信息安全、移动终端安全以及由其他新技术应用所引发的安全问题。具体应对技术有防火墙技术、VPN 技术、信息加密技术、数字证书技术以及其他与之配套的技术措施和法律法规等。

4.1.1　农村电子商务的安全性问题

农村电子商务不仅面临着传统电子商务中普遍存在的交易安全、网络安全及信息安全问题，数字农业中基础设施对农业生产信息的提供以及移动商务的实施，进一步加剧了这些安全问题的复杂性。

农村电子商务安全问题主要体现在以下几个方面：

（1）网络安全问题。网络故障可能导致网站无法正常访问、服务器遭受攻击或信息在传输过程中被非法截获等后果。

（2）信息安全问题。在电子商务交易过程中，信息可能未按预期目标进行传递，具体表现为信息被偷窃、篡改、伪造、仿冒或交易抵赖等。

（3）硬件设备安全问题。硬件设备的丢失、移动网络的不稳定，可能导致电子商务参与主体无法正常参与电子商务活动，或用户信息因设备问题而被泄漏。

（4）交易安全问题。在电子商务交易过程中，依据现有的交易流程可能无法顺利完成某些特定商品（服务）的交易，或在执行这些交易任务时遇到信息不安全的问题。此外，农产品在营销或交易过程中也可能引发一系列安全问题。

4.1.2　农村电子商务的安全性要求

电子商务平台上的交易往往以匿名方式进行，为确保商品交易或服务的顺利进行，平台需具备技术上的信任机制，并对用户保持高度的公开与透明。具体为：

（1）授权合法性。安全管理人员需具备控制用户权限的能力，能够合理地分配或终止用户的访问、操作及接入等权限，同时确保被授权用户能够无障碍地访问系统。在开展电子商务的过程中，必须确保信息仅为授权使用的交易各方所获取，防止因电子商务交易系统技术缺陷或其他人为因素，导致系统错误地拒绝为授权者提供服务，却为未授权者提供不当访问或服务。

（2）不可抵赖性。不可抵赖性是指信息的发送方不能否认其曾经发送的信息或自己的其他行为。在无纸化的电子商务环境中，交易双方无法像传统交易那样通过在纸质合同上手写签名或盖章来验证身份，而是依赖电子记录和电子合约等数字化手段进行身份验证。《中华人民共和国电子签名法》明确规定，当事人约定使用电子签名、数据电文形式的文书，具有与纸质文书同等的法律效力。因此，对于网上交易过程中形成的交易信息文件，参与交易的各方均不得擅自否认或修改，也不得因合约是以电子形式记录而否定其法律效力及可强制执行性。

（3）保密性。电子商务作为一种重要的贸易手段，其涉及的信息直接关系到个人、企业及国家的商业机密，对于这些信息要严格保密。如信用卡号和用户名等信息必须严格保密，不得泄露给未经授权的人员，以防止信息被盗用或遭受恶意破坏。在电子商务活动中，信息的传播、存储及使用均应遵循保密性原则，特别是敏感文件和信息均需进行加密处理，从而保证这些信息即便在传输过程中被截获，也难以被截获者解读。当然，如果信息的发送与接收能够在安全的通信通道中进行，那么信息的传递将会更加安全可靠。

（4）身份信息的真实性。电子商务的顺利实现依赖于信息流、资金流、物流的有效转换，而这一切均以信息的真实性为基础。信息的真实性包含两个方面：一是交易双方所提供内容的真实性，二是交易双方身份信息的真实性。在交易双方交换信息之前，他们会通过各种手段获取对方证书，并以此作为鉴别交易方身份的有效依据。

（5）信息的完整性。电子商务通过简化交易过程,减少了人为干预,使得大量的交易活动能够通过网上的信息交流来完成。这就要求我们必须确保网上交易双方商业信息的完整性和一致性。联合国国际贸易法委员会在《电子商业示范法》中明确指出:信息自首次以其最终形式生成,作为一项数据电文或充当其他用途时起,保持了信息完整性。

（6）存储信息的安全性。在存储介质中保存的信息,其正确性必须得到保证。

4.1.3　农村电子商务安全体系结构

电子商务的安全体系结构是确保电子商务中数据安全的一个全面且逻辑严密的架构,该架构为交易过程中的安全保障提供了坚实的基础。

电子商务安全技术可进一步细分为网络安全技术和交易安全技术两大板块。网络安全技术旨在为电子商务平台的运行提供安全保障,主要涵盖信息加密、防火墙、访问控制、入侵检测、病毒防护等关键技术;而交易安全技术则专注于为电子商务的安全交易提供技术支持,主要应对信息安全与交易安全两大挑战,其核心安全技术包括加密技术、完整性校验、数字签名、身份认证以及安全协议等。图 4-1 展示了电子商务的安全体系结构,该体系由网络服务层、加密技术层、安全认证层、交易协议层、电子商务应用系统层这五个层次构成。下层是上层的基础,为上层提供必要的技术支持;而上层则是对下层的扩展与深化,各层次间相互依存、相互关联,共同构成一个统一的整体。计算机网络安全与商务交易安全密不可分,两者相辅相成、缺一不可。缺乏计算机网络安全作为基础,商务交易安全便无从谈起;同样,若商务交易安全无法得到保障,即使计算机网络本身是安全的,也无法满足电子商务独特的安全需求,更无法保证电子商务全过程的安全性。

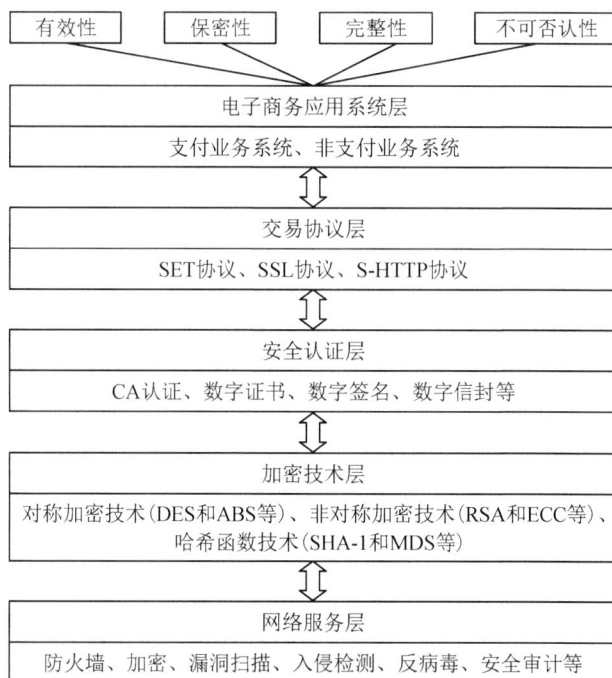

图 4-1　电子商务的安全体系结构

在电子商务安全体系结构视图中,各层次通过控制技术的逐步递进,共同保证了电子商务系统的安全。底层网络安全技术涵盖了服务器及设备安全、操作系统安全、防火墙技术、虚拟专用网络(virtual private network,VPN)技术、反黑客技术以及漏洞防护技术等。而上层交易安全技术则包括密码技术和公钥基础设施(public key infrastructure,PKI)技术,其中密码技术主要涉及加密、数字签名、认证技术等方面;PKI技术则为电子商务、电子政务、网上银行及证券等领域提供了完整的安全基础平台。

4.2 防火墙

网络是实施农村电子商务的重要通道,农村电子商务活动中的计算机网络面临着诸多安全威胁。网络安全构成了电子商务安全体系的重要一环,而防火墙则是保障电子商务网络安全的一种重要工具。

4.2.1 防火墙基础

保护网络安全的重要手段之一是构筑防火墙。防火墙的概念源于中世纪的城堡防卫体系,当时人们为了保护城堡的安全,在城堡四周挖掘护城河,所有进出城堡的人都需要经过吊桥,并且还要接受城门守卫的严格检查。人们从这种防护理念中汲取灵感,设计了一种网络安全防护系统,该系统即被称为"防火墙"。

1. 防火墙基本知识

防火墙(firewall)是在不同网络之间执行安全控制策略的系统,主要分为软件防火墙和硬件防火墙,其中硬件防火墙将安全策略固化在硬件中。在设计防火墙时,基于一个核心假设:防火墙所保护的内部网络被视为可信任的网络(trusted network),而相对的外部网络则被视为不可信任的网络(untrusted network)。设置防火墙的主要目的是明确界定哪些内部网络服务可以被外部用户访问,以及内部网络用户能够访问哪些外部服务。简而言之,防火墙既要有效阻止未经授权的信息流入内部网络,也要防范内部网络的敏感信息未经授权流出至外部网络。拥有防火墙的计算机网络体系结构如图4-2所示。

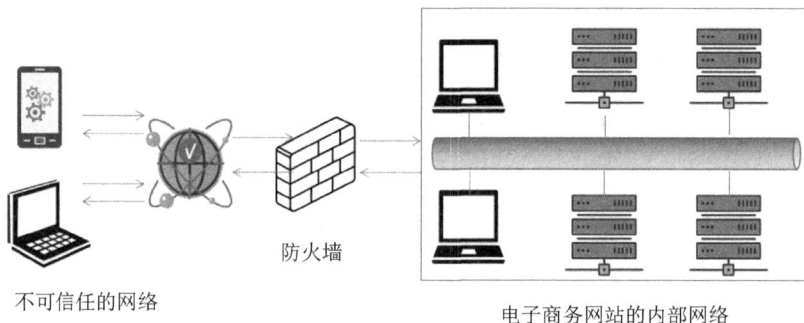

不可信任的网络

防火墙

电子商务网站的内部网络

图4-2 拥有防火墙的计算机网络体系结构

从网络安全的角度出发,对网络资源的非法使用或对网络系统的破坏,往往需要借助"合法"网络用户的身份,通过伪造正常的网络服务请求数据包的方式进行。当缺乏用于隔离内部网络与外部网络的防火墙时,内部网络中的主机将直接暴露给外部网络的所有主机,此时,内部计算机极易受到外部非法用户的攻击。防火墙通过检查所有进出内部网络的数据包的合法性来判断其是否会对网络安全构成威胁,从而为内部网络建立起一道安全边界(security perimeter)。

构成防火墙系统的两大基本组件是包过滤路由器(packet filtering router)和应用层网关(application level gateway)。最简单的防火墙仅由一个包过滤路由器构成,而复杂的防火墙系统则是由包过滤路由器与应用层网关结合而成的。由于两者的组合方式有多种形式,防火墙系统的结构也呈现出多种形式。

2. 防火墙的分类

从不同的视角对防火墙进行分类,防火墙主要有以下分类方式:

(1) 按照防火墙的实现技术分类。防火墙可分为包过滤型防火墙、应用代理型防火墙以及基于状态检测的包过滤防火墙。包过滤型防火墙工作在开放系统互连(open system interconnection,OSI)模型的网络层和传输层,依据数据包头的源地址、目的地址、端口号和协议类型等标志,决定是否允许数据包通过。应用代理型防火墙工作在 OSI 的最高层——应用层,其特点在于完全阻隔了网络通信流,通过为每种应用服务编制专门的代理程序,实现对应用层通信流的监视和控制。基于状态检测的包过滤防火墙不仅实现了状态包过滤,而且不打破原有的客户服务器模式,克服了前两种防火墙的局限性。在此类防火墙中,数据包被截获后,防火墙会从数据包中提取连接状态信息,如 TCP(transmission control protocol,传输控制协议)的连接状态信息,包括源端口和目的端口、序列号和确认号、6 个标志位,以及 UDP(user datagram protocol,用户数据报协议)和 ICMP(internet control message protocol,互联网控制报文协议)的模拟连接状态信息,并将这些信息动态维护在连接表中。当后续数据包到来时,防火墙会将后续数据包的状态信息与之前的数据包状态信息进行比对,从而决定是否允许后续数据包通过,以达到保护网络安全的目的。状态包过滤提供了一种高安全性、高性能的防火墙机制,且易于升级和扩展,具有良好的透明性。

(2) 按照防火墙的组成结构分类。防火墙可分为软件级防火墙、硬件级防火墙和芯片级防火墙。软件级防火墙并非个人防火墙,它通常运行于特定的计算机上,需要客户预先安装好计算机操作系统,再安装防火墙软件,并做好配置后方可使用,一般来说该计算机通常充当整个网络的网关。硬件级防火墙在个人计算机(personal computer,PC)上运行,使用的是经过裁剪和简化的操作系统。芯片级防火墙基于专门的硬件平台,无须操作系统。由于配备了专门的芯片,这类防火墙具有更强的处理能力、更好的性能。

(3) 按照防火墙所处的位置分类。防火墙可分为单一主机式防火墙、路由器集成式防火墙和分布式防火墙三种。单一主机式防火墙是最为传统的防火墙,它位于网络边界。路由器集成式防火墙是在中高档路由器中集成了防火墙功能,通过将路由器和防火墙合二为一,极大地降低了网络设备的购买成本。分布式防火墙又称嵌入式防火墙,它渗透于网络的每台主机中,可以对整个内部网络的主机实施保护。

(4) 按照防火墙的应用部署位置分类。防火墙可以分为边界防火墙、个人防火墙和混合防火墙三类。

4.2.2　防火墙技术

常见的防火墙技术主要包括包过滤型防火墙(也称网络级防火墙)、应用层网关、电路层网关以及状态检测防火墙等。

1. 包过滤技术

包过滤（packet filtering）技术是在网络层对数据包进行有选择性地放行的一种技术。该技术依据系统内预先设定的过滤逻辑，对每个数据包进行详细检查，根据数据包的源地址、目的地址、TCP/UDP 源端口号、TCP/UDP 目的端口号以及数据包头中的各种标志位等因素，来决定是否允许数据包通过。其核心在于安全策略的设计，即过滤算法的制定。

包过滤技术会将数据包中的信息与内部规则表进行对比。规则表中定义了各种规则，用以明确是否允许或拒绝数据包的通过。在检查过程中，包过滤技术会逐条比对规则，直至找到与数据包信息相匹配的规则。若未能找到匹配的规则，则会执行默认规则。通常情况下，默认规则是要求丢弃该数据包。此外，通过定义基于 UDP 数据包的端口号，可以判断是否允许建立特定的连接，例如 TELNET（远程登录）协议、FTP（file transfer protocol，文件传送协议）等连接。采用包过滤技术防火墙的计算机网络结构如图 4-3 所示。

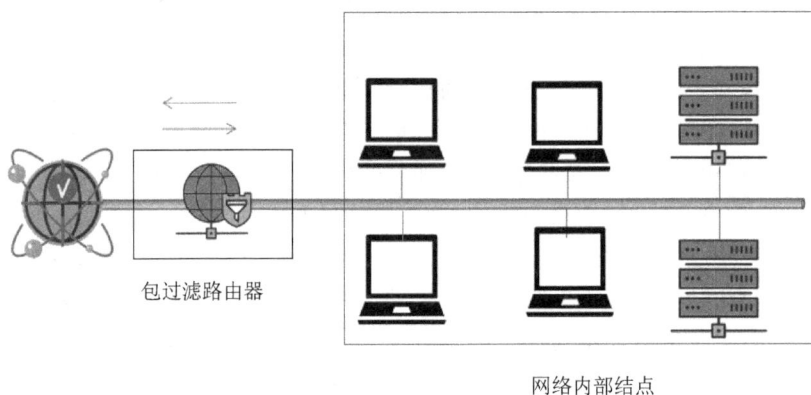

包过滤路由器

网络内部结点

图 4-3　采用包过滤技术防火墙的计算机网络结构

包过滤技术的优点在于它对用户而言是全透明的，只需在网络的关键位置设置一个包过滤设备即可保护整个网络。若内部网络与外部网络之间已存在独立的计算机设备，则只需在该设备上简单地添加一个包过滤软件即可实现对全网的保护，无须在用户机上额外安装其他特定软件。其使用方式简单便捷，且速度快、成本低。

包过滤技术的缺点主要包括以下几点：

（1）定义过滤规则相对复杂，要求网络管理员对因特网服务进行深入的了解。目前，几乎没有工具可以有效测试过滤规则的正确性。

（2）由于包过滤防火墙仅检查数据包的地址和端口，对网络更高层协议的信息缺乏理解能力，因此无法理解特定服务的上下文环境和数据内容。这导致它对网络的保护能力有限，难以抵御数据驱动型攻击。

（3）随着过滤次数的增加，路由器的吞吐量会显著下降，从而影响整个网络的性能。

2. 应用层网关

应用层网关能够实现比包过滤路由器更为严格的安全策略。它主要通过在网关的应用层上安装代理（proxy）模块来实现，每个代理模块分别针对特定的应用。例如，TELNET proxy

负责在防火墙上转发 TELNET 协议的数据，HTTP proxy 负责处理 HTTP 的请求，对来自 URL、GET 或 POST 方法的信息进行检查和过滤，FTP proxy 则负责处理 FTP 请求等。网络管理员可以根据自己的需求安装相应的代理模块。各个代理模块之间彼此独立，即使某个代理模块出现问题，也只需将其卸载，也不会影响其他代理模块的正常运行，同时也确保了防火墙的整体安全性。采用 FTP 代理模块的计算机网络结构如图 4-4 所示。

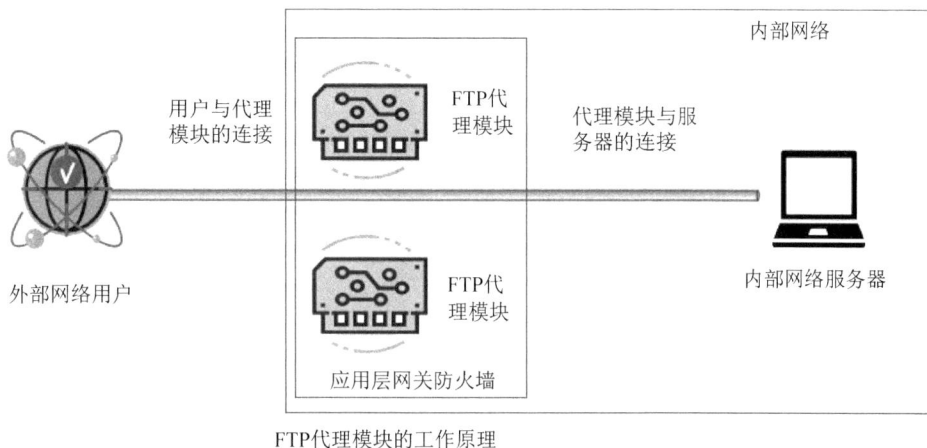

FTP代理模块的工作原理

图 4-4　采用 FTP 代理模块的计算机网络结构

　　应用层网关主要控制应用程序的访问权限，能够检查进出网络的数据包。它通过网关复制并传递数据，以防止受信任的网络与不受信任的网络之间建立联系。应用层网关不仅能够理解应用层上的各种协议，还能提供一种监督控制机制，确保网络内部和外部的访问请求在监督下得到保护。同时，应用层网关还能对数据包进行深入分析、统计，并详细记录相关信息。

　　应用层网关与包过滤技术有一个共同点：它们都仅依靠特定的逻辑判断来决定是否允许数据包通过。然而，一旦满足逻辑条件，内外系统便可建立直接联系，这使得外部用户有可能直接了解内部网络的结构和运行状态，从而引发非法访问。为了消除这一安全隐患，应用层网关可以通过重写所有主要的应用程序来提供额外的安全层。这些新的应用程序驻留在所有人都必须使用的集中式设备上，这个集中式设备被称为堡垒主机（bastion host）。由于堡垒主机是其他站点所能到达的唯一一站点，也是能够连接到的唯一内部网络系统，因此任何外部系统试图访问内部系统时都必须先连接到这台堡垒主机上。因此，堡垒主机被视为最重要的安全点，必须具备全面的安全措施。

　　应用层网关的优点在于其具有较强的安全功能，是目前最安全的防火墙技术。然而，应用层网关的缺点也较为明显：每一种协议都需要相应的代理软件来支持，实现起来比较困难，使用时工作量大，效率不如网络级防火墙（如采用包过滤技术的防火墙）高。此外，应用层网关对用户缺乏透明度，在实际使用过程中，用户在受信任的网络上访问时，可能会遇到较大的延迟，有时需要多次登录才能成功访问。

3. 电路层网关

　　电路层网关是一种特殊的构件，通常工作在会话层上，可以由应用层网关实现。电路层网关只依赖于连接，并不关心任何应用协议，也不进行任何包处理或过滤。电路层网关只根据规则建立从一个网络到另一个网络的连接,并只在内部连接和外部连接之间来回复制数据,不进行任何审查、过滤或协议管理。电路层网关可以隐藏受保护网络的有关信息。电路层网关是一种特殊的组件,通常工作于会话层,它可以通过应用层网关来实现其功能。电路层网关仅依赖于网络连接,而不关注任何特定的应用协议,同时也不执行任何数据包处理或过滤操作。该网关仅根据预设规则,建立从一个网络到另一个网络的连接,并仅负责内部连接与外部连接之间数据的复制和传输,不进行任何形式的审查、过滤或协议管理。然而,电路层网关能够隐藏受保护网络的相关信息,从而提升农村电子商务环境中的网络安全性。图 4-5 展示了采用电路层网关技术的计算机网络结构。

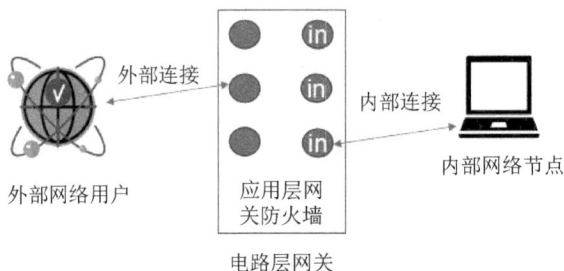

图 4-5　采用电路层网关技术的计算机网络结构

实际上,电路层网关并不作为一个独立的产品而存在,它通常需要与其他应用层网关结合使用。此外,电路层网关能够在代理服务器上运行"地址转换"进程,将所有内部的 IP 地址映射到一个安全的、外部不可见的 IP 地址上,并将该地址设置为专用的、内部使用的 IP 地址。

4.代理服务防火墙

代理服务工作在计算机网络 OSI 模型的最高层——应用层,有时也被归类为应用层网关。代理服务器(proxy server)通常在 Intranet(内联网)内各设备之间运行,作为内部网络与外部网络的隔离点,发挥着监视和阻断不符合规则的应用层通信流的重要作用。当代理服务器接收到用户对某个网站的访问请求时,它会立即检查该请求是否符合预设的安全访问规则。当规则允许用户访问该站点时,代理服务器便会以用户的代理身份登录到目的站点,获取所需的信息,然后再将这些信息转发给用户。代理技术的防火墙见图 4-6。

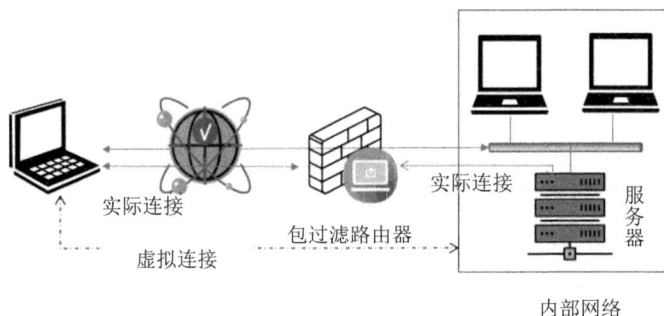

图 4-6　代理技术的防火墙

在图 4-6 中,代理服务器如同一道墙,矗立在内部用户与外界之间,从外部只能看到该代理,而无法窥探到内部任何资料。

代理服务器是针对数据包过滤和应用网关技术在内的仅依靠特定逻辑判断这一缺陷而引入的技术。它将所有跨越的网络通信链路分割为两段,并用代理服务上的两个"连接"来替代,使得外部的网络链路仅能达到代理,从而有效地隔离了内外系统,将被保护网络的内部结构完全屏蔽起来。

此外,代理服务器还会对经过的数据包进行分析、记录,并生成报告。一旦发现被攻击的迹象,代理服务器会立即向网络管理员发出警报,并保存相关证据。

然而,代理服务器也存在一些缺点:首先,它通常需要为每个网络用户进行专门设计;其次,由于通常需要硬件支持,因此工作量较大,安装使用相对复杂,且成本较高。

5.复合型防火墙

出于对更高安全性的要求,常常采用复合型防火墙。

复合型防火墙显著提升了防火墙技术在应用实践中的灵活性与安全性。其结合方式主要有两种:

一种方案是屏蔽主机体系结构。在该体系中,包过滤路由器与 Internet 相连,同时,在内部网络中安装一台堡垒主机。通过在包过滤路由器上设置过滤规则,使堡垒主机成为 Internet 上其他节点所能访问的唯一节点(图 4-7)。所有信息均通过防火墙,再经由堡垒主机进行通信,从而确保内部网络免受外部未授权用户的攻击。

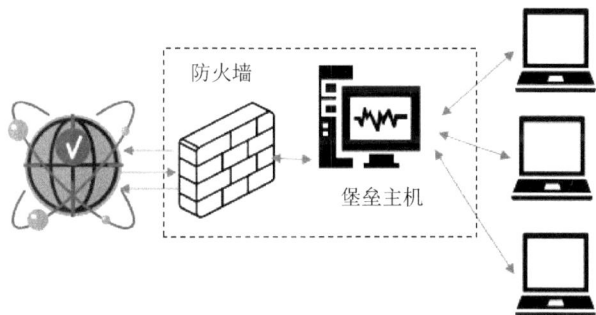

图 4-7　屏蔽主机的防火墙

另一种方案是屏蔽子网体系结构。将堡垒主机放置在一个子网内,形成非军事区(demilitarized zone,DMZ),再将两个包过滤路由器放置在子网的两端,使这一子网与外部及内部网络分离,屏蔽子网体系结构如图 4-8 所示。

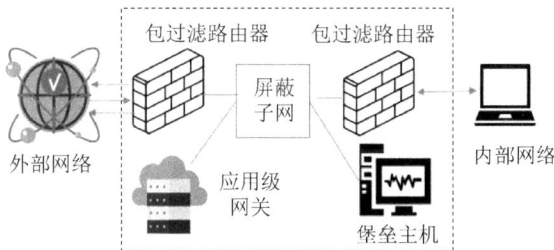

图 4-8　屏蔽子网体系结构

在屏蔽子网体系结构中,堡垒主机和包过滤路由器共同构成了整个安全防护网络。

4.2.3 防火墙的功能

防火墙会对流经它的网络通信进行扫描,以滤除潜在攻击,禁止来自特定站点的访问,并关闭未使用的端口。由于所采用的技术不同,防火墙的功能存在差异,但一般而言,防火墙通常具有以下功能:

(1)入侵检测功能。网络防火墙技术的主要功能之一是入侵检测。该功能主要包括反端口扫描、检测拒绝服务攻击、检测 CGI/IIS 服务器入侵、检测木马或网络蠕虫攻击、检测缓冲区溢出攻击等,能够极大程度地减少网络威胁因素的入侵,有效阻挡大多数网络安全攻击。

(2)网络地址转换功能。防火墙技术可以实现内部网络和外部网络的 IP 地址转换,具体分为源地址转换(SNAT)和目的地址转换(DNAT)两种。SNAT 主要用于隐藏内部网络结构,防止外部网络的非法访问和恶意攻击,并有效缓解地址空间短缺问题;DNAT 则主要用于外网主机访问内网主机,从而保护内部网络免受攻击。

(3)网络操作审计监控功能。该功能可以全面记录系统管理的所有操作及安全信息,提供关于网络使用情况的统计数据,便于计算机网络管理人员进行信息追踪和审计。

(4)强化网络安全服务。防火墙技术可以实现集中化的安全管理,将安全系统整合在防火墙上,从而在信息访问过程中实现对网络信息安全的监管。

4.2.4 防火墙的安全策略及局限性

防火墙的安全策略主要有两种:第一种,所有未明确允许访问的服务均被视为禁止访问;第二种,所有未明确禁止访问的服务均被视为允许访问。若防火墙采用第一种安全策略,则需明确列出所有提供的服务及其安全特性,开放这些服务,并排斥所有未列入的服务,禁止其访问。若采用第二种策略,则相反,需明确列出被认为是不安全的服务并禁止其访问,而其他服务被视为安全,允许访问。从安全性角度出发,第一种策略更为可取;但从灵活性和使用方便性来看,第二种策略更佳。

防火墙是保护 Intranet(内联网,也是一种局部网络)免受外部攻击的有效手段,但防火墙也存在以下局限性。

(1)防火墙无法阻止来自内部的攻击。虽然防火墙可以阻止系统的用户通过网络向外部发送信息(在断开网络连接的情况下),若攻击者已进入防火墙内部,防火墙则无法发挥防护作用。

(2)防火墙无法保护绕过它的连接。防火墙可以有效控制通过它的通信,对于不经过它的通信则无能为力。当允许通过拨号方式访问内部系统时,防火墙无法对此类通信进行监控和保护。

(3)防火墙无法完全防范新出现的网络威胁。防火墙可以防范已知的威胁,并对未知的威胁具有一定的预见性,但没有任何一种防火墙能够自动抵御所有新出现的威胁。

(4)防火墙不具备防病毒功能。防火墙不是杀毒软件,无法检测和清除病毒。

4.3 VPN 技术

为了保护内部网络的安全,在远程访问中常使用 VPN 技术,以实现对内部网络固定外部网络访问者的支持,即利用公用网络构建专用网络。采用 VPN 技术后,公司员工即使到外地出差,也能正常访问企业内网的服务器资源。

4.3.1 VPN 技术基础

虚拟专用网络(virtual private network,VPN)是指将物理上分布在不同地点的网络,通过公共网络基础设施,利用一定的技术手段为用户提供定制的网络连接。这种定制的连接要求用户共享相同的安全性、优先级服务、可靠性和可管理性策略。在共享的基础通信设施上,VPN 采用隧道技术和特殊配置技术,仿真点到点的连接。因此,VPN 能够像专线一样在公共通信环境中处理组织内部的信息。实现 VPN 的关键技术是隧道技术,该技术通过对数据进行封装,在公共网络上建立一条数据通道(隧道),使数据包通过这条隧道进行传输,从而在公用网络上构建出专用网络。

对于使用虚拟专用网进行跨网通信安全保护的内容,VPN 提供了一种在现有网络或点对点连接上建立一条或多条安全数据信道的机制。这些信道仅分配给受限的用户组使用,并能在需要时动态地建立和撤销。这就是 VPN 所构建的私有专用网络。

图 4-9 为应用 VPN 技术的计算机网络架构,它如同企业的私有网络,为信息传输提供了安全性、可靠性和可管理性。通过基于 IP 的 Internet 实现 VPN,其核心在于各种隧道技术。这些隧道技术使企业的私有数据能够安全地通过公共网络进行传输。VPN 利用公共网络建立虚拟隧道,为远端用户、合作伙伴以及公司总部与分部之间建立起广域网连接,既确保了连通性,又保障了安全性。

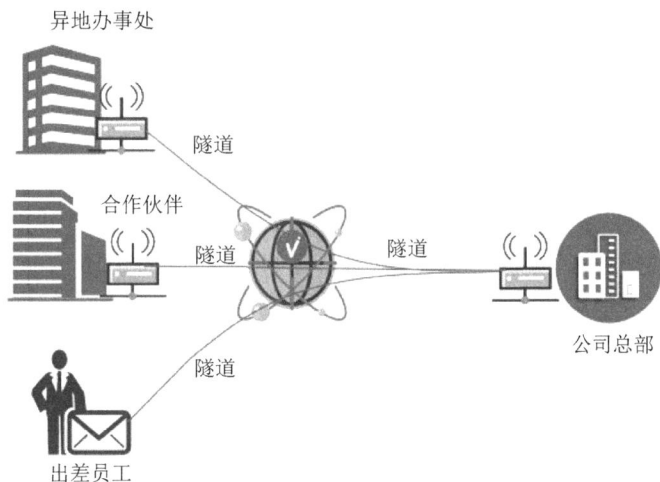

图 4-9 应用 VPN 技术的计算机网络架构

VPN 的技术实现方式多样,根据 VPN 在 TCP/IP 协议层中的位置,可以将其分为链路层 VPN、网络层 VPN 和传输层 VPN。链路层 VPN 的实现方式包括 ATM、帧中继(frame relay)和多协议标记交换(multi-protocol label switching,MPLS);网络层 VPN 的实现方式则涉及受控路由过滤和互联网络层安全协议(internet protocol security,IPsec)技术;而传输层 VPN 则通过安全套接字层(secure socket layer,SSL)协议来实现。

当前,市场上常见的 VPN 产品包括 IPsec VPN、SSL VPN 和 MPLS VPN 等。

4.3.2 IPsec VPN

IPsec 是一个由 IETF(Internet engineering task force,因特网工程任务组)设计的,用于确保 IP 层通信安全的端到端协议族。它是现实环境中应用较为广泛的 VPN 技术之一,主要包括安全协议部分和密钥协商部分。IPsec 提供了封装安全负载(encapsulating security payload,ESP)和鉴别头(authentication header,AH)两种通信保护机制。其中,ESP 机制为通信提供机密性、完整性和抗重放保护,而 AH 机制则主要为通信提供完整性保护和身份验证。

1. IPSec 体系结构

IPsec 的安全体系是由多种相关安全技术结合形成的一个完整的体系,IPsec 协议的结构用 8 个 RFC 文档定义,其体系结构如图 4-10 所示。

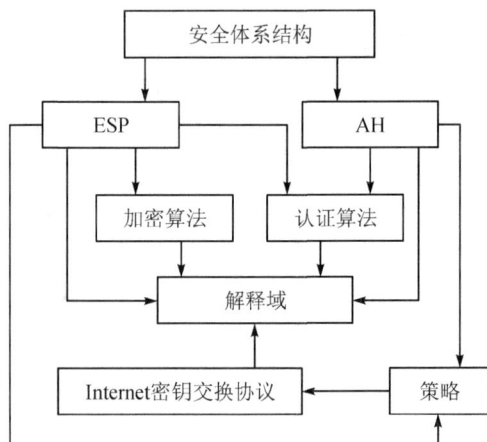

图 4-10 IPsec 体系结构

图 4-10 中,各部分的具体含义如下:

(1)安全体系结构:指定 IP 数据包的身份验证方式以及 AH 或 ESP 的机密性实现机制,同时涵盖安全的概念、定义、要求以及 IPsec 协议机制的具体定义。

(2)AH:提供抗重播服务和数据完整性的具体实现机制,包括 AH 协议在 IP 首部中的位置、AH 头的格式、取值规则、各字段的含义,以及实施时对进出方向数据包的处理流程。

(3)认证算法:定义了默认情况下 AH 所使用的认证算法,即 SHA-1 的 HMAC 版本或 MD5 版本。

(4)加密算法:定义了实现 ESP 时使用的加密算法,如 DES-CBC 算法,以及初始化向量的生成方法。

(5)ESP:提供数据抗重播服务、完整性保护和机密性的具体实现方法,包括 ESP 在 IP 首部中的位置、各字段的语义、ESP 载荷格式、取值规则以及对进出方向数据包的处理过程。

(6)解释域:互联网密钥交换(internet key exchange,IKE)定义了共享密钥的建立方法以及安全参数的协商方式,但协商的具体内容并未在 IKE 中定义。协商的内容与 Internet 密钥交换协议本身分别实现,并形成名为 IPsec DOI 的单独文档。

（7）IKE/Internet 密钥交换:定义了 IPsec 通信双方经过认证的安全关联建立过程,以及如何动态建立共享安全参数的方法。IKE 的功能包括加密、鉴别算法的选择,密钥的协商、交换及管理,密钥生成,安全关联的生存期,通信保护模式等。

（8）策略:定义了所采用的认证算法、加密算法和通信所用的协议。

2. IPsec 工作模式

IPsec 的工作模式可分为传输模式和隧道模式。

（1）传输模式在上层协议头与 IP 头之间插入 IPsec 头,该模式在 IP 层工作,旨在保护端到端的安全通信。所有加密、解密和协商操作均由 IPsec 系统自动完成。在传输模式下,两个需要通信的终端计算机彼此之间直接运行 IPsec 协议,而网络设备则仅执行正常的路由转发功能,不参与 IPsec 的实施过程。

（2）隧道模式则在外部 IP 头与内部 IP 头之间插入 IPsec 头,该模式旨在保护站点之间的特定或全部数据传输。在安全网关与安全网关之间运行 IPsec 时,所有协商、加密和解密操作均由安全网关完成。安全网关负责保护来自端系统的数据,其中 AH 或 ESP 头和加密用户数据被封装在一个新的 IP 包中。用户的整个 IP 包被用来计算 AH 或 ESP 头。在数据发送过程中,产生数据包的系统将数据包发送到本地安全网关,网关对其进行处理后,将其通过 Internet 发送到另一个安全网关。接收网关对接收到的数据包进行解密、校验后,再以普通 IP 包格式将数据发送到目的终端。

3. IPsec VPN 的实现

VPN 用户网络通常使用规定的私有网络地址。当它们之间进行通信时,必须建立逻辑隧道,将包含私有 IP 地址的数据包用一个公共 IP 地址报头进行封装,以便在共享网络上进行路由转发。IPsec 通过添加相应的 AH 报头或 ESP 报头,将原始 IP 分组封装为 IPsec 分组,仅对数据包进行安全保护处理。若需要进一步实现 IPsec VPN 功能,则必须对 IPsec 分组进行再次封装,该过程可以通过隧道协议实现。

4. IPsec VPN 的优缺点

IPsec VPN 的优点如下:

（1）IPsec VPN 是多用户支持:既可以方便支持拨号用户远程接入方式,又适合专网连接方式,能够满足多种用户需求。

（2）IPsec VPN 容易实现快速部署:只需在客户网络边缘设备（IPsec 网关）或 IPsec 客户主机上完成 IPsec 部署,无须改变服务提供商的任何网络结构。

（3）IPsec VPN 具有高安全性:IPsec VPN 最核心的功能在于其对传输数据高安全级的保护,能够保证数据的安全传输。

IPsec VPN 的缺点如下:

（1）服务质量（quality of service,QoS）支持有限:经过 IPsec 加密和封装之后的数据包对服务提供商核心网络透明,服务提供商核心网络难以根据数据包头中的信息提供 QoS 支持。

（2）需要客户端的支持,且组建及维护成本较高:客户需要支持 IPsec 功能,这需要专用的 IPsec 客户端管理软件,由于 IPsec 的复杂性较高,其配置、维护、管理需要专业的技术支持,从而增加了成本。

（3）协议封装限制：IPsec VPN 不支持多协议封装，只能封装 IP 分组，并且只能在 IP 网络中传输，限制了其应用范围。

（4）与 SNAT 的冲突：IPsec VPN 与 SNAT 存在一定的冲突，穿越的防火墙需要特殊处理，如支持 NAT－T（网络地址转换穿越）功能，以确保数据的顺利传输。

（5）性能影响：作为高安全性的副作用，IPsec 的处理可能会对通信性能产生一定程度的影响。但随着网络设备性能的大幅提高，IPsec 对性能的影响已经变得不明显。

4.3.3 SSL VPN

SSL VPN 是一种采用 SSL 协议来实现远程接入的 VPN 技术，是为远程访问解决方案而设计的 VPN 技术。

1. SSL VPN 基础

SSL VPN 使用者通过浏览器内置的 SSL 封包处理功能，利用浏览器经由 SSL VPN 网关连接到公司内部的 SSL VPN 服务器。随后，通过网络封包转向的方式，使远程计算机上的使用者能够执行应用程序，并读取公司内部服务器上的数据。该技术采用标准的 SSL 对传输过程中的数据包进行加密，从而在应用层上保证了数据的安全性。在客户端与服务器建立连接的过程中，SSL VPN 网关发挥着不可或缺的作用。

SSL VPN 不提供站点到站点的连接，它所使用的 SSL 协议位于传输层之上，旨在保障 Internet 上基于 Web 的通信安全。因此，SSL VPN 能够穿透 NAT（network address translation，网络地址转换）设备和防火墙。用户需要使用集成了 SSL 协议的 Web 浏览器接入 VPN，实现随时随地访问企业内部网络，且无须进行任何额外配置。

与 IPsec VPN 相比，SSL VPN 工作在网络应用层上，具有组网灵活性强、管理维护成本低、用户操作简便等诸多优势。由于 SSL 内嵌于浏览器中，任何安装了浏览器的设备均可使用 SSL VPN。因此，SSL VPN 符合越来越多的移动式、分布式办公需求，成为远程访问中最简单、最安全的技术解决方案之一。

2. SSL VPN 的工作机制

SSL VPN 的实现无须依赖额外的软件，即便在一台未安装任何特定软件的个人电脑上，也能够建立 SSL VPN 连接。只需在该个人电脑上使用支持超文本传输安全协议（hypertext transfer protocol secure，HTTPS）的网页浏览器，即可完成 SSL VPN 的建立，从而避免了安装软件的烦琐步骤。这一特性使得 SSL VPN 能够在任何配置有支持 HTTPS 的网页浏览器的个人电脑上顺利建立。任何支持 HTTPS 网页浏览器且能连接 Internet 的个人电脑，都能够通过 SSL VPN 实现远程访问，进而访问公司内部的服务器资源，如图 4－11 所示。

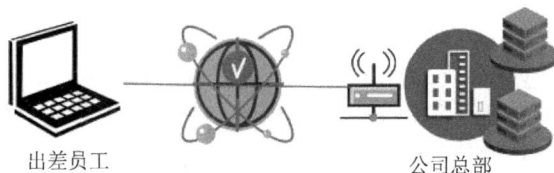

出差员工　　　　　　　　公司总部

图 4－11　采用 SSL VPN 访问的计算机网络图

图 4-11 中的 SSL VPN 的工作流程如下：

(1)管理员通过 HTTPS 方式登录 SSL VPN 网关的 Web 管理界面,并在 SSL VPN 网关上创建与服务器对应的资源。

(2)远程接入用户通过 SSL VPN 网关建立 HTTPS 连接。通过 SSL 提供的基于证书的身份验证功能,SSL VPN 网关和远程接入用户可以验证彼此的身份。

(3)HTTPS 连接成功建立后,用户登录到 SSL VPN 网关的 Web 页面,如输入 IP 地址 1.2.3.4,用户名、密码和认证方式(SSL VPN 支持多种认证方式),SSL VPN 网关验证用户信息的准确性。

(4)用户成功登录后,在 Web 页面上找到其可以访问的资源,并通过 SSL 连接将访问请求发送给 SSL VPN 网关。

(5)SSL VPN 网关解析请求,与服务器交互后,将应答返回给用户。

SSL VPN 是一种简单、安全的远程访问隧道技术。它采用公钥加密方式保障数据传输过程的安全性,通过浏览器和服务器直接沟通的方式,既方便用户使用,又通过 SSL 协议保证数据的安全。SSL 协议采用 SSL/TLS 综合加密方式保障数据安全。SSL 协议从其使用上来说可以分为两层:第一层是 SSL 记录协议,这种协议可以为数据的传输提供基本的数据压缩、加密等功能;第二层是 SSL 握手协议,主要用于验证用户账号密码的正确性,进行身份验证后完成登录。

与 IPsec VPN 相比,SSL VPN 具有架构简单、运营成本低、处理速度快、安全性能高等优势,在企业用户中得到了广泛应用。然而,由于 SSL 协议基于 Web 开发,通过浏览器使用,随着计算机技术的进步,SSL VPN 需要不断更新安全技术。

3. SSL VPN 关键技术

在实施过程中,SSL VPN 涉及多种技术,其关键技术有以下 4 种。

(1)隧道技术。隧道技术主要依靠网络隧道协议来实现。IETF 工作组制定的隧道协议可大致分为三类,分别是第二层(链路层)隧道协议、第三层(网络层)隧道协议和第四层(传输层以上)隧道协议。第二层隧道协议目前主要用于基于虚拟的即时连接,如 PPTP、L2F、L2TP 等,优点是简单且易于加密。第三层隧道协议用于传输网络层协议,主要有 IP in IP、GRE、IPsec 等,它使用分组作为数据交换单元,将数据封装到数据包中再依靠第三层的协议进行传输,特别适宜于 Lan-to-Lan 互联。第四层隧道协议用于传输应用层协议,它将应用层的数据经过加密封装之后,再通过传输层进行传输,最典型的是 SSL 和 SOCKS V5 代理协议。

(2)身份认证技术。SSL VPN 通信前,双方必须通过身份认证,以防止数据被伪造、篡改。目前,SSL VPN 产品支持 LDAP(lightweight directory access protocol,轻量目录访问协议)认证、RADIS(remote authentication dial-in user service,远程身份认证拨号用户服务)认证等多种认证方式。

LDAP 认证:系统已经采用 LDAP 进行用户管理。需要在 SSL VPN 设备中根据 LDAP 的 OU(组织单位)结构建立用户组结构,并绑定相应的 OU 结构。用户认证时,SSL VPN 可自动将认证信息提交给 LDAP,并根据反馈判断用户是否合法。通过认证后,SSL VPN 设备会通过 LDAP 返回用户 OU 值,将其归入绑定该 OU 的用户组,享受用户组属性。

RADIS 认证:系统组织已采用 RADIS 实现用户认证管理。在 SSL VPN 设备中建立用户组结构,选用 RADIS 认证并绑定 Class 属性值。用户认证时,SSL VPN 以标准 RADIS 协议格式向 RADIS 服务器发出请求,RADIS 返回认证结果。通过认证后,数据包中携带 Class 属性,SSL VPN 根据绑定属性的用户组赋予用户相应属性。若未通过认证,则拒绝用户登录。

(3)访问控制技术。访问控制技术由 VPN 服务提供者根据预定义工作组中的用户身份标识及成员身份,限制访问信息项或控制机制。相比传统 VPN 技术,SSL VPN 具有更细的粒度。访问控制范围可基于 URL、文件目录、TCP/UDP 端口号以及三种 SSL 实施方式来控制。同时,高精度参数还支持动态访问部署,管理员可根据用户身份、网络信任级别、设备类型(PC 或无线)、会话参数(实际时间、登录时间)和安全级别(双重验证或证书授权)等各种因素定义访问权限和会话角色。

(4)数据加密技术。SSL VPN 涉及的加密算法主要有密钥交换算法、数据加密算法和哈希算法三种。其中,密钥交换算法采用非对称密钥加密算法,用于通信双方的密钥协商过程,主要有 RSA 和 DH。数据加密算法采用对称密钥加密算法,如 DES、RC4 等;哈希算法用于生成消息验证码,主要有 SHA 和 MD5。后来,IETF 基于 SSL 建立了传输层安全协议(transport layer security,TLS),提供了更高的安全性。

4. SSL VPN 的组网模式

SSL VPN 网关接入的网络类型多样,导致组网模式有所区别,常见的模式有单臂和双臂两种。

(1)单臂模式。单臂模式是指将 SSL VPN 网关充当代理服务器的模式。当内部服务器与这台远程代理服务器通信时,SSL VPN 网关并不位于网络通信的核心路径上。换言之,单臂模式类似于环形网络拓扑结构,当某一环路发生故障时,系统能够选择其他路径以保证通信的连续性。因此,单臂模式的优势在于,网络上某一节点的故障不会影响整个网络的通信;但其局限性在于无法实现对网络信息资源的全面保护。

(2)双臂模式。双臂模式将 SSL VPN 网关架设在外网与内网之间,实现了网桥功能。同时,该网桥也具有防火墙的功能,能够实现对全网络的保护。这种结构虽然具有较好的安全性,但会降低内外网之间数据传输的稳定性。

IPsec 是提供站点到站点连接的首要工具,通过这种连接,可以在广域网(wide area network,WAN)上实现基础设施到基础设施的通信,而 SSL VPN 无须客户端软件的特性有助于降低成本。但是,SSL 的局限性在于它只能访问通过网络浏览器连接的资源。

4.3.4 MPLS VPN

MPLS 是一种新的分组转发技术,其原理是引入标签交换机制,将路由控制和数据转发分离,给数据分组分配固定长度(20 bits)的标签,该标签指示分组传输路径上的交换节点如何处理和转发数据,使数据分组能在基于分组或信元的主干网络中传输。

MPLS VPN 是基于 MPLS 的站点到站点 VPN 技术,隧道协议采用 MPLS。由于 MPLS 网络能较好地实现有关 QoS 服务,满足企业互联和应用需求,使 VPN 成为专线替代业务。MPLS VPN 使用双层标签技术实现隧道,内层标签表示分组目标用户站点,外层标签表示分组去往与目标用户站点连接的出口 LER(label edge router,标签边缘路由器)的 MPLS 域路径,当 IP 分组到达入口 LER 时,入口 LER 查找 LFIB(label forwarding information base,标签转发信息库),给分组打上双层标签,封装后的标签分组在 MPLS 域中沿着 LSP(label switched path,标签转发通道)路径转发。核心 LSR 无须知晓内层标签,只交换外层标签。当标签分组到达倒数第二跳 LSR 时,弹出顶层标签,将只含有内层标签的分组发往出口 LER。出口 LER 弹出内层标签,查找内层标签关联的 IP 路由,进行常规 IP 转发。

　　MPLS VPN 的一个标签对应一个用户数据流,易于用户间数据的隔离,可以解决传统 IP 网络的 QoS/CoS 问题[①]:MPLS 自身具有流量工程能力,可以最大限度地优化配置网络资源,自动快速修复网络故障,提供高可用性和高可靠性的网络服务。MPLS 提供了电信、计算机、有线电视网络三网融合的基础,可以提供高质量的数据、语音和视频相融合的多业务传送、包交换的网络平台。基于 MPLS 技术的 MPLS VPN,在灵活性、扩展性、安全性各个方面都具有优势,此外,MPLS VPN 提供灵活的策略控制,可以满足不同用户的特殊要求,快速实现增值服务,在带宽价格比、性能价格比上,相比其他广域网 VPN 也具有较大的优势。

4.4　信息加密技术

　　防火墙与 VPN 技术确保了农村电子商务的访问安全,然而在实际操作中,作为经济活动的农村电子商务,在信息传输环节仍需采用加密等手段来进一步保障信息安全。

　　农村电子商务中的信息并非全部保密,依据操作者对信息的安全使用等级,信息被划分为绝密信息、机密信息、秘密信息和公开信息;从信息的可操作性角度划分,信息被划分为可查看且可修改的信息、可查看但不可修改的信息,以及既不可查看也不可修改的信息。若信息的使用违反了既定规则,则被视为信息安全问题,其常见问题及处理办法如表 4-1 所示。

表 4-1　信息安全类型及处理办法

信息安全问题	信息安全问题的特点	解决办法
正常信息	—	
被偷看	违背信息保密性特点	加密
被篡改	违背信息保密性、可用性和完整性特点	完整性检测、丢掉
被冒充	违背信息可用性、不可否认性特点	数字签名,时间戳
被中断	违背信息完整性特点	完整性检测、丢掉
被截取	违背信息可用性特点	加密,数字签名,数字证书

（文献来源:郝兴伟. 大学计算机:计算机应用的视角[M].济南:山东大学出版社 ,2018.)

　　表 4-1 描述了信息在存储、传输等过程中的安全问题及应对办法。数据加密是信息传递的基础,签名及认证技术是加密技术的具体应用。此外,农村电子商务更倾向于采用移动电子商务的形式,而移动设备的安全性以及相关法律法规制度的完善程度均对农村电子商务的安全产生重要影响。

4.4.1　信息加密基础

　　电子商务活动中的订单信息、支付信息以及用户个人隐私等均为不公开的信息,需要进行加密保护。

---

　　①　QoS 根据带宽或者传输时间(如带宽优先级或流量整形)来划分服务等级,而 CoS 则是利用流量的传输优先级来划分服务等级。

信息加密的过程涉及以下 5 个基本概念：明文、密文、密钥、加密算法和解密算法。信息加密过程如图 4-12 所示。

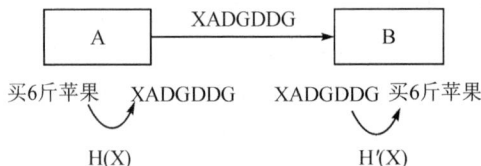

图 4-12 信息加密过程

在图 4-12 中，A 将信息 S（内容为"买 6 斤苹果"）发给 B，首先 A 对信息 S 进行编码，并采用 H(X) 算法将 S 加密成没有具体含义的密文 S'，即"XADGDDG"，随后密文 S' 在网络中进行传输，当 S' 到达终点 B 时，B 使用 H'(X) 算法对收到的 S' 进行解密，将其还原为原文 S，并据此处理订单。

在上述过程中我们规定：信息 S 为明文，加密后的信息 S' 为密文；H(X) 为加密算法，称其执行过程为加密；H'(X) 为解密算法，称其执行的过程为解密；H'(X) 是 H(X) 的逆运算；若 H(X) 或 H'(X) 在执行过程中使用了某个关键信息作为参数，则称该参数为密钥。当 H(X) 或 H'(X) 使用相同的密钥时，该加密算法被称为对称加密算法；而当它们使用不同的密钥时，则被称为非对称加密算法。由于计算机中任何信息最终都以二进制形式表示，因此本章将以二进制的原始信息为例，进一步探讨信息加密算法。

4.4.2 简单的信息加密算法

1. 异或算法

异或算法是信息加密算法中最简单的算法，其规则是：若两个数相同则结果为 0，若两个数不同则结果为 1，见式（4-1）。

$$z = \begin{cases} 0, & 1 \oplus 1 = 0 \\ 0, & 0 \oplus 0 = 0 \\ 1, & 0 \oplus 1 = 1 \\ 1, & 1 \oplus 0 = 1 \end{cases} \text{。} \tag{4-1}$$

通过该算法我们发现：对于任何一个数据，如果对其进行两次异或操作，该数据将恢复到其原始状态，即异或算法本身具有可逆性。若 S＝"10110110"，key＝10100110，则 H(X) 与 H'(X) 的计算过程如下：

$$
\begin{array}{r}
10110110 \\
\oplus \quad 10100110 \\
\hline
00010000
\end{array}
\qquad
\begin{array}{r}
00010000 \\
\oplus \quad 10100110 \\
\hline
10110110
\end{array}
\tag{4-2}
$$

异或方式加密　　　　　异或方式解密

通过式（4-2）的计算，原二进制数 10110110 在密钥 key＝10100110 的作用下，信息发送者通过异或加密得到二进制密文 00010000。该密文在网络中进行传输时，即使被截获，得到信息者也无法知晓 00010000 的真实含义。当数据到达目的地后，信息接收方使用相同的密钥 key＝10100110，再次采用异或方式进行解密，从而恢复出原始信息。由于加密和解密过程中使用的密钥相同,均为 10100110,该加密算法也被称为对称加密算法。

2. 散列算法

散列算法(hash algorithm)也被称为哈希算法,是一种将任意长度的输入(预映射)通过特定的散列函数转换成固定长度输出的置换算法,该输出即为散列值。

散列函数种类繁多,其中直接定址法是通过取关键字或其线性函数值作为散列地址,例如 $hash(key) = key$ 或 $hash(key) = a * key + b$(a 和 b 为常数)。在直接寻址时,散列函数会将输入映射到对应的地址,并对该地址上的信息进行处理,从而得到新的编码,这一过程实现了对信息的加密。由于散列函数是固定的,散列转换实际上是一种压缩映射,散列值的空间通常远小于输入的空间,因此不同的输入可能会产生相同的输出。这意味着无法从散列值中唯一确定输入值,但可以通过开放散列表等方法来解决多个输入信息得到同一个散列值的问题。因此,散列加密算法被视为单向加密算法,常用于信息加密而较少用于信息解密。

散列变换能将任意长度的消息压缩成固定长度的消息摘要,该摘要类似于消息的"指纹"。若散列算法设计得当,则两条不同消息产生相同散列值(即冲突)的概率极低。散列编码在判别信息是否在传输过程中被篡改方面非常有效,如果信息被改变,那么原散列值与接收者收到消息后重新计算的散列值将存在不匹配的情况。因此,散列加密算法常用于信息的完整性检验、数字签名和数字证书等领域。

SHA-1(安全散列算法 1)是一种由美国国家安全局设计,并由美国国家标准技术研究所(NIST)发布的作为联邦数据处理标准(FIPS)的密码散列函数。它能生成一个 160 位(20 字节)的消息摘要,通常以 40 个十六进制数的形式呈现。然而,2005 年密码分析人员发现了对 SHA-1 的有效攻击方法。随后,2010 年推出了 SHA-2 算法,"SHA-384"表示 SHA-2 算法生成的一个特定长度的散列值,有时也记为"SHA-2 384"。新的 SSL 证书多使用 SHA-2 算法进行签名。此外,MD5 算法也是一种常用的散列算法,该算法广泛应用于数字摘要的生成。

4.4.3　对称加密算法

对称加密算法是应用较早的一种加密算法,它指的是在信息加密和解密的过程中,数据发送方将明文(即原始数据)与加密密钥一同经过特殊的加密算法处理,使其转化为复杂的加密密文并发送出去。数据接收方在收到密文后,若需解读原文,则需使用与加密时相同的密钥及对应的逆算法对密文进行解密,从而使之恢复为可读的明文。

在对称加密算法中,仅使用一个密钥,数据发送方与接收方均利用此密钥对数据进行加密与解密。例如,4.4.2 节中所述的数据加密的异或运算就是一种典型的对称加密算法。因此,相较于非对称加密算法,对称加密算法在数据加密与解密的速度上更快。然而,密钥的安全性却成为信息安全中的关键问题。常见的对称加密算法有 DES(data encryption standard,数据加密标准)和 3DES 等,3DES 即 triple-DES(triple data encryption standard,三重数据加密标准)。

1. DES 算法

DES 是 IBM(国际商业机器公司)为保护其内部机密信息而研发的加密算法。该算法被美国国家标准局选定为数据加密标准,并于 1977 年正式颁布使用,同时已被 ISO 采纳为数据加密标准。随着硬件技术的不断进步,如今已可利用 ASIC 芯片来实现 DES 算法,该算法已广泛应用于众多高端安全产品中。

DES 信息加密算法属于分组加密算法,其入口参数有 3 个,分别为密钥 key、数据块 data 以及工作模式 mode(加密或解密)。当处于加密模式时,明文会按照 64 位进行分组,形成明文组,此时 key 用于数据加密。当处于解密模式时,key 则用于数据解密。在实际应用中,密钥中有 8 位被用作奇偶校验位,因此密钥仅用到了 64 位中的 56 位(第 8、16、24、32、40、48、56、64 位为校验位,确保了每个密钥中 1 的个数均为奇数,密钥可以是任意的 56 位数,且可随时更改)。即每次利用 56 位密钥对 64 位二进制明文数据进行加密,产生 64 位密文数据,以此保障算法的安全性。

在进行 DES 加密时,数据输入后,明文会按 64 位一组被分割成多个明文组。DES 算法的执行过程是将 64 位的明文输入块转化为 64 位的密文输出块,所使用的密钥同样为 64 位。DES 算法的加密过程如图 4-13 所示。

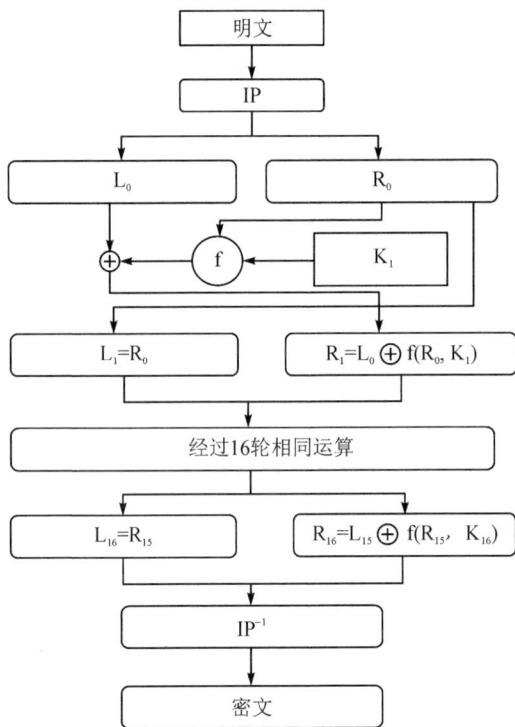

图 4-13 DES 算法的加密过程

图 4-13 中,IP 和 IP^{-1} 是一对互为反函数的置换规则。IP 规则的功能是把输入的 64 位数据块按位重新组合,并把输出分为 L_0、R_0 两部分,每部分的长度均为 32 位。IP 的置换规则固定,具体为:将输入的第 58 位换到第 1 位,第 50 位换到第 2 位……以此类推,最后 1 位对应于原来的第 7 位。L_0、R_0 则是换位输出后的两部分,L_0 是输出的左 32 位,R_0 是输出的右 32 位,例如,设置换位前的输入值为 $D_1 D_2 D_3 \cdots\cdots D_{64}$,经过初始置换后的结果为:$L_0 = D_{58} D_{50} \cdots\cdots D_8$;$R_0 = D_{57} D_{49} \cdots\cdots D_7$。具体如下:

58、50、42、34、26、18、10、2、60、52、44、36、28、20、12、4、62、54、46、38、30、22、14、6、64、56、48、40、32、24、16、8、57、49、41、33、25、17、9、1、59、51、43、35、27、19、11、3、61、53、45、37、29、21、13、5、63、55、47、39、31、23、15、7。

IP^{-1} 的置换规则为:将前面经过 16 次迭代运算后得到的 L_{16}、R_{16} 作为输入数据,进行逆置换,逆置换正好是初始置换的逆运算,由此得到输出密文数据。

$F(R_i,K_i)$ 以 R_i 和 K_i 作为输入数据。第一步:对于 K_i,首先将密钥位移位后从密钥的 56 位中选出 48 位;其次 R_i 通过一个扩展置换将数据扩展成 48 位;再次通过一个异或操作替代成新的 48 位数据;最后将其压缩置换成 32 位。通过上述运算形成本轮的子密钥。第二步:将子密钥与 L_i 进行异或运算,其结果作为 R_{i+1},而原有的 R_i 作为 L_{i+1},将其合并作为新的数据进行新一轮的加密。DES 算法中的 IP 置换过程如图 4-14 所示。

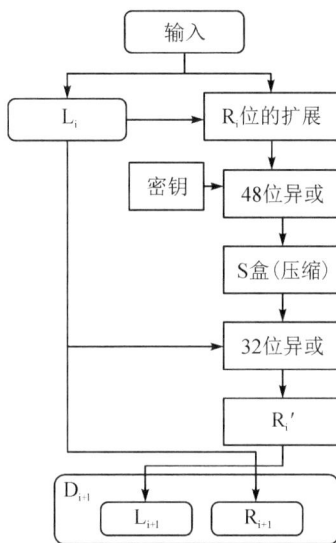

图 4-14　DES 算法中的 IP 置换过程

经过 16 次加密过程后,将得到的数据进行逆置换,即执行 IP^{-1},得到密文。DES 加密的算法框架如下:首先,生成一套加密密钥,从用户处取得一个 64 位长的密码口令,然后通过等分、移位、选取和迭代形成一套 16 个加密密钥,分别供每一轮运算使用。

DES 算法加密与解密所使用的算法除了子密钥的顺序不同之外,其他部分完全相同,即解密的过程中,密钥的使用顺序为 K_{15} 到 K_0。

2. 3DES 算法

3DES 使用 3 条 56 位的密钥对数据进行 3 次加密,是 DES 的一个更安全的变种。它以 DES 为基本模块,通过组合分组方法设计出分组加密算法,相比最初的 DES,3DES 更为安全。

3DES 的 3 条密钥常为两个密钥,执行 3 次 DES 算法,其加密的过程为"加密—解密—加密",解密的过程为"解密—加密—解密"。在一次 3DES 执行过程中,加密密钥和解密密钥不同。

3DES 加密过程为：$C=Ek_3(Dk_2(Ek_1(P)))$ （4-3）

3DES 解密过程为：$P=Dk_1(EK_2(Dk_3(C)))$ （4-4）

在公式（4-3）中，两次加密使用同一个密钥，解密单独使用一个密钥；在公式（4-4）中，两次解密使用同一个密钥，加密单独使用一个密钥。

采用两个密钥进行三重加密的好处：一是两个密钥合起来的有效密钥长度有 112bit，可以满足商业应用的需求，若采用总长为 168bit 的三个密钥，会产生不必要的开销。二是加密时采用"加密—解密—加密"的形式，而不是"加密—加密—加密"的形式，这样有效地实现了与现有 DES 系统的兼容。因为当 $K_1=K_2$ 时，3DES 的效果就和原来的 DES 一样，有助于逐渐推广三重 DES。三是 3DES 具有足够的安全性，尚未有关于攻破 3DES 的报道。

4.4.4 非对称加密算法

非对称加密算法也称为公开密钥加密（public key encryption）算法，非对称加密算法有两个密钥：公钥（public key）和私钥（private key）。惠特菲尔德·迪菲（Whitfield Diffie）和马丁·赫尔曼（Martin Hellman）1976 年在刊物 *IEEE Trans. on Information* 上发表了名为"New Direction in Cryptography"的文章，提出了非对称密码体制，即公开密钥密码体制的概念。

对称密码学中采用相同的密钥加密和解密数据，而在非对称密钥加密技术中，采用一对匹配的密钥进行加密、解密，且公钥和私钥具有以下性质。

（1）每个密钥执行一种对数据的单向处理，当一个密钥用于加密时，另一个密钥则用于解密。

（2）公开的密钥称为公钥，与之相对的保密的密钥称为私钥。

（3）当一个密钥公开时，另一个密钥则保密；当公钥用于加密时，私钥则用于解密；当私钥用于加密时，公钥则用于解密。

（4）当发送一份保密报文时，发送者必须使用接收者已知的公钥对数据进行加密，一旦加密，只有接收方用其私钥才能解密。相反，用户也能用私钥对数据进行加密，让接收者用公钥进行解密。当仅有报文拥有者知道私钥时，这种加密的报文就形成了一种电子签名。

（5）数字证书中包含了公钥信息，从而确认了拥有"密钥对"的用户身份。

简单的公钥例子可以用素数表示，若将素数相乘的算法作为公钥，则将所得的乘积分解成原来素数的算法即私钥。加密是将想要传递的信息在编码时加入素数编码后传送给收信人，任何人收到此信息后，若没有收信人的私钥，则在解密的过程中（实为寻找素数的过程）将因为找素数的时间过长而无法解读信息。

非对称加密算法的保密性较好，由于不需要像对称密码那样传输对方的密钥，它消除了最终用户交换密钥的需求，安全性得到极大提高。但是，非对称加密算法的加密和解密速度慢于对称加密算法。非对称加密算法形式多样，如 RSA、Rabin、D-H 和 ECC（椭圆曲线加密算法）等，其中使用最为广泛的是 RSA。

RSA 公钥加密算法是 1977 年由罗纳德·李维斯特（Ronald Rivest）、阿迪·萨莫尔（Adi Shamir）和伦纳德·阿德曼（Leonard Adleman）一起提出的，当时他们三人都在麻省理工学院工作，RSA 是他们三人姓氏的首字母组合。RSA 算法首先生成一对 RSA 密钥，其中之一是保密的私钥，由用户自己保存且不可公开；另一个为公钥，可对外公开，甚至可以在网络服务器中注册。RSA 的加密、解密过程如图 4-15 所示。

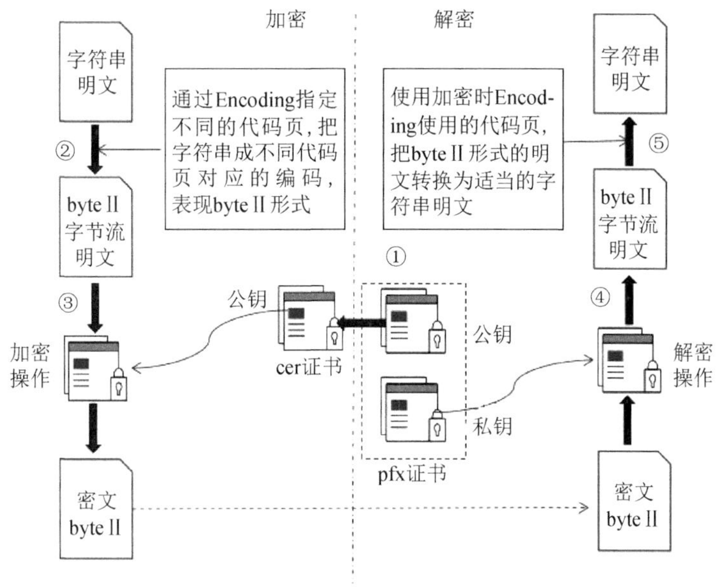

图 4-15　RSA 的加密、解密过程

在图 4-15 中,RSA 加密时,发送者对信息进行加密,加密密钥是发送者的公钥;接收者收到消息后,可以使用私钥对接收到的信息进行解密。RSA 算法是第一个既能用于加密也能用于数字签名的算法,也是目前最有影响力的公钥加密算法,它能够抵抗目前为止已知的绝大多数密码攻击,被 ISO 推荐为公钥数据加密标准。只要密钥足够长,使用 RSA 算法加密的信息无法被破解。

RSA 算法是一种非对称加密算法,涉及 n、e、d 三个参数。其中,n 是大质数 p 与 q 的积,n 是二进制表示时所占用的位数,即所谓的密钥长度。e 和 d 是一对相关值,e 可以任意取值,但要求 e 与 $(p-1) \times (q-1)$ 互质;再选择 d,要求 $(e \times d) \equiv 1 \bmod[(p-1) \times (q-1)]$("$\equiv$" 表示两边的数在同样的模数下具有相同的余数,如 21 mod 5 和 26 mod 5 的余数相等)。在密钥对 (n, e) 和 (n, d) 中,(e, n) 为公钥,(d, n) 为私钥。

RSA 加解密的算法完全相同,设 A 为明文,B 为密文,则 $A \equiv B^d (\bmod\ n)$;$B \equiv A^e (\bmod\ n)$(在公钥加密体制中,一般公钥用于加密、私钥用于解密)。e 和 d 也可以互换使用,即 $A \equiv B^e (\bmod\ n)$;$B \equiv A^d (\bmod\ n)$(用私钥加密,公钥解密)。

RSA 的安全性依赖于大数分解,分解 n 是最显然的攻击方法。具体使用时,模数 n 需尽量选择大一些的数,然后分解成质数 p 和 q,且 p 和 q 的数值不能太相近,且 $p-1$ 或 $q-1$ 的因子不能太小。密钥 d 必须足够大,假如 $q < p < 2q$,则从 n 和 e 可以快速推算出 d,且 $e = 2$ 时,该算法的安全性较低。

RSA 算法主要采用了关于素数运算的欧拉原理和费马定理,其计算步骤如下:

(1) 选择一对不同的、足够大的素数 p 和 q;

(2) 计算 $n = p \times q$;

(3) 计算 $f(n) = (p-1) \times (q-1)$,同时对 p 和 q 严加保密;

(4) 找一个与 $f(n)$ 互质的数 e,且 $1 < e < f(n)$;

（5）计算 d，使得 $d \times e \equiv 1 \bmod f(n)$；

（6）公钥 KU $=(e,n)$，私钥 KR $=(d,n)$；

（7）加密时，先将明文变换成 $(0,n-1)$ 中的一个整数 A，若明文较长，可先分割成适当的组，然后再进行变换。设密文为 B，则加密过程为 $B \equiv A^e (\bmod n)$；

（8）解密过程：$A \equiv B^d (\bmod n)$。

假设用户甲需要将明文 key 通过 RSA 加密后传递给用户乙，过程如下：

（1）设公钥为 (e,n)，私钥为 (d,n)，令 $p=3$，$q=11$，则 $n=p \times q=33$；$f(n)=(p-1) \times (q-1)=2 \times 10=20$。取 $e=3$（3 与 20 互质），将 d 从 1 开始取值，测试其是否满足条件：$e \times d \equiv 1 \bmod f(n)$，得到 $d=7$，从而可以设计出一对公私密钥，加密密钥（公钥）为 KU $=(e,n)=(3,33)$，解密密钥（私钥）为 KR $=(d,n)=(7,33)$；

（2）将明文信息数字化，得到 key 相应的明文信息为：11、05、25，见表 4-2；

（3）明文加密，用户密钥为 $(3,33)$，由 $B \equiv A^e (\bmod n)$ 得到对应的密文为 11,26,16，对应信息为 kzp，即明文 key 对应的密文为 kzp；

（4）密文解密，用户乙收到密文，通过公式 $A \equiv B^d (\bmod n)$，得到对应的明文信息 11,05,25，通过寻址找到其对应的信息为 key，完成解密。

表 4-2 字母表编码

字母	编码	字母	编码
a	01	n	14
b	02	o	15
c	03	p	16
d	04	q	17
e	05	r	18
f	06	s	19
g	07	t	20
h	08	u	21
i	09	v	22
j	10	w	23
k	11	x	24
l	12	y	25
m	13	z	26

在实际应用中，情况要比这个例子复杂很多，由于 RSA 算法的公钥和私钥的长度（即模长度）通常需要达到 1024 位甚至 2048 位，才能确保安全性，因此，在选取 p、q、e 以及生成公钥和私钥的过程中，涉及加密和解密的模指数运算，都需要遵循一定的计算程序，并依赖于计算机的高速运算能力。

随着分布式计算和量子计算机理论的日益成熟，RSA 加密的安全性正面临严峻挑战。现有条件下，RSA 算法依靠大量计算来加密大量数据的方式变得不可行。目前，采用较多的加密算法是混合式加密算法，这种方法改良了 RSA 加密算法的直接使用方式。例如，PGP 算法仅使用公钥加密一个对称加密算法的密钥(该密钥的数据量很小),随后利用一个快速的对称加密算法来加密实际数据(这样可以实现很高的加密速度)。在传递信息时,加密的密钥和数据都能被安全地传输和解密。

4.5　认证技术

在人们的工作和生活中,许多事务的处理都需要当事者在文件上签名,如政府文件、商业合同等。签名起到审核、认证的作用。在传统的商务活动和基础事务中,认证常采用书面签名的形式,如手写签名、指印、公章等。在电子商务和以网络为基础的事务处理中,传统的书面签名形式无法满足通信各方的需求,由此产生了数字签名。数字证书也可以用于通信双方的身份识别,数字证书由认证中心(certificate authority,CA)颁发,它是一种在 Internet 上验证通信实体身份的方式,人们可以使用数字证书在网上识别对方的身份。数字签名、数字证书和身份识别均为 PKI 的重要内容,但 PKI 只提供了一般框架,实际应用中更多采用 SSL 和 SET(secure electronic transaction,安全电子交易)协议认证机制。

4.5.1　数字签名

数字签名技术以加密技术为基础,其核心是采用加密技术的加、解密算法体制来实现对报文的数字签名。数字签名能够实现以下功能:接收方能够证实发送方的真实身份并进行身份识别,发送方事后不能抵赖所发送过的报文和签名,从而保障了信息的不可否认性;接收方或非法访问者不能伪造、篡改报文,从而保障了信息的完整性。

数字摘要可以将任意长度的消息变成固定长度的短消息,类似于一个以消息为自变量的函数,即单向哈希函数。除了应用于数字签名外,数字摘要还可用于信息的完整性检验、各种协议的设计等。数字摘要是保证数字签名实现的重要技术。数字签名的实现过程如图 4-16 所示。

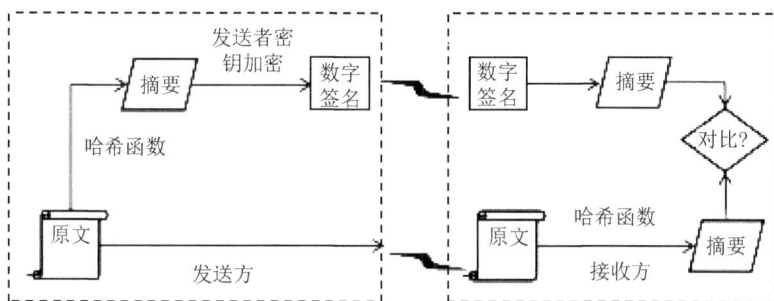

图 4-16　数字签名的实现过程

以下为数字签名的实现过程:

(1)发送方利用哈希函数从原文生成数字摘要。

(2)发送方采用公共密钥体系,使用自己的私钥对生成的数字摘要进行加密处理,从而生成数字签名。随后,将数字签名附加在原文后一并发送给接收方。

（3）接收方收到信息后，利用发送方的公钥对数字签名进行解密验证，从而获取数字摘要。若验证过程成功，则说明原文确实是由特定的发送方发送的。

（4）接收方再次使用哈希函数对收到的原文进行处理，生成新的数字摘要，并将该摘要与之前通过解密验证获得的数字摘要进行对比。若两者相同，则说明文件在传输过程中未被篡改或破坏。

在电子商务交易中，时间戳常被用于为电子文件的发表时间提供安全保障。数字时间戳服务是一项重要的网上安全服务项目，通常由专门的认证机构提供。时间戳是一个经过加密处理的凭证文档，主要包含以下三个部分：需要加时间戳消息的摘要、数字时间戳服务收到该消息的准确日期和时间，以及数字时间戳服务机构的数字签名。

4.5.2　数字证书

数字证书，又称数字凭证，或简称为证书，它利用电子手段来证实用户的身份及其访问网络资源的权限。在网上电子交易中，若交易双方均出示了各自的数字证书，并据此进行交易操作，则意味着双方已完成了对彼此的身份识别。数字证书广泛应用于电子邮件安全、电子商务交易等多个领域。在计算机系统中，数字证书通常保存在浏览器的"Internet 选项"下的"内容"选项卡中。数字证书的管理界面如图 4－17 所示。

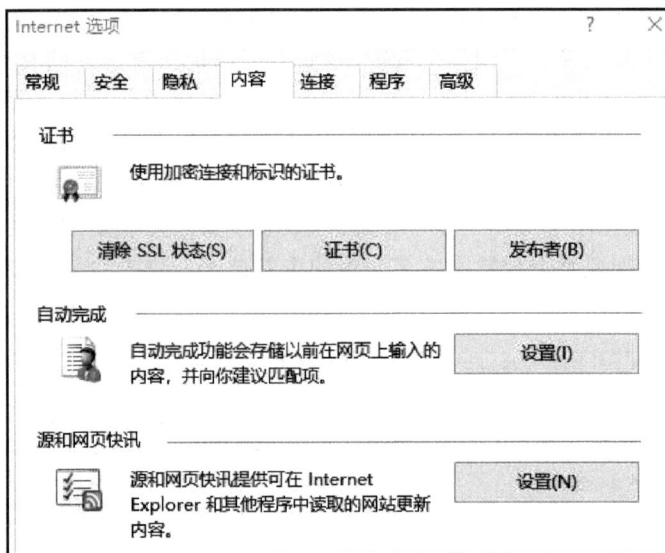

图 4－17　数字证书的管理界面

数字证书可以导入或导出，以方便使用者对数字证书的管理。

证书的内部格式严格遵循 X.509 国际标准，它包含的内容有以下五个方面：

（1）证书持有人的姓名。

（2）证书的公钥。

（3）公钥的有效期。

（4）证书颁发单位。

（5）证书的序列号。

图 4 - 18 是计算机系统在浏览器中常用的数字证书,该证书支持计算机系统及相关软件的正常运行。

图 4 - 18 计算机系统在浏览器中常用的数字证书

数字证书有以下三种类型:

(1)个人证书。它仅为某一个用户提供证书,以帮助其在网络上进行安全交易。个人证书通常安装于客户端浏览器内部,并通过安全的多用途网际邮件扩展协议来进行交易操作。

(2)企业(服务器)证书。它主要为网络上的某台 Web 服务器提供证书,拥有 Web 服务器的企业可以利用具有证书的 Web 站点来进行安全的电子交易。具备证书的 Web 服务器会自动对其与客户端浏览器通信的信息进行加密。

(3)软件开发者证书。它主要为从互联网中下载的软件提供证书,该证书与 Microsoft Authenticode 技术(合法化软件)结合,以便用户在下载软件时获取所需的信息。

上述三类证书中,前两类证书为常用证书,而第三类证书则用于比较特殊的场合。大部分认证中心都提供前两类证书,而能提供各类证书的认证中心相对较少。

数字证书旨在保障网络安全的四个要素:信息传输的保密性、数据交换的完整性、发送信息的不可否认性、交易者身份的确定性。因此,数字证书的主要功能如下。

(1)文件加密。通过数字证书对信息进行加密,确保文件的保密性。采用基于公钥密码体制的数字证书能够有效解决网络文件的加密通信问题。

(2)数字签名。数字证书可用于实现数字签名,以防止他人篡改文件,确保文件的正确性、完整性、可靠性和不可抵赖性。

（3）身份认证。利用数字证书进行身份认证，可以解决网络上的身份验证难题，从而有效保障电子商务活动中的交易安全。

虽然数字证书本身无须保密，但具有自我保护特性。用户能够通过认证机构的数字签名来验证证书的真伪和完整性，防止数据在发送和存储过程中被篡改，这确保了数字证书相关功能的实现。

在农村电子商务系统中，所有参与组织的数字证书均由认证中心颁发。作为电子商务交易中受信任的第三方，CA 负责公钥体系中公钥的合法性验证。它负责产生、分配以及管理所有参与网上交易的个体所需的数字证书，是安全电子交易的核心机构。由此，CA 在数字证书的生成、授权和管理等方面构建了完善的 CA 认证体系。

CA 认证体系的内容包括：

（1）证书审批部门。注册机构（registration authority，RA）作为证书审批部门是 CA 认证体系的关键组成部分，其职责是对证书申请者进行资格审查，决定是否批准该证书的申请。同时，该部门需承担因审核失误或向不符合资格的申请者发放证书所引起的一切后果。

（2）证书执行部门。证书执行部门是 CA 认证体系的另外一个组成部分，该部门负责为已授权的申请者制作、签发和管理证书，并承担因操作运营错误（包括失密、为未授权者签发证书等）而产生的一切后果。它可以由证书审批部门兼任，也可以委托第三方机构。

（3）证书受理部门。证书受理部门是 CA 认证体系的组成部分，该部门负责接收用户的证书申请，并将其转发给证书审批部门和证书签发部门。

（4）证书作废表。证书作废表（certificate revocation list，CRL）中记录了尚未过期但已被声明作废的用户证书的序列号。该列表供证书使用者验证对方证书时查询使用，通常也被称为"黑名单"。

CA 的功能包括以下内容：

（1）证书申请与验证。接收证书申请者的申请并验证其身份。

（2）证书审批与发放。对证书申请进行审批，决定是否给申请者发放公钥证书。若同意，则发放公钥证书；若不同意，则拒绝发放。

（3）证书更新。接收并处理申请者的证书更新请求。

（4）证书查询和撤销处理。接收并处理合法身份者的证书查询和撤销申请。

（5）证书作废表管理。产生证书作废表并对作废表进行管理。

（6）数字证书归档。将各用户的数字证书进行归档保存。

（7）密钥管理。包括密钥的产生、备份及恢复。

（8）用户历史数据归档。将用户的历史数据进行归档保存。

CA 证书由认证中心颁发。目前，美国的 VeriSign 公司是全球处于领导地位的认证中心之一，该公司所提供的证书服务已覆盖全球 50 多个国家，接受其服务器证书的 Web 站点服务器数量已超过 45000 个，使用其个人证书的用户数量也已超过 200 万。

4.5.3　身份认证技术

身份认证技术是指计算机及网络系统在确认操作者身份过程中所应用的技术手段。当用户登录系统时，用户必须提供证明其身份的信息，系统将对其进行识别、比较与验证，以确保该用户的真实性。

在农村电子商务交易中,对用户身份进行认证的基本方法主要可以分为以下三种:

(1)基于用户所知道的信息进行身份验证,如密码、密钥等。

(2)用户凭借所持有的物理介质进行身份验证,如智能卡、动态口令牌、USB key 等。

(3)利用用户独特的生物特征进行身份验证,如指纹识别、面部识别、声音识别、视网膜扫描等。

随着信息安全技术的不断进步,身份认证技术也随之发展。在农村移动电子商务领域,用户的身份认证信息被集成在 App 中。当用户通过手机使用该 App 时,通过协议授权,可利用手机硬件或上一级软件的身份认证功能,实现对 App 的用户信息认证。

4.5.4　安全技术协议

在开展农村电子商务的过程中,要确保交易过程中的数据来源可靠、传输安全、不被篡改,并能为交易各方提供不可否认的证据。目前,较为成熟的做法是通过证书认证和安全检查技术来解决各方身份的交叉确认问题;利用数字签名技术来验证数据的完整性,确保来源的可靠性,并为交易各方的行为提供不可否认的证据。同时,采用加密技术来保证数据在传输过程中的保密性。

针对这些技术的具体应用,国内外已开发出众多安全协议和整体解决方案。其中,公钥基础设施是目前国际上公认的技术最为成熟、应用最为广泛的电子商务安全问题解决方案。PKI 集成上述技术,并制定了具体规定,从而为互联网应用提供了公钥加密和数字签名服务。然而,PKI 仅提供了一种解决安全问题的框架。在实际应用中,许多集成商针对不同的网络应用提出了不同的商业实现标准,其中,比较有名的包括由 Netscape、VeriSign 等推出的安全套接字层(SSL)协议和由 Visa(维萨)、MasterCard(万事达卡)、IBM 等联合推出的安全电子交易(SET)协议。

1. SSL 协议

SSL 协议是由网景(Netscape)公司为了增强 Web 的安全性而推出的一种安全协议,它主要用于 Web 浏览器与服务器之间的身份认证和数据加密传输,以保护信用卡和个人信息不被窃取。因此,SSL 协议是位于 TCP 层和应用层之间,提供 Internet 上保密通信的一种安全协议。目前,广泛采用的是网景公司于 1996 年推出的 SSL 3.0 版本,相比 SSL V2.0,SSL 3.0 解决了之前版本存在的一些问题,并支持更多的加密算法。1999 年,因特网工程任务组(IETF)推出了传输层安全协议 1.0 版本(TLS V1.0)。TLS 协议完全基于 SSL V3.0,并对其进行了改进,包括在版本号、报文鉴别码的 MAC 算法及 MAC 计算范围、伪随机函数、报警代码、加密计算以及用户数据加密前的填充字节等方面实施了优化。

SSL 协议主要使用公开密钥体制和 X.509 数字证书技术,适用于点对点之间的信息传输,通常采用 Web Server 方式。它主要提供三种服务:数据加密服务、认证服务与数据完整性服务。在电子商务应用中,常使用 SSL 来保证信息的真实性、完整性和保密性。但需要注意,由于 SSL 不对应用层的消息进行数字签名,因此不能提供交易的不可否认性。

SSL 协议位于 TCP 层和应用层之间,对应用层来说是透明的。这意味着现有的应用层程序无需或仅需少量修改即可使用 SSL 协议,如图 4-19 所示。

SSL 协议工作于 TCP 层,高层的应用协议可以透明地运行在 SSL 层之上。该协议由两层协议组成,共包含 4 个子协议,其中,SSL 握手协议和 SSL 记录协议比较重要。

HTTP	FTP	TELNET	SMTP
SSL(TLS)协议	SSL握手协议	SSL更改密码规则协议	SSL报警协议
SSL记录协议			
TCP			
IP			

图 4-19 SSL 协议结构图

SSL 握手协议位于 SSL 记录协议之上,用于在数据传输前进行服务器和浏览器之间的身份认证。在此过程中,双方会就采用的协议版本、加密算法等参数进行协商,并确定加密数据所需的对称密钥,采用公钥加密技术产生共享密钥。SSL 握手协议包含两个阶段:第一个阶段旨在建立私密通信信道。SSL 要求服务器向浏览器出示证书,该证书包含一个公钥,这一公钥由一家可信的证书授权机构签发。服务器通过私钥传输信息,以证实其属于一个已认证的公司。信息通过双方共享的密钥加密后,可以安全地通过浏览器抵达 Web 服务器,而 Internet 上的其他人则无法解密。第二阶段是对客户进行认证。服务器向客户发出认证请求后,客户会发出自己的证书,并监听对方回送的认证结果。服务器收到客户的证书后,会返回认证成功消息,否则返回错误消息。至此,握手协议执行完毕。

SSL 记录协议定义了要传输的数据格式。它位于 TCP 层之上,从高层的 SSL 子协议接收数据进行封装,并使用对称密钥加密,然后通过 TCP 层进行传输。

SSL 安全协议的缺点包括:不能自动更新证书,认证机构编码困难,浏览器口令具有随意性,无法自动检测证书撤销列表,以及用户的密钥信息在服务器上是以明文方式存储的。此外,虽然 SSL 提供了信息传递过程中的安全性保障,但信用卡的相关数据本应仅由银行可见,然而这些数据传输到商家后会被解密,导致客户的数据完全暴露在商家面前。

SSL 可以实现浏览器和服务器之间的相互身份认证。虽然 SSL 协议可以支持 FTP、TELNET 和 SMTP 等应用层协议,但目前其主要的应用对象仍是 HTTP 协议。尽管 SSL 协议存在弱点,但由于它操作简便、成本低廉且不断改进,在欧美的商业网站上得到了广泛应用。

2. SET 协议

实施电子商务交易时,如何确保交易各方传输数据的安全性成为电子商务领域最为关键的问题。虽然 SSL 安全协议能够为交易双方提供安全通信的保障,但它却无法满足电子商务交易过程中多方认证及通信的实际需求。例如,在买卖双方进行商品交易的过程中,卖家无法获取买家的账户信息,同时银行也无法获取买家交易的商品信息。为了应对这一挑战,1996 年由 Visa 与 MasterCard 两大信用卡组织联合推出,并与 Microsoft(微软)、Netscape、RSA 等众多 IT 公司共同研发的 SET 协议应运而生。SET 协议在保留对客户信用卡认证的基础上,还增加了对商家身份的认证。由于设计科学合理,SET 协议得到了 IBM、Microsoft 等众多大公司的支持,已成为公认的工业标准。

SET 协议的工作流程分为以下 5 个阶段:

(1)支付初始化请求与响应阶段。当客户决定要购买商家的商品并使用电子钱包支付时,商家服务器上的 POS 软件会向客户的浏览器电子钱包发送报文。电子钱包会要求客户输入密码,并与商家服务器进行"握手"信息的交换,以确保客户和商家相互确认,即客户确认商家已被授权可以接受信用卡,同时商家也能够确认客户是合法的持卡人。

(2)支付请求阶段。客户会发出一个包含订单和支付命令的报文,该报文必须包含客户的数字签名,同时,利用双重签名技术确保商家无法看到客户的账户信息,而位于商家开户行的支付网关(另一个服务器)则可用于处理支付命令中的信息。

(3)授权请求阶段。商家在收到订单后,POS 会组织一个包含客户支付命令的授权请求报文并发送给支付网关,该报文中包含客户的支付命令。支付网关是一个 Internet 服务器,是连接 Internet 和银行内部网络的桥梁。授权请求报文到达收单银行后,收单银行会向发卡银行进行确认。

(4)授权响应阶段。收单银行在得到发卡银行的批准后,会通过支付网关向商家发送授权响应。

(5)支付响应阶段。商家会向客户发送购买响应报文,并记录客户交易日志备查。

SET 支付的交易系统由客户(持卡人)、商家、支付网关、收单银行、发卡银行和 CA 六部分组成。SET 协议的安全交易流程如图 4-20 所示。

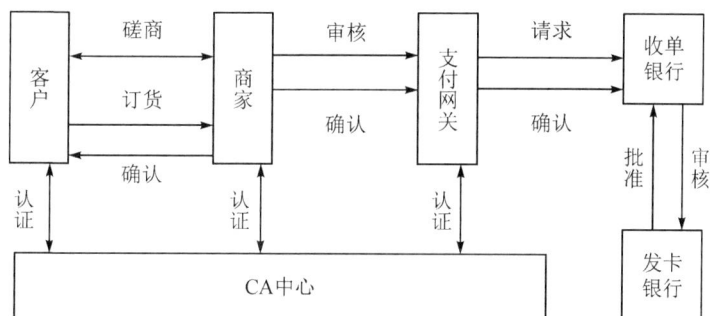

图 4-20　SET 协议的安全交易流程

SET 交易过程中,系统需要对商家、客户、支付网关等交易方进行身份认证。具体的商品交易流程如下:

(1)客户在网上商店选中商品后,与商家进行磋商,随后发出购买请求信息。

(2)客户利用自己的终端设备通过互联网选定所需购买的物品,并填写订单。订单内容需涵盖商家信息、购买物品名称及数量、交货时间及地点等关键信息。订单通过电子商务服务器传送至相关商家,商家做出应答,与客户确认订单中的货物单价、应付款额、交货方式等信息是否准确,有无变动。

(3)客户选择付款方式,并确认订单,签发付款指令。在 SET 协议下,客户需对订单和付款指令进行数字签名,同时采用双重签名技术确保商家无法获取消费者的账户信息。

(4)商家接受订单后,向客户所在的银行请求支付授权。该请求信息通过支付网关传递至收单银行,再由收单银行转至电子货币发行公司进行确认。交易获批后,确认信息并返回给商家。

(5)商家向客户发送订单确认信息。客户端软件可记录交易日志,便于日后查询。

(6)商家发货或提供服务,并通知收单银行将款项从客户账户转移至商店账户,或通知发卡银行进行支付。在认证操作与支付操作之间通常存在时间间隔,例如,商家可能在每日下班前向银行请求对当日交易进行结算。

步骤(3)至(6)均涉及 SET 协议的应用。SET 协议对通信协议、请求信息格式、数据类型定义等方面均有明确规定。在每一步操作中,客户、商家、支付网关均通过 CA 验证通信主体的身份,以确保交易双方的真实身份,防止冒名顶替。可以认为,SET 协议充分利用了 CA 的作用,维护了开放网络上电子商务参与者所提供信息的真实性和保密性。

SET 协议主要通过密码技术和数字证书来保障信息的机密性和安全性,实现了电子交易的机密性、数据完整性、身份验证和不可否认性的目标。

(1)在机密性方面,SET 协议采用双重签名技术,将支付信息和订单信息进行分离,商家解密后得到订单信息,银行解密后得到支付信息,能够有效防止商家获得客户的支付信息。

(2)在数据完整性方面,SET 协议使用哈希函数生成报文摘要值,确保数据在传输过程中不被篡改。一旦数据发生变化,报文摘要值也会随之改变,从而被系统检测到,保证了信息的完整性。

(3)在身份验证方面,身份验证是电子商务的关键环节,SET 协议利用数字证书确认商家、客户(持卡人)、发卡银行和支付网关的身份,为网上交易构建了一个可靠且值得信赖的环境。

(4)在不可否认性方面,SET 协议中的数字证书发布过程记录了商家和客户在交易中存在的信息。因此,一旦客户发出订单并收到货物,他就不能否认发出过该订单;同样,商家也不能否认收到过该订单。

3. SET 协议与 SSL 协议的比较

SET 协议和 SSL 协议是当前电子商务中应用最为广泛的两大安全协议,它们之间的主要差异体现在以下几个方面:

(1)认证要求。早期的 SSL 协议未提供商家身份认证机制,虽然在 SSL 3.0 版本中可以通过数字签名和数字证书实现浏览器与 Web 服务器之间的身份验证,但 SSL 协议仍无法实现多方认证。相比之下,SET 协议的安全要求更为严格,所有参与 SET 交易的成员(包括客户、商家、发卡银行、收单银行和支付网关)均须申请数字证书以进行身份识别。

(2)安全性。SET 协议全面规范了商务活动流程中的交易信息安全,从客户到商家,直至支付网关、认证中心以及信用卡结算中心之间的信息流走向和加密、认证标准均制定了严密规定,从而确保了商务性、服务性、协调性和集成性的最大化实现。而 SSL 协议仅对客户与商家之间的信息交换进行加密保护,可视为传输层的技术规范。从电子商务的特性来看,SSL 协议缺乏商务性、服务性、协调性和集成性。因此,SET 协议在安全性方面优于 SSL 协议。

(3)网络层协议的位置。SSL 协议是基于传输层的通用安全协议,而 SET 协议则位于应用层,同时涉及网络上的其他各层。

(4)应用领域。SSL 协议主要与 Web 应用相结合,而 SET 协议则专为信用卡交易提供安全保障。因此,若电子商务应用仅限于 Web 或电子邮件,则可能无需 SET 协议;但若电子商务应用涉及多方交易过程,则使用 SET 协议更为安全、通用。

(5)用户界面。SSL 协议已内置于浏览器和 Web 服务器中,无需安装专门软件;而 SET 协议则要求用户端安装专门的电子钱包软件,商家服务器和银行网络上也需安装相应软件。

(6)处理速度。SET 协议复杂且庞大,处理速度较慢。一个典型的 SET 交易过程需进行 9 次电子证书验证、6 次数字签名、7 次传递证书、5 次签名、4 次对称加密和 4 次非对称加密,整个交易过程可能耗时 1.5 至 2 分钟。而 SSL 协议则相对简单,处理速度比 SET 协议快。

SSL 协议实现简便,独立于应用层协议,且大部分已内置于浏览器和 Web 服务器中,在电子交易中应用便捷。但它是一个面向连接的协议,仅能提供客户与服务器间的双方认证,无法实现多方电子交易认证。SET 协议在保留对客户信用卡认证的基础上,增加了对商家身份的认证,安全性得到进一步提升。由于两个协议所处的网络层不同,为电子商务提供的服务也各不相同。因此,在实践中常根据具体情况选择独立使用或混合使用这两种协议。

4.6　农村电子商务的其他安全性问题

移动通信网络和无线网络技术的飞速发展,将电子商务推广到农村,实现了电子商务地域上的全面覆盖;而移动软件技术的进步,则从使用群体上推动了电子商务用户的全面覆盖。在移动电子商务的蓬勃发展下,电子商务有效服务于农户,完善了涉农产业链的构建,并助力乡村振兴。然而,电子商务也带来了一系列安全问题,如移动电子商务安全问题及其他问题。

4.6.1　移动电子商务的安全问题及解决方法

1.移动电子商务安全问题

移动电子商务主要通过智能手机、平板电脑等移动设备进行商品交易和支付,因其方便易行、兼容性强的特点,在农村电子商务中得到了广泛应用。但与此同时,由于移动电子商务涉及众多新兴技术和设备,也引发了新的电子商务安全问题。

在移动商务环境中,随着用户前端访问形式、渠道和方法的变化,主流电子商务原本以台式机为用户终端,设备的硬件安全性高。然而,在移动商务环境下,硬件、软件以及网络环境都发生了显著变化,具体包括:

(1)移动设备的安全问题。相较于传统电子商务,移动电子商务终端位置不断变化。移动终端中存有重要的文件或 App 中存储有用户信息,一旦终端丢失,就可能被他人恶意盗用造成重大损失。此外,移动设备受自身计算能力或存储能力的限制,其信息安全等级较低,如 SIM 卡被复制等情况,可能影响现有商业流程中身份识别的准确性。

(2)移动软件的安全问题。电子商务软件从传统的信息管理系统的 C/S 模式或 B/S 模式转变为 App 模式,这不仅共享了移动终端的更多设备信息,还通过流程优化在 App 中存储了大量用户的账户信息。一些软件在迁移至农村电子商务交易环境时未能有效适应,如基于位置的信息服务在农村电子商务的应用中面临实施困难的情况。

此外,一些手机病毒、木马以及"流氓软件"会按既定意图植入正常的手机 App,篡改 App 信息或冒名访问,给移动商务信息安全带来威胁。

(3)移动网络的安全问题。尽管移动网络在我国已实现区域内全面覆盖,但为便于使用,一些地方常采用 Wi-Fi 或 NFC 等短距离通信方式,这可能导致信息窃听等安全问题,进而出现擅自扣款或付费、发送垃圾短信或欺诈信息等行为。特别是二维码扫码支付在近场支付中的广泛应用,尤其是数字货币电子支付(DCEP)下的双离线支付对农户影响显著,对非法信息甄别能力较弱的农户更倾向于信任扫码支付,由此引发了一系列二维码扫码支付下的不确定问题。

2. 移动电子商务安全问题的应对办法

在移动商务环境中,由于用户前端访问形式、渠道和方法的变化,在硬件设备方面,主流电子商务以台式机为用户终端,与体积庞大的计算机相比,小巧的手机丢失的可能性较小;在软件应用方面,计算机访问中部分 cookie 存储了用户私人信息,但相比手机等移动设备 App,其可用的隐私信息较少;在网络方面,主流电商常采用固定 IP 接入 Internet 的方式,信息通信安全相对较高。目前,随着移动电子商务的发展,移动设备制造商、软件开发商以及移动网络制造商在移动商务的安全性方面均取得了较快的发展,农户在使用移动电子商务的过程中,农户的信息素养也得到了提升。具体表现为:

(1)移动设备安全性问题的应对办法。当手机丢失时,用户可通过移动设备官网,利用 GPS 定位服务迅速锁定位置,并启动设备的特殊响铃模式。由于该模式采用手机自带的紧急电源,因此即使在手机无法开机的情况下,也能帮助用户找回手机。此外,许多移动设备官网还提供了手机丢失时的刷机服务或资源转移服务,以锁定原有设备对相关软件的使用权限,确保用户移动设备信息的安全,将电子商务风险降至最低。

随着嵌入式技术的进一步发展,移动设备的管理将更加科学。当机器及其内部主要部件均有唯一身份并纳入用户信息管理时,将有效打击终端设备的非法交易行为,从而使其安全性得到有效提升。

(2)移动软件的安全问题及应对措施。用户应从官方渠道下载 App,以降低网络钓鱼风险,防止非法软件、病毒或木马驻留手机,影响设备安全。同时,为了提高移动 App 的使用安全性,应尽量采用人体生物特征识别进行身份认证,以避免"账号+密码"安全体系下因遗忘、丢失等引发的安全问题。

(3)移动网络的安全问题应对办法。针对移动设备随意接入周围 Wi-Fi 网络或随意扫码的问题,应通过多种渠道、多种形式提高用户的信息素养,特别是提高网络安全意识。通过移动商务平台向用户宣讲非法网站或非法 App 的识别方法,通报非法网站、非法二维码问题,并根据用户需求指导其通过官方渠道获取服务。同时,从技术层面提高用户的安全保障。

4.6.2 电子商务环境下的农产品安全问题

农村电子商务拓展了原本局限于区域的农村经济活动。在农产品营销过程中,涉农平台共享农户、农业及农村经济信息,但农户对农村信息隐私保护意识不足,以及传统农业和农村经济活动管理创新滞后,一些农村产业园区和农户的财产安全受到威胁,部分农产品甚至在成熟前便遭受破坏。

实际上,随着新技术和新型商业模式的应用,农业生产管理需要不断创新,实现制度与技术的协同发展。现代农业的发展与信息技术的采纳,增强了农业生产的安全性,如各类传感网络、田间摄像头等传感器的使用使农业生产安全的检测能力得到提升,村落公共场所的人脸识别等监管手段强化了对人们行为的约束;同时,法律法规等制度的完善为现代农业生产提供了更为坚实的保障。

ⓩ 本章小结

本章主要讲述了农村电子商务安全的相关知识。

首先，从农村电子商务安全的内容出发，介绍了农村电子商务的安全要求和存在的问题，并重点讨论了农村电子商务中的网络安全和信息安全相关内容。

其次，在网络安全方面，农村电子商务与传统电子商务一样，采用防火墙和 VPN 技术进行信息访问控制；在信息安全方面，重点介绍了信息加密的算法和信息认证技术。其中，信息认证技术部分主要讲解了电子商务信息交换中的数字签名技术、数字证书、身份认证以及安全技术协议，以满足 Internet 中信息传递的保密性、完整性等要求。

最后，本章还探讨了农村电子商务发展过程中技术渗透所带来的农业农村新问题，并提出了需要创新制度以促进农村电子商务发展过程中的制度与技术协同创新。

通过学习农村电子商务安全相关知识，学生不仅能掌握相关知识和技能，还应具备强烈的服务农村、发展农业的责任感和使命感，遵循职业道德和职业操守。在技术创新的同时，应努力防范技术创新和应用可能带来的新的网络安全、信息安全和设备安全问题。

ⓩ 思考题

1.农村电子商务面临哪些安全问题？其安全要求有哪些？

2.农村电子商务采用的防火墙有哪些分类？具体内容是什么？

3.农村电子商务常用的防火墙技术有哪些？

4.请简要描述 IPsec VPN、SSL VPN 和 MPLS VPN 的工作特点？

5.请简要描述对称加密算法和非对称加密算法的特点。

6.SSL 协议和 SET 协议的具体内容是什么？它们各自的特点是什么？

第5章 农村电子商务模式

学习目标

1. 理解商业模式的概念、要素、演变过程以及这些概念、要素、演变在农村电子商务中的具体表现。

2. 熟悉主流电子商务模式，并了解这些模式演变后的新兴电子商务模式。

3. 掌握多种农村电子商务模式，并根据实际情况灵活选择合适的模式加以应用。

思政目标

1. 了解农村电子商务的商业模式及其分类，以及各类模式的具体内容，同时培养学生服务人民、奉献社会的人生观、世界观和价值观。

2. 理解商业模式与商务模式在农村电子商务发展中的核心作用，引导学生树立中国特色社会主义理想，形成实现乡村振兴的理想信念。

3. 掌握农村电子商务模式的具体应用场景，增强学生的历史使命感和责任感。

内容提要

电子商务经过近20年的发展，已经渗透到各领域、各地区，并围绕商业模式形成了一系列典型的商务模式。

商务模式与商业模式虽有所不同，但二者之间存在着紧密的联系。商业模式是一种概念性工具，它包含一系列要素及其关系，用以阐述某个特定实体的商业逻辑。而商务模式则是指进行商业活动的方法，是一种能够为企业创造收益的模式。早期的电子商务模式有B2B、B2C和C2C等，随后又逐渐演变为新型的B2G（business to government，企业对政府电子商务）、O2O，以及移动电子商务等多种模式。

在国家政策的引导下，以移动电子商务为主的农村电子商务迅速发展，农村中涌现出了以产品流通方向为特色的上行电子商务模式、下行电子商务模式。这些模式分别促进了农村经济的发展，丰富了农村生产、生活的物质资源，满足了本地人民的基本生活需求。

本章将以移动电子商务为主要形式，在帮助学生理解商业模式和商务模式的基础上，重点讲解涉及农产品和服务流通方向的农村电子商务的三种模式的相关知识，以便学生更好地实施电子商务规划。

开篇案例

从"沙集模式"到"睢宁经验"

"沙集模式"始于 2006 年的江苏省徐州市睢宁县沙集镇东风村。由于当地自然资源贫乏，三个在广州务工的年轻人返乡创业时，选择了通过淘宝平台开设店铺，从事家具销售，即通过网络接收来自全国各地的家具生产订单，购买材料加工成家具后交付给消费者，这种家具生产方式采用了新的商业运营模式。随着家具产业的持续壮大，东风村的农户纷纷加入家具的生产与销售中，由于该村淘宝店众多、销售金额庞大且盈利能力突出，东风村迅速成为全国较早的"淘宝村"之一。随后，家具产业逐渐辐射到整个沙集镇乃至睢宁县，该地区成功实现了从经济脱贫到乡村振兴的转变。

沙集镇东风村通过"无中生有"的方式发展家具产业，不断优化产业结构，经济得以快速发展，成为远近闻名的"明星村"。其发展经验被总结为"沙集模式"，即农户自发利用市场化的电子商务交易平台成为网商，直接与市场对接；网销模式如同细胞裂变般复制扩张，带动制造及其他配套产业的蓬勃发展，各种市场元素不断涌入，形成了以公司为主体、多物种并存共生的新商业生态。这个新生态又进一步激发了农户网商的创新能力，促进了农户本身的全面发展，形成了"农户＋网络＋公司"相互作用、协同发展的格局，推动了农村经济的蓬勃发展。

"沙集模式"助力睢宁县加快实施乡村振兴战略，聚焦农业农村现代化总目标。睢宁县转变农业发展方式，创新生产经营体系，探索构建了"1 个县级农业公司＋18 个镇级农业公司＋400 个村级集体合作社＋1 万名新型职业农民"的"11841"新型农业生产经营体系，走出了一条符合发展实际、具有睢宁特色的现代农业高质量发展之路。在"11841"经营体系的引领下，睢宁县盘活了农业农村产业经营体系、农业生产、储藏、运输以及农业科技引入等多个体系，实现了信息化带动新型工业化、城镇化和农业现代化的"四化"同步发展，形成了乡村全面振兴的农村电商发展"睢宁经验"。在《睢宁经验报告》中，"睢宁经验"的核心被归纳为"三力三生促振兴、产城人文谱新章"，即网络科技创新的市场驱动力、睢宁新农人持续的创造力和政府强有力的领导力。这三大力量汇聚成坚强的支撑，促进了生产、生活和生态的全面发展。

从"沙集模式"到"睢宁经验"，睢宁县用了 12 年的时间，将电商振兴乡村之路推向一个新的高度。

（资料来源：彭辉，刘敏.农业电子商务发展的睢宁经验[J].江苏农村经济，2021(07):40－41.）

农村电子商务旨在服务农户，实现农业生产资源向全社会的有效供给，促进农村与城市商品流通的融合，进而推动乡村振兴。

农村电子商务更多地聚焦于农村经济集约化的发展需求。不论是县、乡、村的管理者，还是产业园区的电子商务规划者，新农人在做电子商务规划时，均尤为重视信息融合下的商业模式与商务模式的创新。每个组织（企业）都有其核心的商业模式，并会选择一种商业模式来开展经营活动。

5.1 商业模式

商业模式作为管理学的重要研究领域，备受 MBA(Master of Business Administration,工商管理硕士学位)和 EMBA(Executive Master of Business Administration,高级管理人员工商

管理硕士)等主流商业管理课程的关注。

商业模式是一种概念性工具,它包含了一系列要素及其相互关系,用以阐述特定实体在商业逻辑中的运作方式,如企业与用户、供应商、其他合作伙伴(即市场营销环境中的各主体)之间的关系,特别是彼此间的物流、信息流和资金流。企业的商业模式与其商务模式相互关联、相互影响。

商业模式是商业计划的核心组成部分,而商业计划则是对企业商业模式的书面表达。电子商务的商业模式旨在充分利用互联网的特性,以确保企业的运营效率和可持续发展。

5.1.1 商业模式要素

参照传统企业的商业模式,涉农电商企业或产业园区在农村电子商务领域成功的商业模式通常包含以下八个要素:价值创造、盈利模式、市场机会、竞争环境、竞争优势、营销战略、组织发展和管理队伍。其中,价值创造和盈利模式是企业运营最为关键的内容,也是最容易受到关注的方面,而其他要素在评估企业商业模式和商业计划,以及解释特定企业运营成败的原因时,同样具有不可忽视的重要性。

一般商业模式的基本组成要素如表 5-1 所示。

表 5-1 一般商业模式的基本组成要素

商业模式要素	关键问题
价值体现	企业的产品或服务对消费者有什么价值
盈利模式	如何获得利润
市场机会	目标市场是什么,市场容量有多大
竞争环境	目标市场的竞争性企业经营和管理情况
竞争优势	进入目标市场的特点、优势
营销战略	对产品和服务的销售计划
组织发展	实现商业计划的相应组织结构
管理团队	企业领导者的经历和背景

(1)价值体现是企业商业模式的核心所在。它反映了一个企业的产品或服务如何满足客户的需求。在确定或分析一种产品或服务的价值体现时,我们需要考虑下列内容:首先,客户为何选择与该企业合作,而非其他同类企业;其次,企业能提供多少独特的产品或服务,以避免与其他企业同质化竞争;再次,从消费者的角度看,产品或服务的价值主要体现在个性化供给、产品搜寻成本的缩减、价格发现成本的降低以及购买的便利性等方面。作为运营农村电子商务平台的企业,其价值体现在能否充分满足涉农企业的既定要求;而作为涉农企业,其所提供的产品是否具备合理的价格,其渠道和产品是否贴合消费者的需求,以及能否通过农村电子商务平台达成既定目标。

(2)盈利模式描述了企业如何获取收入、创造利润及实现投资回报,它是企业实现可持续运营发展的关键要素。对电子商务企业而言,盈利模式主要有广告服务费、增值信息服务费、交易佣金等;对产业园区或涉农企业而言,盈利模式则可能涵盖扩大涉农商品交易的收益,或通过发展观光农业等产业多元化开发而获得的收益。

(3)市场机会指的是企业所预期的市场及其在该市场中可能获得的财务收益机会。市场机会通常被细分为更小的利基市场,即细分市场的利润基本点。实际的市场机会是由企业希望参与的每一个市场细分的收入潜力决定的。产业的目标市场处于不同的生命周期阶段,其市场机会也各不相同。一些产业在初期可能拥有较好的市场机会,但也可能因新产业初期产品推广难度大、制度不健全或产业不规范而导致市场机会匮乏。

(4)竞争环境指的是本网站提供的服务或本企业生产的产品与其他企业在同一市场空间中经营和销售同类服务或产品的状况。企业的竞争环境表现在竞争对手的规模、活跃程度,以及每个竞争对手的市场份额、盈利状况、定价策略等方面。此外,在农村电子商务中,竞争环境还需考虑其提供服务或产品的技术应用下计算机环境、网络环境以及合作伙伴和上下游企业的运营情况。

(5)竞争优势是当企业比其他竞争对手生产出更好的产品,或向市场推出更低价的产品时,它所获得的竞争能力。企业的竞争优势来自它能通过某种独特的方式获得竞争对手无法获得的生产要素,该方式可以是获取独特的供应商资源、优化物流体系、采用便捷的支付方式等客观条件,也可以是拥有丰富的人力资源、获得产品专利保护等企业软环境层面的优势。

(6)营销战略是由企业如何进入一个新市场、如何吸引新客户的具体举措构成的营销计划。营销战略渗透在企业将产品或服务推销给其潜在客户所做的每一件事情中。销售前的营销是解决产品或服务供给双方的信息不对称问题,挖掘潜在的消费者;销售中的营销是提高消费者的满意度和忠诚度;销售后的营销是挖掘消费者的社会关系网络,以实现商品营销的拓展。

(7)组织发展描述了企业如何组织并完成所需工作,以实现企业目标。一般而言,企业可以被划分为各个职能部门,这些职能部门的业务范围相对明确,同时又相互协作,共同实现良好的组织发展规划,即从企业内部优化管理,实现组织的高效率运营。

(8)管理团队是企业中负责各类商业模式运作的核心员工群体。管理团队的主要职责是迅速赢得外界投资者的信任,准确捕捉市场信息,制定并执行企业发展战略等。

商业模式的要素除了上述基本要素外,根据实际需要还可以将这些要素概括为六要素:战略定位、业务系统、关键资源能力、盈利模式、现金流结构、企业价值及其相互关系;或根据实际需要扩充其他要素,如成本管理、客户关系管理等内容。

5.1.2 商业模式演变

随着我国经济的持续高速发展,为了适应瞬息万变的市场环境并实现可持续运营,企业会不断根据外界环境的变化调整其商业模式等关键内容,从而推动商业模式的不断演变。以"天天洗衣店"为例,该店从最初的出租车业务转型为"天天洗衣店"。此后,随着市场环境的变化,该公司经历了从门店洗衣到前店后厂的转变,从单一的洗衣服务横向拓展到洗化用品的生产领域,甚至通过企业精细化管理提供物流服务。在此过程中,无论企业是主动适应环境变化进行创新,还是为了实现可持续经营而被动地发展,其商业模式的演变总是始于一个或多个要素的变化,进而引发所有要素的系统性变革,最终实现商业模式的升级。

SWOT 分析法(SWOT analysis)是分析企业商业模式演变的一种重要工具,该方法由美国旧金山大学的管理学教授韦里克于 20 世纪 80 年代初提出,如图 5-1 所示。

SWOT 分析法是企业用来确定自身竞争优势、劣势以及外部市场机会和威胁的一种科学方法,旨在将商业决策与企业内部资源和外部环境有机地结合起来。企业在经营过程中,由于内部和外部环境的不断变化,其中的 S(strength,优势)、W(weakness,劣势)、O(opportunity,机会)和 T(threat,威胁)四个方面都在变化,因此,企业需要不断调整其 SO(优势-机会)、WO(劣势-机会)、ST(优势-威胁)和 WT(劣势-威胁)策略组合,以适应这些变化,并推动其商业模式的变化与发展。

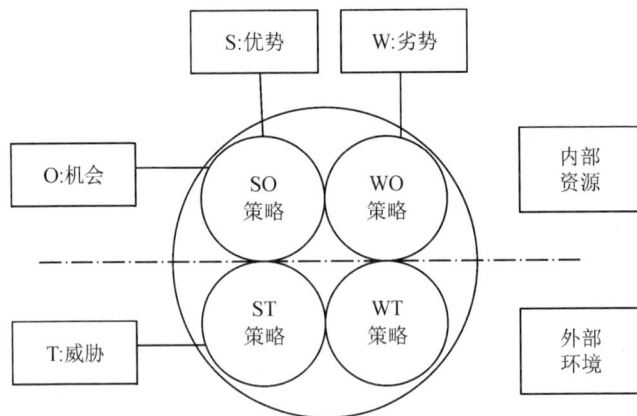

图 5-1 SWOT 分析法

5.1.3 农村电子商务的商业模式

我国地域辽阔,农村经济特征具有显著的差异。不同的农村电子商务参与者,根据其企业内外部环境以及在农村电子商务中扮演的角色不同,所拥有的生产要素各异,因此其商业模式也各不相同。

(1)农村电子商务平台的商业模式。农村电子商务平台在农业生产方面的价值主要体现在实现农产品或服务的上行和下行。由于农业生产周期长、生鲜农产品保质期短、农户分散且信息素养相对较低,农村电子商务平台对技术水平和信息处理能力的要求较高,平台盈利能力相对较低,竞争者也相对较少。因此,农村电子商务平台的运营者需要准确定位用户市场、产品和服务,以实现平台的可持续运营。

(2)产业园区的商业模式。产业园区通过自建电商平台或网上开店参与电子商务活动,其主要商业模式是扩大交易市场,实现农产品的精准营销。同时,产业园区会充分挖掘自身资源,最大化自身利益。一些企业还综合开展观光农业、农产品预售等服务。若产业园区将各类资源分布在不同的第三方电子商务平台,虽然可以借助第三方平台获得消费者流量,但资源整合方面的成本较高。当产业园区达到一定规模时,选择自建电子商务平台运营,全方位提高自身的信息资源整合能力,成为产业园区常用的商业模式。

(3)县、乡、村电子商务平台的商业模式。在城镇化进程中,一些偏远乡村人口稀少,充分利用信息化手段实现农村土地资源流转等综合管理和资源开发,实现农产品销售,从而获取收益,是其主要的商业模式。而对于更多的农村地区,通过平台收集用户经济数据进行产业规划或区域综合治理,提供农产品输出以及涉农服务下乡等服务,均为农村电子商务的主要商业模式。

当然,农村电子商务在实施商业规划的过程中,常围绕运营者的商业目标进行调整。根据用户范围、业务范围以及已有电子商务的实施情况,农村电子商务平台的综合功能可能简单,也可能复杂。单一的农村电子商务经济活动常采用直接在第三方平台注册开店,实施产品销售;而较为复杂的产业园区电子商务平台则可以将产业园区所有的资源采用信息技术进行统一规划、综合管理,集成现代农业技术,实现农产品从生产端到消费端的信息共享。通过云养殖、云种植等技术发展乡村旅游,通过多渠道信息整合实现农业生产的供应链管理,并提供供应链金融服务。至于县、乡、村的农村电子商务,一般村级农村电子商务由于人口少,土地资源和农产品资源有限,电子商务模式相对简单。然而,县、乡级的农村电子商务则涉及企业、产业园区以及初具规模的土地资源和农产品资源,并且还拥有本地内部市场推动农产品资源和服务的交易。因此,虽然全方位实现综合管理的农村电子商务在县、乡级层面较为困难,但资源的整合和数据的集聚更有利于相应的县、乡级政府实现地区治理,落实国家各项涉农的宏观经济政策。

5.2 电子商务模式

20 世纪中期,计算机作为一种辅助的信息管理工具被广泛应用于各领域,信息管理系统成为计算机领域中常用的软件之一。随着计算机、网络技术的不断发展,人们开始挖掘计算机信息服务的商业价值。在此背景下,众多互联网公司应运而生,通过提供各类信息服务获取收益。其中,一些致力于商品交易的电子商务交易平台也相继投入运营。由于同一书籍在质量上并无明显差异,亚马逊作为较早的电子商务平台于 1995 年投入运营;为了消除商品交易信息的不对称性,eBay 于 1995 年投入运行,它专注于为用户提供丰富的商品竞价信息,以促成商品拍卖。

20 世纪末,由于国外在长期使用信用卡的过程中初步建立了信用体系,而我国则主要采用借记卡支付,在我国信用体系尚不完善的情况下,难以实现电子商务环境下的"一手交钱,一手交货"的商品交易模式。我国最早的电子商务平台 8848 网站将电子商务服务的目标用户市场定位在 B2C 零售商品交易市场,通过企业信用来支撑电子商务环境下的商品交易,实现了"先交钱,再交货"的模式。而且,与 B2B 的商品交易相比,8848 网站的潜在用户群体更为庞大。

21 世纪初,阿里巴巴根据电子商务发展的形势,从参与主体的角度将电子商务市场划分为 B2B、B2C 和 C2C 交易平台,并对 C2C 的商品交易提供担保服务,给出"你敢买,我敢赔"的交易承诺。2003 年,在全球遭受严重急性呼吸综合征(severe acute respiratory syndrome, SARS)影响的情况下,C2C 交易迅速发展,电子商务被人们广泛接受。由此,B2B、B2C 和 C2C 作为较早的电子商务模式被广泛认可,并成为早期主流的电子商务模式。随着电子商务环境的日益成熟,电子商务模式也在逐步演变,出现了 B2G、O2O 以及移动电子商务模式在内的多种新型电子商务模式。

在国家政策的引领下,以移动电子商务为主的农村电子商务迅速得到了发展。农村中呈现出以产品流通方向为特色的上行电子商务模式、下行电子商务模式和本地电子商务模式。其中,上行电子商务是推动农村经济发展、实现乡村振兴的主要模式;下行电子商务主要满足农村、农业和农户在生产、生活中的需求;本地电子商务模式仍是农户主要采用的电子商务模式,它通过商品交易让农户的生活更加便捷。

5.2.1 传统的电子商务模式

深圳市三六〇智慧生活科技有限公司(简称 360 公司)认为,商业模式主要包括产品模式、用户模式、推广模式和盈利模式。产品模式关注的是创业者能提供何种产品(含服务),这些产品能为用户创造何种价值、解决了哪一类用户的何种问题,以及能否将高价产品变得便宜或免费、能否把复杂的产品变得简单等。用户模式则强调创业者必须找到对创业者的产品需求最为强烈的目标用户群体。例如,UC 手机浏览器作为早期的 WAP 浏览器,主要针对当时使用手机上网网速慢、资费高的问题,其目标用户群体是使用手机 WAP 上网的用户。推广模式涉及创业者通过何种方式有效触达自己的目标用户群,以解决目标用户市场信息不对称的问题。

盈利模式则是在积累了大量用户后,考虑如何将其转化为实际收入。企业在发展过程中,通常会根据内部和外部环境的变化来调整其盈利模式。

传统的电子商务模式,依据商业模式中的用户模式,根据商品交易双方是企业还是个人,被划分为 B2B、B2C 和 C2C 三种模式。在电子商务发展初期,人们普遍认为 C2B 的商品交易模式并不存在。

1. B2B 电子商务模式

B2B 是企业对企业或商家对商家的电子商务模式,是指企业与企业之间通过互联网或私有网络等现代信息技术手段,以电子化方式开展的商务活动。在 B2B 模式下,电子商务交易的供需双方均为商家,它们利用互联网技术或各种网络商务平台,完成商务交易活动中的供求信息发布、商务洽谈、订货及确认、合同签订、货款支付、票据的签发与传送接收、货物的配送及监控等全部或部分流程。

B2B 主要针对企业内部及企业与上下游供应链厂商之间的信息整合,并在互联网上进行企业间的交易。通过构建企业内部网络和企业外部网络,链接产业的上、中、下游厂商,实现供应链的整合。因此,B2B 的商业模式不仅能降低企业内部信息传递的成本,还能加速企业间的交易流程,减少耗损。

B2B 的基本模式分为垂直模式、水平模式和关联模式。

(1)垂直模式是指面向制造业或商业的垂直 B2B。该模式可以分为企业上游和企业下游两个方向。生产商或零售商可与上游供应商形成供货关系,如戴尔公司与上游芯片和主板制造商的合作;同时,生产商可与下游经销商形成销货关系,如思科系统公司与其分销商的交易。一般而言,垂直模式由行业龙头企业自建,基于自身的信息化建设,搭建以自身产品为主的整条产业链平台,供应链上下游企业通过该平台实现信息传递和交易。以该模式下的供应链为核心的行业化电子商务平台及行业龙头企业,通过自身的电子商务平台,串联供应链上的企业,促进商业交易。

(2)水平模式是指面向中间市场的 B2B 模式。在此模式下,各行业相近的交易过程被集中到一起,为采购方和供应方提供交易机会。这类网站既不拥有产品,也不经营商品,仅提供一个平台,将销售商和采购商在网上汇集在一起,采购商可在平台上查询销售商及商品信息。

(3)关联模式是指为了提升电子商务交易平台信息的广泛性和准确性,整合水平 B2B 模式和垂直 B2B 模式而建立的跨行业电子商务平台。

根据 B2B 交易平台的构建主体不同,B2B 可分为基于企业自有网站的 B2B 和基于第三方中介网站的 B2B。为强化自身在行业或相关行业的重要性,垂直模式、水平模式或关联模式下的企业多采用基于企业自有网站的 B2B;而为了获得更多用户流量,企业则多采用第三方中介网站的 B2B。此外,根据贸易类型的不同,B2B 又可分为内贸型电子商务和外贸型电子商务。内贸型 B2B 主要服务于国内供应者与采购者之间的交易。外贸型 B2B 也称跨境 B2B,主要服务于国内与国外供应者与采购者之间的交易。相较于内贸型 B2B 市场,外贸型 B2B 市场需考虑语言文化、法律法规、关税汇率等多方面因素,其电子商务活动流程更复杂,专业性更强。

B2B 有以下特点:

(1)交易规模大、金额大,主要面向批发市场。

(2)涉及对象较为复杂,商品交易操作要求规范。

(3)涉及多个部门和不同层次的人员,交易过程复杂且控制严格。

（4）交易商品种类广泛，交易对象多样。B2B 仅作为交易平台，汇聚交易双方以促成交易。

尽管 B2B 模式被视为企业从事电子商务的最理想交易模式，但相较于 B2C 和 C2C 模式，B2B 电子商务模式的发展相对缓慢。阿里巴巴虽在 2002 年同时推出了三种电子商务模式的平台，但直到 2010 年，B2B 模式仍主要用于询价等信息共享，较少有企业通过平台直接完成的交易。

2. B2C 电子商务模式

B2C 是以互联网为主要手段，由商家或企业通过网站直接向消费者提供商品和服务的一种商务模式。目前，B2C 主要以直接面向客户开展网络零售业务为主，借助于 Internet 开展各类商务活动、交易活动、金融活动和综合服务活动，是消费者利用互联网直接参与经济活动的一种形式。

B2C 模式是我国最早产生的电子商务模式之一，以 8848 网上商城正式运营为标志。同 B2B 模式一样，B2C 模式也有垂直型和综合型两种。垂直型 B2C 平台主要以专业化品牌经营为目标，致力于在垂直细分领域打造自身特色，形成品牌效应。在产品的划分上，垂直型 B2C 具有单一特性，有助于产品和服务的细分。此外，垂直型 B2C 的物流管理更加高效、便捷，能够满足消费者对快捷服务的要求。早期的凡客诚品、Dear book 等平台均为垂直型 B2C 网站。综合型 B2C 模式则支持丰富的产品或服务种类，旨在满足用户的多样化需求，提升用户的满意度和忠诚度。一些企业在早期经营中采用垂直型 B2C 模式，但随着平台商业模式的转变，也逐渐转向了综合型 B2C 电子商务模式，如京东购物平台。

B2C 模式是当前电子商务领域应用最普遍、发展最快、最灵活的一种经营方式。其特点包括：

（1）用户群体庞大，能够充分发挥信息技术的优势。

（2）交易量大，但单次交易金额相对较小。

（3）主体范围广泛，覆盖地域大，交易双方的自由度均较高。

（4）对配送要求严格且具体，需要物流体系的有力支持。

（5）面向终端消费市场，其交易数据作为零售市场的反映，在很大程度上体现了我国的消费水平。

3. C2C 电子商务模式

C2C 是指买卖双方均为消费者的电子商务模式。C2C 平台通过为买卖双方提供交易平台，使卖方能够主动将商品在网上拍卖，而买方则可以自行选择商品进行竞价购买。C2C 模式在我国以 1999 年易趣网的成立为标志性事件，此外，还有淘宝网、拍拍网等知名平台。

C2C 的运作模式主要分为三类：C2C 网上拍卖、C2C 第三方交易平台和分类广告。

（1）以 eBay 为案例的 C2C 网上拍卖模式。该模式的主要运作机制是由第三方为买卖双方搭建网上拍卖平台，让商品所有者或某些权益所有人在该平台上独立开展以竞价、议价为主的在线交易。平台会按比例收取交易费用，但本身并不参与买卖过程，从而避免了烦琐的采购、销售和物流业务，仅通过网络提供信息传递服务。

（2）以淘宝网为案例的 C2C 第三方交易平台模式。该模式是由独立的第三方搭建的 C2C 平台，卖家在交易平台上开设店铺，买家则以"一口价"或竞价的方式参与商品交易。平台主要向卖家提供商品交易服务、支付服务、必要的配送服务以及售后保证，同时能为商家带来较高的客户流量、网店推广机会以及商品经营的信息和决策支持。平台通常以会员制的方式向卖家收取费用,这类平台也常被称为网上商城。

(3)以雅虎的分类广告模式为例,人们每天可以通过分类广告与他人进行交易,一些网站还提供搜索引擎以帮助用户缩小搜索范围。

C2C 中常用的拍卖模式主要有两类:荷兰式拍卖和英式拍卖。

(1)荷兰式拍卖,亦称减价式拍卖,该模式起源于荷兰的鲜花市场,适用于商品数量多且有一定保质期的场景。拍卖时,竞价由高到低依次递减,直到第一个竞买人应价(达到或超过底价)时成交。减价式拍卖通常从非常高的价格开始,当价格较高时无人竞价,则按事先确定的降价阶梯由高到低递减,直到有竞买人愿意接受为止。如有两个或两个以上竞买人同时应价,则转入增价拍卖形式,价高者得,成交价格以最高出价金额为准。荷兰式拍卖交易速度较快。

(2)英式拍卖是一种增价拍卖,在拍卖过程中,竞价按照竞价阶梯由低至高依次递增,直至拍卖截止时间,出价最高者成为竞买的赢家(即竞买人变成买受人)。拍卖前,卖家可设定保留价,当最高竞价低于保留价时,卖家有权不出售此拍卖品。英式拍卖的速度相对较慢。

5.2.2 新型电子商务模式

随着信息技术和我国经济的持续发展,一些新的电子商务模式逐渐涌现。

1. C2B 电子商务模式

C2B 模式是根据电子商务参与主体进一步细分出来的,是一种从消费者到企业的电子商务模式。C2B 模式与 B2C 的反向电子商务模式不同,狭义上指通过聚合众多分散但数量庞大的用户,形成一个强大的采购集团,向商家进行集中采购的行为,也称反向定制或聚合定制。广义上,C2B 是由消费者发起需求,企业快速响应的商业模式。C2B 的核心在于消费者角色的转变,消费者由传统工业时代的被动响应者转变为真正的决策者。在信息服务领域,乡村旅游中常用的拼团旅游便属于 C2B 模式,它由有意向的消费者自发组团,通过网络向商家提出团购需求(即反向定制)。

2. O2O 电子商务模式

O2O 是以商务活动开展的形式进行分类的,它实现了现实世界的传统零售企业与虚拟世界的互联网企业之间的线上线下互动。在 O2O 电子商务模式下,互联网技术赋能传统零售业,推动了"互联网+"或"+互联网"的发展,也使电子商务的定位从远程电子商务扩展到所有地域范围内的电子商务。

O2O 模式下,商品交易双方在线上达成交易,在线下体验或提货,这是一种新零售方式。该模式下既有 B2B 模式的电子商务活动,也有 B2C 模式或 C2C 模式的电子商务活动。

移动互联网加速了对用户生活的渗透,而 O2O 模式很好地结合了线上信息资源与线下实体资源。以用户生活为核心,关注用户细分需求,移动 O2O 生活服务取得了较大发展,如农村电子商务在发展"农超对接"过程中提供农产品自提服务。其实施过程是产业园区在超市设置提货点,用户需提前一天下订单,当农产品批量运输到超市的提货点后,消费者再到超市提货。

3. B2B2C 模式和 B2C2C 模式

B2B2C(business to business to customer,企业、交易平台和消费者电子商务)模式和 B2C2C(business to channel to customers,企业、渠道和消费者电子商务)模式是从电子商务流通环节进行的分类。在 B2B2C 模式中,第一个 B 是指商品(成品、半成品、材料供应商等)或服务的供应商;第二个 B 是指交易平台,即从事电子商务服务的企业;C 即消费者。在这一模式下,卖方不仅包括企业,同时包括个人,他们是逻辑买卖关系中的卖方。平台是一个能够为买卖双方提供附加值服务的机构,具备客户管理、信息反馈、数据库管理、决策支持等功能。同样,B2C2C 模式综合了 B2C、C2C 平台的优势,既能保证商品质量,又能充分利用个人的影响力,实现消费者与商户的双赢,为商户提供了一个庞大且费用低廉的分销渠道,帮助商家建立品牌影响力,解决了传统网店店主需要进货、拍摄、宣传、推广、发货、售后等一系列难题。店主只需专注销售,充分利用消费者和人际圈的力量,通过口碑效应打造商家品牌。消费者通过分享、消费来赚钱,商户只需极小的支出便能取得良好的效果。

4.移动电子商务模式

移动电子商务模式是从电子商务的交易渠道进行分类的,它区别于传统以电脑作为客户端进行商品交易的电子商务模式。

根据移动电子商务的运作方式,移动电子商务主要有:

(1)内容提供商主导的电子商务模式,其商业原型是交通新闻提供商、股票信息提供商等类型的企业,这类企业直接向用户提供信息,或跨界到金融业从事金融服务。

(2)移动运营商主导模式,该模式可以提供个性化和本地化的服务。目前市场上大部分的移动商务应用均采取移动运营商主导模式,所不同的是,不同的应用中移动运营商在价值链中参与的程度有所不同。

(3)服务提供商向用户提供服务的方式主要有直接提供、通过移动门户、通过其他企业的 WAP 网关、通过移动运营商四种,向用户提供的内容来自内容提供商。

(4)移动门户模式。该模式是根据用户的移动特性设计的一条最佳沟通渠道,它是移动网络内容和服务的接入点,通过签约用户,为网上交易、通信、信息内容等服务提供一个实现环境。

5.社交电子商务模式

社交电子商务模式是对电子商务信息传播方式进行的分类,它区别于传统以搜索引擎、网站交换等多种信息推广方式的电子商务。该模式重视社交关系网络的建设,并将电子商务的开展建立在社交工具上,依靠"熟人关系"和"口碑营销"进行电子商务活动。

社交电子商务根据其使用平台可分为微博电商和微信电商。微博电商主要是通过日志方式建立的社交网络来开展电子商务。微信电商有三种形式:一是通过开设微店实施电子商务;二是通过抖音直播共享微信用户数据;三是通过拼多多平台,共享微信用户数据或临时拼团实施电子商务。

随着移动技术的发展,4G 或 5G 网络对数字媒体的影响日益显著,直播电商和微视频电商成为微信电商的重要组成部分,一些电商平台致力于直播电商和微视频电商,如抖音、快手等,丰富了社交电子商务的内容。

5.2.3　农村电子商务模式

在电子商务向农村经济渗透的过程中,农村电子商务呈现多种形态,由点到面,逐步发展。

1. 根据农村电子商务服务的对象和内容,农村电子商务的模式可分为农村电子商务、农业电子商务和农产品电子商务

(1)农村电子商务是农村电子商务平台配合密集的乡村连锁网点,运用技术手段,构筑紧

凑而有序的商业联合体,以降低农村商业成本,扩大农村商业领域,使农户成为平台的最大获利者,同时使商家获得新的利润增长点。

(2)农业电子商务是电子商务在农业生产、农业信息交流、农产品贸易、流通和营销等方面的应用,其目标是通过农业产业链,从产业的角度去实现农产品低成本、高效率的生产和交易。

(3)农产品电子商务是指以农产品生产为中心的一系列电子化交易活动,包括农产品生产管理、农产品网络营销、电子支付、物流管理及客户关系管理等内容。

在现代信息技术下,信息的聚集使农村和农业信息服务得以整合,将农产品信息服务向两端延伸,发展农业电子商务,并将农产品电子商务作为农业电子商务的重要内容。通过农产品电子商务和农业电子商务的融合,实现信息共享,用于农村综合治理,进一步丰富并发展农村电子商务。

2. 根据农村电子商务的物品流动方向和距离,农村电子商务分为上行电子商务、下行电子商务和本地电子商务三类

(1)上行电子商务主要是农产品、服务向城市输入的电子商务。农业电子商务和农产品电子商务多采用上行电子商务,通过共享农业和农村信息,将农产品从田间销往各地。

(2)下行电子商务主要是农户必需的生活用品及服务、农业生产等必需的生产资料通过电子商务渠道从城市向农村地区输送的过程。

(3)本地电子商务是对于具有内部市场的县、乡、村,通过部分或全部的电子商务渠道开展电子商务活动,形成区域经济内循环。本地电子商务也是根据电子商务信用范围分类的结果,它区别于国内其他远距离电子商务和跨境电子商务。产品或服务在本地进行交易,满足本地人民日常的生产和生活需要,但从商品流动方向来看,本地电子商务在地方经济发展中的贡献与进出县域的上行或下行电子商务相比具有明显差异。

上行电子商务主要服务于发展农村经济,实现乡村振兴;下行电子商务则服务于农村必要生活资源的供给,发展乡村旅游,以及建设美丽乡村,让农户拥有更多幸福感;而本地电子商务则运用电子商务手段,实现农村区域范围内的高效资源配送。

3. 根据农村电子商务的经济发展模式,农村电子商务分为"一县一品"生态经济模式、集散地生态经济模式和产业链生态经济模式

(1)"一县一品"生态经济模式是以某一品类农村特色产品或品牌为起点,以县区企业、政府、社会组织或区域的带头人为宣传载体,多维度、系统化地线上线下塑造本地品牌。该经济模式以"一县一品"为切入点,树立农村品牌,发展农村电子商务,从而通过"一县一品"生态经济助力当地经济发展,借助电子商务将当地的特色产品推向全国乃至全球。

(2)集散地生态经济模式是利用区位和交通便利的优势发展物流产业,通过物流发货的高性价比,吸引大批有实力的企业聚集于此发展电子商务产业,从而形成"集散地模式",带动当地电子商务及区域经济的快速发展。此模式的主要特征包括独特的区位优势、发达的仓储物流和完善的电子商务体系,拥有能够较好整合当地资源的外在环境。

(3)产业链生态经济模式又称为跨域整合某一品类生态经济模式,是以某一品类的产品为切入点,所有与该产品有关的县(区)共同参与,制定产品分类标准,建立货源体系(农产品类)和服务标准(服务类),按照统一的标准进行产品加工,统一进行品牌宣传,打通该产品产前、产中、产后全产业链(生产、种植、加工、质检、追溯、仓储、物流、销售、售后等)。

5.2.4 其他农村电子商务模式

由于农村经济的差异性,农村电子商务具有以县域经济为特点的电子商务形态,形成了一些稳定的电子商务模式。以地域为特征的农村电子商务模式主要有以下三种:浙江遂昌模式、四川通江模式和甘肃成县模式。

1.浙江遂昌模式

2012 年,浙江省遂昌县电子商务交易额达到 1.5 亿元。2014 年,"赶街"项目启动,全面激活了农村电子商务。遂昌县初步形成了以农特产品为特色、多品类协同发展、城乡互动的县域电子商务"遂昌现象"。

"遂昌现象"逐渐发展,后升级为"遂昌模式",即以本地化电子商务综合服务商为驱动,带动县域电子商务生态发展,促进地方传统产业特别是农产品加工业与"电子商务综合服务商+网商+传统产业"的相互作用,形成信息时代的县域经济发展道路。

随后,遂昌"赶街"项目的推出,打通了信息化在农村的"最后一公里",让农村享受到了与城市一样的服务,实现了城乡一体化发展。

遂昌模式的特点在于多产品协同上线以打通产业环节,依靠政府政策扶持,借助阿里巴巴的战略合作,依靠服务商与平台、网商、传统产业、政府的有效互动,构建新型的电子商务生态环境。

2.四川通江县模式

四川省通江县,作为秦巴连片贫困地区的核心区域,截至 2018 年底,仍有一些贫困村,涉及贫困人口两万余人。党中央、国务院关于实施新一轮东西部扶贫协作的战略部署实施后,2017 年底,浙江省丽水市遂昌县与四川省巴中市通江县建立结对帮扶关系。

通江县以农村电子商务为突破口和重点,致力于打通农产品产业链。具体措施包括:以某一品类的产品(如银耳、木耳等农产品)为切入点,组织所有与该产品相关的生产、加工、销售者共同参与,制定产品分类标准、建立溯源体系(一户一码)和服务标准,按照统一标准进行产品生产加工,统一进行品牌宣传,从而打通该产品的全产业链(包括种植、生产、加工、质检、追溯、仓储、物流、销售和售后等环节)。

通江县的农村电子商务模式可概括为"新农人+市场化+全链条"的电商扶贫模式。其中,新农人指年龄和文化程度上具有优势,具备新理念、新思维,熟悉新工具、新方法,适应新合作社等组织方式的农业从业人员。他们是农村电子商务和乡村振兴发展的重要人才。市场化方面,通江县通过东西部扶贫协作,引进知名电商运营公司,推动电商扶贫,解决市场失灵、机制不畅等问题。具体举措包括县长代言涉农产品,如"青峪扶贫猪""巴山战斗鸡"和"铁佛洋姜"等;打造县、乡、村三级服务体系,实现"服务下乡"和"村货进城"的双向流通;通过市场化定价销售"空山脆土豆",获得更高的市场价格和更多的产品销售量。同时,创建通江"一廊桥五中心"璧州创谷,作为集创业、服务、电商、社交四大核心功能于一体的标杆性专业园区,突出"创业+服务+电商+社交+农文旅融合"的聚合发展模式,并建立进入、培育、运营、退出等一系列市场化运行机制。全链条打通产、供、销等各个环节,实现产业独立、集约化发展,使产业规模不断扩大,结构不断优化,价值不断增强,推动一、二、三产业融合。具体管理措施包括:建设户码系统,实现贫困户数据全链条管理;产品溯源与物流整合,打通市场渠道全链条;倒逼产业链整合,实现全链条融合发展。[①]

3.甘肃成县模式

甘肃省成县县委书记在当地核桃上市前,通过个人微博大力宣传成县核桃,内容涵盖核桃的相关知识、食用方法、园区展示等。直播技术出现后,人们更是利用直播平台进行各类直播活动。在县委书记的带动下,全县干部纷纷开设微博销售核桃,并成立电商协会,发挥团体力量销售核桃。电子商务实施后,核桃产品经过加工和深加工,成为一年四季均可供应的产品。通过核桃产业链的构建,带动了其他农产品的销售。

甘肃成县模式的特点在于将电子商务作为县级政府"一把手"工程,由政府主导电商开局;集中力量打造一个产品,由点到面;集中全县人力物力,全力突破。

5.3　电子商务下行

电子商务下行与电子商务上行是根据农村电子商务中产品流动方向划分的两种电子商务模式。随着我国经济的发展、人口流动和农村城镇化的推进,电子商务下行得到快速发展。电子商务下行主要应对农村地区市场不成熟、服务和工业品资源不足的挑战。与电子商务上行相比,电子商务下行更容易操作、更易实现。

农业生产、生活用品的下行是早期农村电子商务的重要内容之一,旨在让全民共享信息化成果,体现了国家对城乡关系的全局考量。随着家电、农业机械等工业产品下乡,服务下乡也已成为农村电子商务下行的重要内容。近年来,"信息鸿沟"加剧了农村"空心化"问题,农村电子商务尝试利用互联网和商业文明将农村和城市连为一体,通过电子商务下行为农村搭建良好的生活平台,通过引进信息、技术,注入服务、资金,吸引人才返乡创业,促进生产要素向乡村回流。同时,信息技术赋能农村,将增强农户在信息时代的竞争力,并推动乡村治理的升级。

目前,电子商务下行面临的主要问题是物流"最后一公里"难题。针对这一问题,现有物流体系一是通过物流联盟或第四方物流降低成本,共享乡镇物流资源;二是充分利用邮政网点,实现物流下乡;三是通过推动电子商务上行,促进电子商务下行。

售后服务缺乏是电子商务下行存在的另一个重要问题。随着电子商务向农村的渗透,农村售后服务不仅存在信息不对称问题,而且由于居住分散,难以提供有效的售后服务。针对这一问题,一是将产品售后交由生产企业负责,加强客户信息管理;二是提高物联网技术在农村重要设备中的应用水平,使设备自动将运行信息反馈给企业,减少信息不对称;三是借助发展农村电子商务上行,建立适合农村经济特征的逆向物流体系,降低农业生产成本。

5.4　电子商务上行

电子商务的发展主要应对农产品出村上行的问题。截至 2021 年,国家已连续 18 年关注

---

① 新农人＋市场化＋全链条 打造电商扶贫通江模式[J].浙江经济,2019(14):22－23。

农村问题,现代农业得到快速发展,一些产业在国家脱贫攻坚和乡村振兴的过程中得到快速发展。农业产业园区、合作社、专业大户以及广大农户拥有大量的农副产品,需要创新农产品销售渠道,扩大农产品市场,实现农业生产从增产向增收的转变。

5.4.1　政府推动的农村电子商务

2015 年,国务院办公厅印发《关于促进农村电子商务加快发展的指导意见》,随后,各级地方政府出台了相关管理办法,通过协会、第三方电子商务平台等多种渠道,推动农村电子商务发展。

(1)政府参与农村电子商务公共设施建设,改善农村电子商务应用环境。受我国"二元经济"结构影响,农村电子商务发展的基础设施普遍不足,表现在信息服务、通信、交通以及支付等环境不成熟,导致农村电子商务难以通过市场方式实现可持续运营。在推动农村电子商务发展的过程中,政府加大对农村公共基础设施建设的投入,改善农村电子商务运行环境,为电子商务企业开展农村电子商务提供必要保障,帮助其正常运营。

(2)政府引导、资助农村电子商务发展,帮助电子商务企业实现可持续经营。政府和市场是资源配置的两种重要方式,农村电子商务最终需在政府的引导下通过市场进行资源配置。由于农村人口分散、农产品季节性强以及涉农企业不发达等因素,农村电子商务企业在发展初期难以维持基本运营。农业是我国的第一产业,是国家的基础。电子商务企业除推动农产品交易外,还可以帮助地方政府落实国家宏观、微观经济政策,或通过电子商务平台数据进一步制定该区域相应的经济政策,实现区域的精准化治理和发展。农村电子商务运营初期,地方政府采用立项等手段,通过一定期限的帮助,推动农村电子商务企业运营。随着农村电子商务的发展,用户流量增多、服务增强以及农产品交易增加,农村电子商务企业在政府的引导下,依靠市场手段实现可持续运营。

(3)政府统一规划,发展农村电子商务。农村电子商务在农产品上行的过程中,尽管主要关注农产品出村问题,但影响农产品销售的因素众多,如农产品生长及产品信息的客观性、农产品品牌及农户或产业园区的口碑等。多类信息的聚集有利于消除生产者与消费者之间的信息不对称问题,农村电子商务下的信息集成如图 5-2 所示。

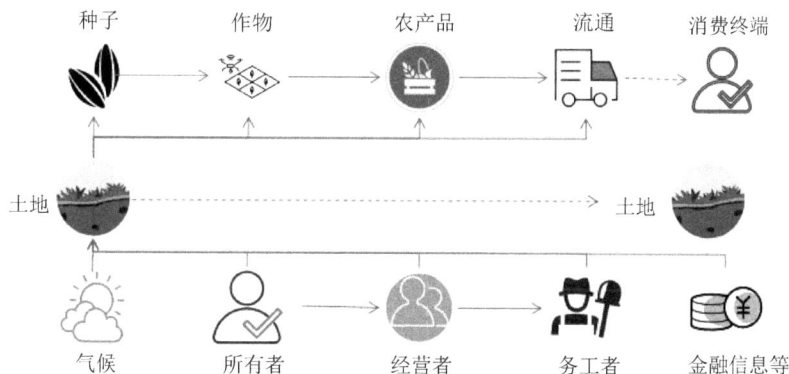

图 5-2　农村电子商务下的信息集成

农村电子商务将农业生产、生活中的一系列信息连接起来,形成各种信息网络,帮助农民进行农产品营销。地方政府充分利用资源整合优势,实现农产品和本地人文地理等信息的一体化销售。将本地资源信息、农户信息和农村金融等信息集成在一起,不仅可以实现农业资源的一体化开发、实现农产品预售,而且还可以通过区块链技术实现农产品溯源,使农产品及相关信息可追溯。

政府在统一规划中,建立适合自身的电子商务框架:县、乡、村信息的扁平化管理和层级式管理各有优势。若县级电子商务规划建立在乡、村电子商务规划之上,则县级电子商务框架仅需向乡、村提供开放的系统接口,就可集中实现县内农副产品的上行;若县级电子商务规划采用对用户的扁平化信息管理方式,则县内农户的产品信息只需乡、村级审核。在政府对电子商务的统一规划下,涉农产品从购买种子到农业生产再到农产品成熟的所有信息及相关保险和信贷信息汇集在一起,在现代农业的支持下实时呈现、交互认证,从而最大限度地消除农产品经营过程中的信息不对称问题。创新农产品销售流程,将农产品的销售提前到产品成熟以前,使一些生鲜农产品拥有更多销售时间;当农产品生产或销售环节出现资金不足问题时,地方银行可通过农产品信息迅速将金融资源主动配置给用户,真正发挥农村金融对农业生产的支撑作用。

政府推动的农村电子商务项目成果显著。重庆市石柱土家族自治县于2015年和2020年两度入围"商务部电子商务进农村示范县"项目,截至2020年底,该县已建成110个电商服务站和207个村级物流点,实现全县85个村的电商服务全覆盖目标。2020年,全县电子商务交易额达到27.3亿元。石柱土家族自治县采用电商三级网点组织结构和三级物流服务网络。在电商三级网点组织结构方面,石柱土家族自治县搭建了一个县级电子商务信息发展公共管理服务网络平台,实现县、镇、村三级网点的统一整合以及网上需求和线下生产的有效对接,为石柱土家族自治县电子商务产业的发展提供了良好的运营环境;在三级物流服务网络结构方面,石柱土家族自治县依托国有(邮政)、集体(供销机构等)、民营(快递)、个体(属民或村民)等物流资源,建立并完善了县、乡、村三级电商多向物流体系,实现了县级电子商务公共服务中心的"电商大脑"作用、乡(镇)电子商务公共服务中心的中转枢纽作用和村级电商服务站的综合代理作用。

5.4.2 银行参与的农村电子商务

银行参与的农村电子商务主要从金融供应链上挖掘企业的上下游客户,促进农业生产、农产品销售的顺利进行。目前,中国农业银行是农村三大主要金融机构之一。相比农村商业银行(农村信用合作社)和中国邮政储蓄银行,中国农业银行服务农村金融的历史较长,且接入中国现代化支付系统(CNAPS)较早,支付环境较成熟。

"农银e管家"是2013年中国农业银行自主研发的,依托自身优势,专为服务乡镇打造的一款"商务+互联网+金融"线上综合服务平台。该平台面向城市和农村两个市场,为供应链上下游商户提供电子商务服务及配套金融服务,是"e-ERP+金融"的综合服务平台,助力中国农业银行推动生产、制造及商贸分销等传统类型企业适应"互联网+"的发展趋势,促使电商转型成功,"农银e管家"的应用场景及模式如图5-3所示。

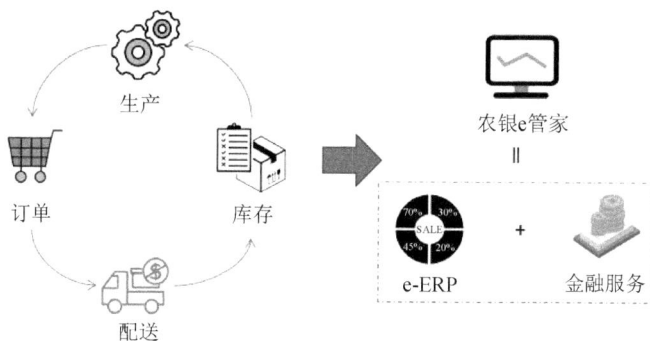

图 5 - 3　"农银 e 管家"的应用场景及模式

　　"农银 e 管家"是中国农业银行为企业提供的电子商务平台,主要面向涉农企业外部市场,负责产品销售管理、支付结算,重点解决企业销售订单和资金回笼分离的问题。面对农业园区订单多、收款渠道零散、对账难等问题,"农银 e 管家"提供多维度的订单查询、订单和收款信息自动匹配、自动对账等服务;面对代理商、县域批发商进销存管理系统成本高、库存管理难、商品销售统计难等问题,"农银 e 管家"提供了订单管理、财务管理、商品库存管理、销售额分类统计等功能;针对小型商超、农家店、惠农通服务点和农户进货渠道单一、成本高、商品种类多、记账易错、竞争激烈、客流量小等问题,"农银 e 管家"提供了采购进货管理、农产品供求撮合、惠农融资理财等功能。

　　"农银 e 管家"有四类运行模式,分别为"互联网＋农产品交易市场"模式、"互联网＋产业链"模式、"互联网＋惠农通"模式和"互联网＋县域流通"模式。

　　(1)"互联网＋农产品交易市场"模式通过"农银 e 管家"将农产品销售从生产地拓展至全国市场,通过对市场进行分析,向商户的上下游企业提供销售、结算、融资、代办等全方位的电商金融服务,发挥以农产品交易市场为核心的辐射效应,建立稳定的农产品交易市场金融生态圈。

　　(2)"互联网＋产业链"模式通过平台与知名农产品生产企业合作,邀请知名企业入驻,由知名企业带动中小型企业入驻平台,打开市场。同时,由中国农业银行电子商务平台提供在源头进行管理、交易、融资等一系列解决方案,全面切入涉农产业链的生产和流通环节,实现客户服务由单点式到产业链式的升级。

　　(3)"互联网＋县域流通"模式,即利用"电子商务进农村示范县"政策,发挥中国农业银行贴近县域、贴近农村的优势,开拓乡镇市场,发展基层企业入驻平台,打通商品和经济的双向通道,服务乡镇和农村,使基层群众生活更加便利。

　　(4)"互联网＋惠农通"模式,即通过对接"农银 e 管家",以服务农村、发展乡镇经济为根本,依托中国农业银行在基层农村的影响力,为农户量身打造个性化的农村金融服务平台,提供便民存取款网点、便民贷款网点、电子商务平台咨询等服务。

5.4.3　移动运营商主导的农村电子商务

　　相比城市电子商务,农村电子商务面临的各种现实问题更为突出:农村电子商务市场潜力大,但对软、硬件和信息网络以及电子商务交易流程的要求更高。依赖现有的资源条件发展电子商务、节约成本、实现全方位信息共享是农村电子商务的首要选择。

无论是网络、手机持有量,还是信息系统的可操作性,都使移动电子商务成为农村电子商务的主要渠道。三大移动运营商除了提供数据通道服务外,其营业网点覆盖了我国所有的乡镇。相比在城市市场的地位,三大电信运营商的网点同样覆盖了我国所有的乡镇,尤其是中国移动,其线下网点遍布全国几乎所有乡村。这使得三大运营商不仅可以通过各级网点构建农村物流体系,发展 O2O 模式,而且还可以依靠自己的网络拥有大量用户,助力农村电子商务的发展。

移动运营商通过提供农产品电子商务平台,助力农产品的上行。此外,结合农户上网习惯和流量分析,为农户提供信息服务和商务决策支持。中国电信作为三大运营商之一,主要提供以下两个方面的服务。

(1)电信运营商的广大农村用户都可以被视作其会员资源,电信运营商以这些会员为核心,深度挖掘其需求,以线下网点为依托,开展电商服务,实现农产品上行;该体系同样适用于工业品或服务下行的电子商务。

(2)庞大的网点系统在转型升级之后,建立起开放平台以供第三方使用。商家入驻该平台参与农村电商,建立农村电子商务的生态;移动运营商的线下网点为商家提供"最后一公里"的 O2O 服务。

电商平台经过大数据分析,综合匹配各网点村民的产能及消费者的购买需求,并通过物流体系及时配送。这将极大地解决农村人口的农副产品滞销问题,同时也使城市人口能够更加便捷、及时地获取农副产品。免去了许多中间环节后,农户获得增收,城市居民也得到价格上的实惠。

通过移动运营商的平台,农村电子商务取得了突破性的发展,不仅培养了农户使用电子商务的习惯,而且帮助农户实现农产品上行,增加了农户的经济收入。

5.4.4 电商龙头企业渗透下的农村电子商务

电子商务对信息技术、计算机网络和相关物流设施的依赖,使得我国电子商务在城市领先一步。随着电子商务的广泛应用,电子商务随时、随地进行商品交易的优势更适用于我国农村地区分散居住的村民的生活需求。农村的农产品资源丰富,人口众多,电子商务具有广阔的市场。2008 年以后,淘宝、京东等电商龙头企业均向农村延伸。

阿里巴巴主要通过淘宝村、淘宝集镇来培育农村电子商务。淘宝村是指在农村地区活跃网店数量达到当地家庭户数 10% 以上且电子商务年交易额达到 1000 万元以上的村庄。2009 年有 3 个淘宝村,2014 年阿里巴巴推出"千村万县"计划,2019 年淘宝村数量超过 4300 个。淘宝村聚集在一起,形成淘宝集镇,代表一定规模的产业集群。淘宝集镇是指一个乡镇或街道的淘宝村数量大于或等于 3 个,或者在阿里平台的一个乡镇一年电商销售额超过 3000 万元且活跃网店超过 300 个。由于淘宝集镇和淘宝村定义的侧重点不同,当淘宝集镇的产业集群均衡分布、同步发展时,一个淘宝集镇之下可能没有淘宝村。

随着跨境电子商务的兴起,一些淘宝村开始从事跨境电子商务。沙集镇作为最早拥有淘宝村的乡镇之一,2019 年实现了淘宝村的全面覆盖。广州大源村 2020 年交易额突破百亿元,日均包裹量达到 200 万~300 万个。淘宝村、淘宝集镇销售的主营产品都是非农产品,主要采用"自主品牌＋生产外包＋网上分销"模式。无论是以睡袋经营为主的浙江丽水北山村,还是以汉服经营为主的山东菏泽曹县,作为商品的网络集散地,主要通过淘宝 C2C 模式实现集群效应。对于没有特色产业的农村,可以通过农村电子商务实现农村经济的高速发展。

京东主要从农产品产业链的角度实施 3F 战略,即工业品进农村战略(Factory to Country)、农村金融战略(Finance to Country)和生鲜电商战略(Farm to Table)。相比淘宝,京东首先拥有便捷的物流体系,可以满足农产品高效率的物流需求。京东不仅在全国有分散的仓储,而且在乡镇、农村建立了京东服务站,方便农产品的上行和农村生活等必需品的下行服务;其次,京东沿着农产品产业链,通过与"中农批"等农业巨头或政府签署战略合作协议,促成农产品供需双方的合作。在供给侧,"金农贷"为农产品提供了优质的贷款支持;在需求侧,产品交易平台促进了农产品的变现,实现了农产品供需双方共赢的局面。无论是京东的"仁寿枇杷节""广东荔枝节",还是贵州省政府与京东集团在京签署战略合作框架协议,京东均在政府的引导下,主要面向企业提供服务。我国在脱贫攻坚中产生了一批具有特色农业优势的县、乡、村。截至 2020 年,我国"一村一品"专业村超过五万个,通过畅通农产品流通渠道巩固脱贫攻坚成果,进一步实现乡村振兴。

5.5　本地电子商务

本地农村电子商务是指在本地区范围内开展的电子商务活动,交易双方均位于本地,依托本地的电子商务系统实施商务行为。本地农村电子商务特指在区县范围内,于一个经济区域内进行的商品或服务交易的电子商务形式。

本地农村电子商务的主要作用是减少本地区内的信息不对称现象,提高资源配置效率。根据定义,美团、大众点评等属于典型的 O2O 本地电子商务模式。受此启发,众多商家推出了基于微信小程序的本地 O2O 服务。本地电子商务是农村电子商务的重要组成部分。相较于传统电子商务,农村电子商务中,农户兼具消费者与生产者的双重身份,部分农产品主要用于满足当地日常生活需求,并参与本地商品交易。

本地农村电子商务依据其内容,常见模式可分为四种:零售市场的电子商务、乡村旅游的电子商务、直采生鲜电子商务以及种管分离的电子商务。

(1)零售市场的电子商务主要涉及县、乡、村的超市,通过电子商务手段进行商品交易,利用微信群等社交软件、微信公众号、微信小程序或微店进行线上交易,再采用 O2O 模式实现线下提货或送货上门。

(2)乡村旅游的电子商务涉及县、乡、村的农业园区、农家乐及乡村旅游景点,这些场所作为城市周边的周末休闲度假地,受产业规模和目标市场影响,通过电子商务平台进行营销和资源管理,提供住宿或餐饮预订服务,并根据用户需求进行资源配置。2020 年,受新冠疫情影响,为实现有计划的乡村旅游资源开发,该类农村电子商务备受瞩目,商家常通过电子商务平台预订服务管理游客流量,优化资源配置。

（3）直采生鲜电子商务采用"原产地直采"方式，从源头直接发货，确保产品质量，减少中间差价。这一模式将生鲜电子商务从单纯的价格竞争转向价格与质量并重，苏宁、京东和拼多多等电商平台均在现有电子商务基础上提供了直采生鲜服务。其中，苏宁 2019 年已经在全球建立了 100 多个海外直采基地，买家遍布 147 个国家和地区，商品涵盖果蔬、海鲜水产、滋补保健等多个品类。此外，盒马鲜生也通过海内外直采，结合 30 分钟快送服务，确保生鲜产品质量，赢得市场。

冷链物流是直采生鲜电子商务的关键环节。然而，在本地电子商务中，由于物流耗时短，直采生鲜电子商务成为部分地区扩大农业生产、实现农村脱贫和乡村振兴的重要途径。部分农产品采用就近原则，实现农超对接，将生鲜农产品直接供应给超市；而部分地区，如乐山市马边彝族自治县采用直采生鲜电子商务，实现蔬菜的端对端交易，通过"T＋1"模式（即用户前一天 24：00 前下单，当天 0：00 至 6：00 蔬菜基地按订单采摘，8：00 前运输至乐山市城区交付买家或指定超市提货点），多余蔬菜则通过农超对接方式在超市销售。这种电子商务模式以较低成本有效解决了农业园区生鲜蔬菜销售问题，同时保障了城市的生鲜蔬菜供应和产品质量。一些电子商务平台，如"村村乐"，秉持"本地企业做本地产品、服务本地民众"的理念，实现了农村产品、服务需求与供给的最佳匹配，促进农副产品交易。

种管分离的电子商务是在城乡融合发展过程中，受农民向城镇居民转变，以及劳动力上行等因素影响，农村土地流转政策的推动，农村出现了土地所有权、经营权、使用权分离的现象，农村组织机构和生产运作模式发生较大变化，从而产生了对本地电子商务的需求。通过本地电子商务服务的支持，2016 年，宁夏银川城郊涌现多个"开心农场"，农户通过电子商务平台管理流转土地，开发商通过土地流转实现经营权管理，消费者通过电子商务平台租赁土地，实现使用权管理。同时，电子商务平台还进一步开发了土地的"代种""代管"等服务，减少了农地资源闲置，使土地收益最大化，促进农户增收，助力乡村振兴。

Z 本章小结

本章在电子商务相关技术知识的基础上，主要阐述了农村电子商务模式，旨在指导学生正确使用技术手段解决农村实际问题，实现农村电子商务的可持续发展。

首先，从企业的商业模式要素这一基础知识入手，详细讲解商业模式的演变及农村电子商务的商业模式，强调商业模式是农村电子商务各种形式的核心内容，企业通过商业模式实现可持续运营。

其次，讲解商业模式向商务模式的演变以及电子商务模式自身的演变等知识，构建电子商务发展过程中的商务模式知识体系，有助于农村电子商务规划者或参与者选择适合自身商业目标的商务模式。

最后，从商品上行、商品下行和商品本地化销售三个方面，阐述了农村电子商务的常用商业模式。在农村电子商务中，商品上行是实现农村经济发展、乡村振兴的关键；商品下行是建设美丽乡村的重要途径；而本地电子商务则是资源配置效率最高、成本最低的提供高质量农产品的主要手段。

农村电子商务助力农村经济发展,实现乡村振兴。农村电子商务的每个参与主体不仅要熟悉技术,还需充分利用技术规划好自身的商业模式,以实现商业活动的可持续发展。

思考题

1.商业模式的要素包括哪些?

2.结合企业的商业模式知识,分析为什么部分企业初创时发展良好,但后期却难以经营?试举例说明。

3.农村电子商务商业模式有哪些?

4.传统的电子商务模式与新型电子商务模式的分类依据是什么?请举例说明。

5.电子商务下行与电子商务上行是如何分类的? 它们分别面临哪些问题?

6.本地电子商务有哪些优势?

第6章　农村电子商务内容

学习目标

1. 掌握农村电子商务信息流实施中的网络调研、网络广告、品牌建设等方面的内容。
2. 理解农村电子商务实现资金流的现代支付体系。
3. 理解农村电子商务物流的含义、分类、常用技术及特点。
4. 了解电子商务商流的基础知识。
5. 了解农村跨境电子商务在内容上的变化。
6. 掌握农村电子商务信息流实施过程中的网络调研、网络广告投放、品牌建设等关键环节。
7. 理解农村电子商务中资金流的现代支付体系。
8. 理解农村电子商务物流的含义、分类、常用技术及其特点。
9. 了解电子商务商流的基础知识。
10. 了解农村跨境电子商务在业务内容上的变化。

思政目标

1. 掌握农村电子商务中信息流、物流、资金流和商流的具体内容，并着重强化学生的职业道德素养。
2. 理解农村电子商务是信息流、物流、资金流和商流协同工作的结果，以提高学生的全局规划能力。
3. 了解农村电子商务的演变和发展趋势，以培养学生的思辨能力和创新能力。

内容提要

电子商务是经济学、管理学以及信息科学等多学科交叉融合的产物。农村电子商务的具体规划需按照既定方式服务于农村经济活动。

农村电子商务与传统电子商务相似，其主要内容包括信息流、资金流、物流和商流等。相较于传统电子商务，农村电子商务在信息流、资金流、物流和商流等方面发生了较大的变化，具体表现为：在信息流方面，存在信息可靠性及商品信息溯源的问题；在资金流方面，涉及农业生产过程中的投资、融资等难题；在物流方面，更多聚焦于冷链物流及产品运输过程中的质量控制；在商流方面，重点仍然是农产品的权属问题。此外，当农村电子商务实施跨境交易时，其内容还得到了进一步的拓展。

　　农村电子商务的信息流、资金流、物流和商流通过法律和制度得以整合,促使电子商务各参与者有序地参与商品经济活动。在商品交易过程中,信息共享和交互认证机制减少了信息不对称问题,增强了数据的可靠性,这些数据对农户或地方政府的经济决策具有积极作用。

　　本章将从电子商务规划的视角出发,详细阐述农村电子商务涉及的信息流、资金流、物流、商流以及相关制度和法规等方面的知识。旨在帮助从业者充分利用现有信息技术,结合商业模式,从系统角度出发,结合商业模式由整体至部分逐步深入理解农村电子商务,以期更有效地推动其实施。

开篇案例

四川省丹巴县八科村的滞销村到盒马村之路

　　20 世纪 50 年代,四川丹巴县八科村开始种植黄金荚。2017 年,丹巴县决定扶持黄金荚产业,将其作为脱贫的重要途径。

　　2018 年,外出务工的农户返乡创业,带领八科村村民种植了 30 亩(1 亩＝666.67 平方米)黄金荚。然而,在探寻市场的过程中,他们却遭遇了失败,大量黄金荚被丢弃在垃圾堆中。黄金荚种植投入的成本无法回收,原本被寄予厚望的脱贫产业反而加剧了贫困状况。同年 7 月,盒马鲜生成都地区采购负责人前往丹巴考察,意外发现了黄金荚,并将其成功引入市场。为了确保盒马鲜生的原材料供应,八科村开始大面积种植黄金荚,成为盒马鲜生供应链的重要上游环节,八科村也因此被冠以"盒马村"的称号。由此,八科从传统的玉米种植转向特色农产品——黄金荚的种植,通过这一产业的转变,实现了增收脱贫。

　　盒马鲜生的加入,使八科村的黄金荚在电子商务平台的助力下迈入了新零售领域。借助盒马鲜生的订单农业模式、强大的大数据能力以及高效的供应链体系,这些特色农产品被成功引入盒马平台,同时,消费市场的信息也被及时反馈给农户,有效避免了上游农户的盲目种植现象。因此,盒马鲜生电子商务平台得以通过其功能促进信息的流通,显著减少了农业生产端与消费端之间的信息不对称,进而实现了黄金荚在更广阔市场上的销售。

　　盒马鲜生的目标消费群体具备较强的消费能力,这确保了盒马鲜生拥有相对较大的商品定价空间。这一优势使得市场价格波动对盒马平台上商品的影响较为有限,从而为上游农产品生产者提供了更为稳固的收益保障。

　　2019 年 7 月,在丹巴县八科村村委会,盒马鲜生正式向八科村颁发了"盒马合作种植基地"的牌匾。从此,八科村的黄金荚市场得到了有力保障,八科村的脱贫工作和乡村振兴事业也获得了稳定的产业支撑。同时,八科村的发展模式也为其他村庄提供了有益的借鉴。农业一直是丹巴县发展的重点,未来,丹巴有望涌现出更多的"盒马村"。

　　(资料来源:陈国军,王国恩."新零售"环境下"盒马村"经济模式初探[J].农业经济问题,2020(7):14-24.)

　　通过电子商务完成的商品交易,涉及信息流、资金流、物流和商流等多个方面,这些方面都将影响电子商务的顺利实施。例如,若产品信息未能得到有效营销、物流过程中产品质量受损、资金流中的资金无法实现顺利支付,以及商流方面物品所有权不明确,这些问题都会从商品交易的层面影响交易的完成,从电子商务运营的层面导致电子商务平台难以持续运营。

　　农村电子商务针对农村问题的诸多需求,采取了相应的措施:在信息流方面,主要以移动网络作为信息传输渠道,因此需要不断提升移动软件的友好性和稳健性,以降低用户的使用门槛;在资金流方面,农户不仅要求资金流安全便捷,还要求其具备多元化的金融投资和融资能力;在物流方面,需要不断调和农产品冷链物流的高成本与农产品自身支持的低成本运输之间的矛盾等问题;在商流方面,农户要求农村电子商务的各个环节产权明晰。鉴于上述问题,农村电子商务与传统电子商务存在差异。如果将传统电子商务系统直接应用于农村,不进行相应修改,不仅无法充分发挥电子商务系统的优势,而且难以推广。现实中,仅有京东等少数电子商务企业成功延伸至农村;而在农村地区,更多的是由政府引导的地方性电子商务平台。

6.1 农村电子商务的网络营销

网络营销依旧是农村电子商务的主要信息传播途径,尽管在农村电子商务领域,移动电子商务的应用颇为广泛,但网络营销的核心目的依然在于将信息准确传达给客户,确保所传递信息的真实性与有效性。为此,需深入分析网络消费者的行为,清晰界定网络营销的职能,并依据这些职能构建农产品或服务的数字化品牌。此举旨在提升用户满意度,培养用户忠诚度,进而实现个性化营销,保障信息流的畅通。

6.1.1 网络营销的理论基础

尽管网络营销具有广泛的覆盖面,但为了进一步提升网络营销的效率,我们需要在网络营销活动开展之前深入研究消费者的行为。网络调研作为获取信息及研究消费者行为的关键途径之一,显得尤为重要。因此,网络营销活动之前需要进行网络调研,然而网络调研的应用不仅局限于网络营销的筹备阶段,它在电子商务实施的每一个环节,针对全部或部分内容都可能进行,旨在实现商品生产端与消费端之间的信息共享。随着电子商务的深入实施,部分商品的需求甚至开始由消费端发起,进而实现了商品定制生产。

1. 网络市场调研

网络市场调研是指企业利用互联网技术,在互联网上开展市场调查活动,搜集相关信息,并对搜集到的商务信息进行整理和分析,最终发布网络市场调研报告的活动。与传统的调查方式相比,网络市场调研在组织实施、信息采集、信息处理、调查效果以及成本控制等方面展现出显著的优势。这些优势正是推动网络市场调研方式产生、运用与发展的内在因素。

网络市场调研主要存在两种方式:一种是直接利用互联网进行问卷调查,以搜集一手资料,这种方式被称为网上直接调查;另一种则是借助互联网的媒体功能,从互联网上搜集二手资料,这种方式被称为网上间接调查。相较于间接调研,网络调研涵盖了大部分传统调研的方式,如访谈、问卷等。与传统访谈方式相比,网络调研中的访谈可以借助语音工具记录访谈内容,并利用专业的语音转文字工具将其转换为文字,进而通过高频句子、高频词汇等手段捕获调研信息。至于网络问卷,则可以通过第三方问卷平台(如问卷星等)进行,或者将问卷信息电子化后,通过邮件等方式发送给受访者。前者由于平台提供了丰富的数据分析工具,能够直接获取一些基础的数据分析结果;而后者虽然直观,但在数据收集和整理的步骤上相对烦琐。

利用互联网进行市场调查是电子商务中一种常用的方式。与线下调查相比,网上调查具有及时性和可靠性高、周期短、调研结果相对客观、调研费用低廉以及互动性强等诸多优势。然而,在涉农电子商务领域,相较于线下一对一的市场调研,用户往往对信息的理解程度有限,导致有效问卷的回收率较低。

　　根据网络调研的不同目的,问卷调研主要分为两种方式。一种方式是针对具有明确目标的问卷信息收集,此时调研者仅通过问卷来获取市场最直接的信息,例如了解高端农产品消费者的收入分布范围。在这种方式下,问卷题目应紧密围绕市场调研的目标设计。另一种方式则是将调研信息用于生产决策,此时从问卷的设计、发放、回收到数据的处理,都需遵循严格的标准。

　　问卷调研的具体步骤如下:

　　第一步,进行访谈或文献调研,其调研结果将用于辅助问卷的设计。

　　第二步,设计问卷。问卷包含以下四个部分:一是卷首语,旨在建立与被访问对象的良好关系,促进相互信任;二是问卷填写说明,明确填写要求和注意事项;三是问卷主体,除包含被访问对象的基本信息外,还根据问卷的目标确定网络调研的内容。问卷主体部分按照管理学的研究方法,将内容划分为研究变量,并通过访谈或参考成熟的问卷来设计网络调研问卷的题目。在问卷设计完成后,还需进行预调研,以测试被调查者是否理解问题、问卷是否具有信度和效度,并判定问卷信息是否能有效识别无效问卷;四是结束语,感谢被访问对象的参与。

　　第三步,正式发布问卷。通过多种可行的方式实现问卷的广泛传播,并采用一定的激励机制鼓励用户反馈真实有效的信息。

　　第四步,回收问卷。对回收的问卷信息进行数据清洗,去除无效问卷或填补信息不全的问卷,确保有效问卷数量能够满足统计分析的要求(通常线上有效问卷样本要求 300 个以上,且数据应符合正态分布)。

　　第五步,对样本数据进行描述性分析,并检查数据的信度和效度,以确保数据的可靠性和有效性。

　　第六步,采用相关领域的数据模型对样本数据进行分析,如因子分析、多元线性回归以及结构方程模型等,对样本数据进行定性或定量分析,并形成调研报告。

　　问卷调研有利于细分目标市场,实现精准营销。当然,问卷调研适用于产品销售的各个阶段。在产品销售中期,主要是通过收集信息来改良产品或服务,以扩大销售市场;在产品销售后期,则主要是维护客户关系。在农业生产中,由于多数农产品属于易耗品,良好的客户关系管理有助于获得下一个周期的农产品消费市场。

2.网上消费者行为模式

　　通过分析网上消费者的行为,我们可以发现他们在选择产品、购买时机、购买方式以及购买动机等方面,都呈现出一些典型的特征和固定的模式。这些特征包括消费者需要什么产品、在何时以何种方式购买产品,以及他们为什么会选择购买该产品等。关注并理解这些消费者行为特征,对于进一步开展有效的网络营销活动具有重要意义。网上消费者的行为模型如图 6-1所示。

　　网上消费者的行为始于其在线采购意向,随后这一意向转化为实际的在线采购行为。若消费者对购买结果感到满意,他们可能会选择在线重复采购,或在线上及线下进行口碑营销,从而带动其他消费者重复采购或吸引新消费者进行采购。

　　当然,网上消费者的购买行为受到多种因素的影响。具体而言,这些因素包括:

　　(1)消费者特征,如年龄、性别、种族、教育程度、生活方式、心理状况、知识水平、价值观、购买动机、满意度、个人经历、偏好、习惯、信任度、购买频率以及个性等,这些因素均可能影响消费者的购买意愿、购买行为以及购买后的重复购买或分享行为。

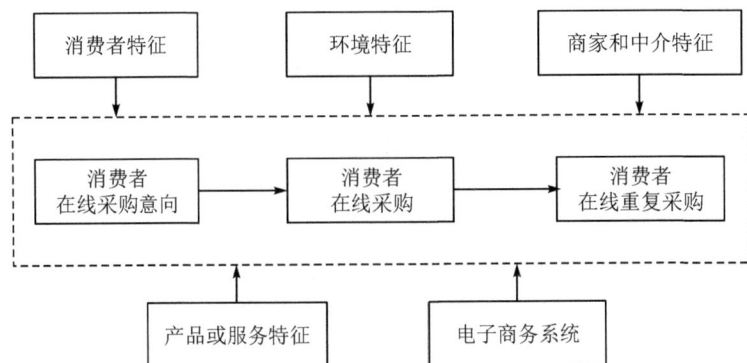

图 6-1　消费者行为模型

（2）环境特征，主要包括文化环境、参照群体的影响（如同行或权威人士的影响）、信息社会的影响、法律制度、规章制度、政策以及社区（如社交网络）环境等。

（3）商家和中介特征，主要包括品牌信誉、信用状况、企业策略以及经营范围等。

（4）产品或服务特征，主要涵盖产品或服务的信息、类型、可用性、定制性、质量、品种、差异性、有形性，以及价格和品牌等。

（5）电子商务系统特征主要体现在以下三个方面：一是支付和物流支持，包括付款选项、送货选择、订单送达的及时性和准确性、产品接收状态、安全及隐私保护等；二是网站特点，通常要求设计简洁、内容更新及时、导航清晰、信息表达准确、易于使用、内容完整且一致、易于访问；三是客户服务，主要包括常见问题解答、电子邮件支持、呼叫中心服务、个性化服务、一对一营销、订单状态跟踪等。

在经济学中，根据自然人是否具备经济理性，将其划分为理性经济人和非理性经济人。在管理学中，根据影响因素对结果的作用方式，分为直接影响和间接影响。因此，在探讨消费者行为决策时，上述影响因素的作用并非一成不变，消费者对它的敏感度也存在差异。例如，知识水平对消费者购买新产品的行为就具有不同的影响；而有些因素在单独变化时，可能不足以影响消费者的决策，但当它们与其他因素联合作用时，却可能对消费者的行为决策产生显著影响。具体来说，单纯的产品质量差或价格高，在某些情境下（如跳蚤市场的小商品或专业品牌店的商品），可能不足以影响消费者的购买行为。然而，当产品质量差与价格高这两个因素同时存在时，它们将共同作用于消费者的购买决策，从而影响消费者的购买行为。

由此，在网络营销中，消费者成为企业营销所关注的核心对象之一。随着社会的不断进步和媒体的日益多元化，日本的电通公司基于其传统的 AIDMA 模型，进一步提出了 AISAS 模型。AIDMA 模型原本认为，消费者从接触到信息到最终达成购买，会经历五个阶段：Attention（引起注意）、Interest（引起兴趣）、Desire（唤起欲望）、Memory（留下记忆）、Action（购买行动）。这一理论在实体经济环境中，对消费者的购买行为具有很好的解释力。然而，在互联网时代，AIDMA 模型逐渐显现出其局限性，不再完全适用于新时代的消费决策过程。因此，2005 年，电通公司推出了新的 AISAS 模型，即 Attention（注意）、Interest（兴趣）、Search（搜索）、Action（行动）、Share（分享）。这一新模型更加适用于互联网时代消费者的购物决策过程。

在新的 AISAS 模型中，两个"S"——搜索（Search）与分享（Share）——尤为引人注目，它们代表了现代互联网在营销模式上的重大突破。这两个环节凸显了在现代互联网环境中，搜索信息和分享体验对于用户决策的重要性,也标志着互联网对用户购买决策行为产生了深刻的影响,如图 6 - 2 所示。

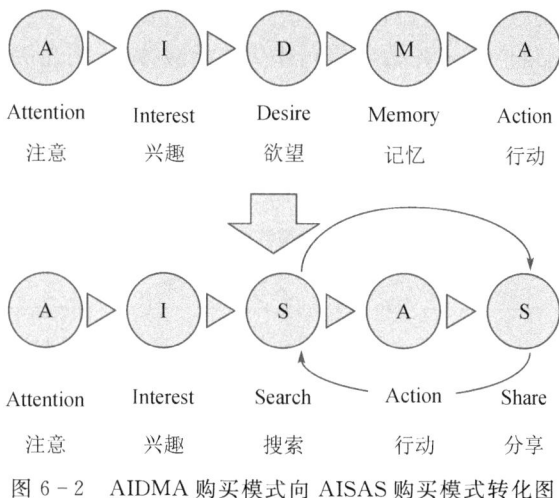

图 6 - 2　AIDMA 购买模式向 AISAS 购买模式转化图

　　在从 AIDMA 模型向 AISAS 模型的发展过程中,随着消费者行为模式的变化,直接参与购买行为的消费者数量呈现出减少的趋势。然而,在 AISAS 模型中,尽管在消费者实际发生购买行为之前,直接表现出购买意向的消费者数量有所减少,但得益于消费者在网络平台上对产品信息的积极分享,潜在消费者的群体能够迅速扩大,如图 6 - 3 所示。

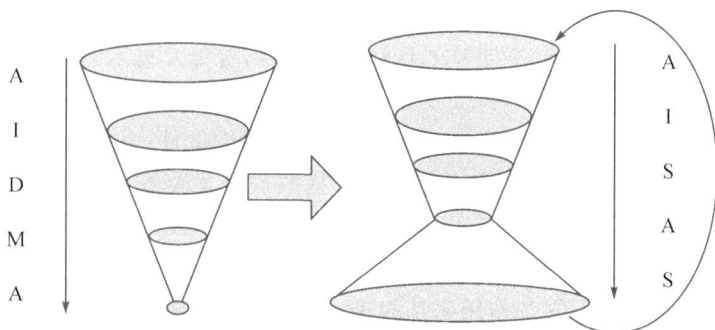

图 6 - 3　AIDMA 模型与 AISAS 模型的消费者市场变化

　　由于 AISAS 模型中用户在网络中实施的口碑营销会通过网络效应放大产品的消费体验,因此,提升消费者的购物满意度和忠诚度成为网络营销的关键。

　　网络营销将传统营销的 4P 理论发展为整合营销的 4C 理论。4P 理论的构成要素包括产品(Product)、价格(Price)、渠道(Place)和促销(Promotion),这四个要素的英文单词首字母均为 P,并辅以策略(Strategy),故简称"4P's"。而 4C 理论则强调 Customer(顾客)、Cost(成本)、Convenience(便利)和 Communication(沟通)这四个方面。

6.1.2　网络广告

　　相比电子邮件等其他网络营销手段以及传统的四大传播媒介(报纸、杂志、电视、广播)所发布的广告,网络广告已成为主要的网络营销手段之一。事实上,多种网络营销手段均可视为网络广告的具体表现形式。广义而言,广告范畴涵盖了电子邮件营销中的广告、搜索引擎关键词广告等,这些均可理解为网络广告的不同表现形式。网络广告的本质特征是一致的:作为一种向互联网用户传递营销信息的途径,它是对用户注意力资源的有效开发与利用。

从技术维度分析,网络广告依托数字信息作为传播载体,运用先进的多媒体技术进行设计制作,并通过互联网实现广泛传播。中国的首个商业性网络广告诞生于 1997 年,发布于 ChinaByte 网站,其表现形式为 468×60 像素的动画旗帜广告。随着计算机及相关技术的不断进步,网络广告展现出良好的发展态势。相较于传统广告,网络广告的差异详见表 6-1。

表 6-1　纸质广告、电视广告和网络广告的对比

类别	纸质广告	电视广告	网络广告
时间效果	播放、保留时间中等	播放、保留时间短	播放时间无限制
空间效果	版面限制大	画面限制大	无限制,自由度大
反馈能力	弱	弱	强
检索能力	弱	无	强
宣传方式	文字、画面	画面、声音	影像声音、动画、三维空间等
读者投入	一般	一般	集中
可统计性	一般	差	强
费用支出	中	高	低

由表 6-1 可知,网络广告具有明显的优势。目前,随着传媒技术的不断进步,网络广告已呈现出多种形式,主要包括横幅广告、关键词广告、弹出式广告、赞助式广告等。

(1)横幅广告,是以 GIF、JPG、Flash 等格式制作的图像文件,在网页中占据重要位置,通常用于展示企业形象或推荐网站中的主打商品。横幅广告主要有四种规格:468×60 像素的标准全幅广告,392×72 像素的全幅广告,234×60 像素的半幅广告,以及 120×240 像素的竖幅广告。

(2)关键词广告与搜索引擎的使用密切相关。当用户在搜索引擎中输入特定的关键词后,除了搜索结果外,部分网站还会在页面的广告位展示预设的旗帜广告。这种广告形式充分利用了网络的互动特性,因此被称为关联式广告。

(3)弹出式广告是用户在浏览网页时自动弹出的一个广告页面或窗口,分为静态和动态两种。浏览者可以选择关闭窗口以忽略广告(这是电视广告所无法实现的),或者通过点击广告了解更详细的内容。

(4)赞助式广告是一种常见的广告形式。商家通过参与网络赛事等活动,将广告内容与赛事相结合,成为赛事的赞助商等方式,来实现广告投放的目的。与其他网络广告方式相比,消费者在关注赛事的过程中会顺带接收广告信息。

不同的网络广告具有不同的营销效果,其价格也因此而异。商家通过向平台购买网络广告位,实现网络广告的投放;而平台则通过网络广告的投放,实现网站的收益。网络广告的计费方式通常采用用户的印象数、点击次数、点击率、回报率以及转化率等指标进行收费或付费的方式。常用的网络广告计费方式如下。

（1）千人成本（cost per thousand impressions，CPM）：以广告网页被浏览 1000 人次（产生 1000 个广告印象）作为计价的标准，这种计费方式通常根据网络广告所处页面的访问量来计算。在传统媒体广告业中，每千人成本也是确定媒体广告价格的基础。由于互联网网站能够精确统计页面访问次数，因此按访问次数收费成为网络广告的一种收费方法。网络广告沿用了传统媒体广告的做法，以广告网页被 1000 人次浏览为基准计价单位，即 CPM。例如，一个旗帜广告的单价是每千次展示 5 元，意味着每 1000 次展示收费 5 元，以此类推，若有 1 万人次浏览了该广告，则费用为 50 元。若广告主购买了 30 个 CPM，则其广告在广告商网页上可被浏览 30000 次。

（2）每点击成本（cost per click，CPC）是以网页上的广告被点击并链接到相关网站或详细内容页面 1000 次为基准的收费模式。例如，广告主购买了 10 个 CPC，意味着其广告可被点击 10000 次。虽然 CPC 的费用通常高于 CPM，但广告主往往更倾向于选择 CPC 这一付费方式，因为它能够保证受众确实看到了广告并进入了广告主的网站或页面。CPC 也是目前国际上流行的广告收费模式之一。

（3）每行动成本（cost per action，CPA），即每次行动的成本，是根据访问者对网络广告所采取的行动（如形成一次交易、获得一个注册用户或对广告的一次有效点击等）来收费的定价模式。

需要特别注意的是，在农村电子商务中，即使是移动 App 也同样采用网络广告。由于移动 App 的信息呈现方式仍是基于 Web 页面，因此，传统网页中的网络广告相关知识同样适用于移动 App。

6.1.3　农村电子商务的网络营销方式

网络营销中的诸多方法同样适用于农村电子商务营销。然而，农村电子商务在经济、地域、产品及用户等方面的独特性，使得农村电子商务常用的网络营销方式包括微信营销、微博营销、直播营销以及大数据营销等。

1. 微信营销

腾讯公司成立于 1998 年 11 月，早期专注于社交软件 QQ 的运营与管理。2011 年初，腾讯推出了社交软件微信，并在此基础上提供了公众号、小程序等多种社交电子商务功能。得益于 QQ 早期的用户基础、微信的免费使用特性，以及其在移动设备上的强大社交功能，微信营销迅速被大众接受。微店、微信公众号和微信小程序因其操作便捷、灵活性强等优势而成为农村电子商务的主要电商平台。微信营销具有以下优势：

（1）微信营销形式灵活多样，交互性强，且充分考虑了用户对信息的接受程度。无论是微信公众号、微信小程序，还是微店，它们都遵循用户的选择进行信息的订阅、收藏和分享，同时提供信息、语音、视频和直播等多种沟通渠道，以及在线或离线的信息展示方式，满足了用户在信息获取中的多样化需求。

（2）微信作为基础平台，整合了手机及其他软件的多种功能，其操作更加简便。例如，农产品的产地具有固定位置，在微信营销中可以轻松查找产品定位，同时在物流过程中可以自动捕获交易双方的位置信息，使订单的完成更加便捷。此外，微信的二维码信息展示和支付功能降低了农户使用信息技术的门槛，使他们能够通过信息服务迅速体验电子商务。

（3）微信营销具有精准营销的特点。作为社交软件，微信通过对好友的分类管理，可以根据营销目的实现分类营销,从而降低网络营销成本。

微信营销是早期病毒营销的一种创新形式,通过点赞等方式借助朋友圈的信息分享,实现信息的快速传播,使其呈几何级数增长,从而达到网络营销的目的。

以微信公众号为例,微信营销的实现有八个步骤,如图 6-4 所示。

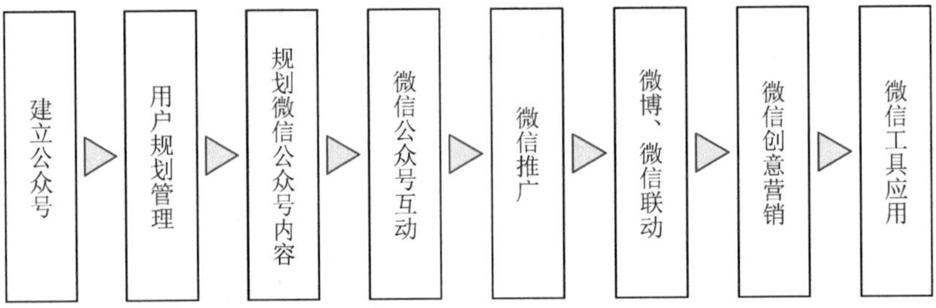

图 6-4 微信营销步骤

步骤 1:建立微信公众号。微信公众号是企业开展微信营销的平台,分为服务号和订阅号两种类型。服务号旨在为用户提供信息,需要经过企业认证,每月可发送四条群发消息,这些消息会显示在用户的聊天列表中,用户会收到即时消息提醒。订阅号则旨在为用户提供信息和咨询,每天可群发一条消息,该消息会显示在用户的订阅号文件夹中。

步骤 2:用户规划管理。企业需要对微信公众号中的用户进行分类管理,如按年龄将用户分为年轻人、中年人和老年人,或按用户的兴趣进行分类等,以便有选择地推送内容,实现精准营销。

步骤 3:规划微信公众号内容。设计和规划微信内容是微信营销的重点。可以在微信公众号界面设置菜单,包括主菜单和子菜单。主菜单一般为 2～3 个,子菜单在主菜单中,用来提供更详细的产品或服务介绍。

步骤 4:微信公众号互动。微信公众号互动有两种方式:一种是自定义回复,采用自动答疑机器人匹配用户信息内容,当检索到相关关键词时实现信息自动回复;另一种是人工一对一回复,通过有效沟通提高用户满意度和忠诚度。

步骤 5:微信推广。企业需要通过微信推广吸引更多用户,推广方法包括线上推广和线下宣传。线上推广可通过微博、官方网站等方式推广微信公众号,供用户扫码关注;线下宣传则可在企业产品的包装袋或宣传手册上印刷微信公众号二维码。

步骤 6:微博、微信联动。微博和微信营销各有特点。微博营销采用全网广播的方式,而微信营销则在一个有界区域中进行,两者联动可以增加活动的曝光度和参与度。

步骤 7:微信创意营销。在微信营销中,创意和吸引用户关注至关重要。企业可以设置调用微信平台上的游戏(如转盘抽奖等)促进用户参与,也可以通过积累"点赞"促进用户信息分享,从而加快企业产品或服务信息的传播。

步骤 8:微信工具应用。微信提供了大量工具,可以充分利用这些工具来扩大微信营销的影响力。让更多用户订阅企业的微信公众号和小程序,通过小程序下单购买实现销售,借助微信支付实现资金流转。

微信营销是一种应用广泛的网络营销方式。由于其诸多优点,一些企业即使拥有自己的电子商务网站也会采用微信营销的方式;一些电子商务企业也通过微信营销来获得更多的买方和卖方,从而实现电子商务平台双边市场的发展。因此,无论是单个农户,还是拥有其他网络店铺的产业园区或受政府委托致力于提供农村电子商务平台服务的企业,都可以通过微信实现网络营销。

2. 微博营销

相较于微信营销,受互联网技术的影响,微博营销出现得更早,它主要通过平台建立的陌生人社交网络展开营销。因此,微博营销是建立在陌生人之间的弱社交关系上的网络营销形式,尽管它面向互联网所有用户,但这些用户往往有共同关注的主题。根据使用微博主体的不同,微博营销可分为个人微博营销和企业微博营销两种形式。

微博营销是指通过微博平台为商家、个人等创造价值的一种营销方式,也是商家或个人通过微博平台发现并满足用户各类需求的商业行为。作为营销平台,微博的每一个粉丝都是潜在的营销对象。企业通过更新微博向网友传播企业信息、产品信息,从而树立良好的企业形象和产品形象。

微博营销具有以下特点:

(1)低门槛和低成本。借助微博平台,微博营销实施成本低、操作简单、推广方便。它能在节省企业宣传推广费用的同时,减少企业的人力和时间成本投入。

(2)传播速度快,反馈及时。微博营销支持移动设备的网络营销,手机、计算机、平板电脑等各种媒体均可支持微博营销。微博信息转发便捷,传播迅速,具有较强的互动性,用户可在微博下自由评论以共享信息的传播。借助微博平台,企业能够快速了解用户的想法,并及时做出反馈。随着时间的积累,企业可以清晰地分析用户、产品及企业的轨迹。

(3)以客户为中心,针对性强。企业的微博粉丝大多是企业的忠实客户,以及对企业产品或服务感兴趣的潜在客户。因此,微博能大大缩短企业与客户间的距离,使企业能够快速而有效地与客户沟通。

无论是新浪微博还是其他微博平台,微博营销的首要步骤是拥有微博账号,其营销步骤如图 6-5 所示。

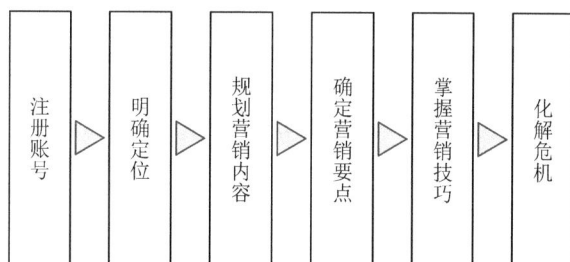

图 6-5　微博营销步骤

步骤 1:注册账号。在微博平台上注册账号,并完善基本信息。在农村电子商务中,一个富有创意的微博名字、一个确切的农产品生产地点或一段吸引人的软文等,都将为微博营销奠定良好的基础。

步骤 2:明确定位。企业或个人应明确微博营销的目标,这些目标可以是销售产品、品牌推广、收集用户意见,以及影响用户认知等。不同的营销目标需要采用不同的营销方式。因此,在进行微博营销时,要先明确目标、找准定位,再开展后续工作。

步骤3：规划营销内容。微博推送内容的质量直接影响用户的阅读量，进而影响推广效果。微博推送内容的选取应遵循相关性、互动性、趣味性及专业性原则，不得偏离主题。

步骤4：确定营销要点。企业应了解用户需求，并有针对性地推送信息。确定有规律的更新频率，选取用户阅读的高峰时段更新微博。最好以连载的形式发布内容，以确保用户持续关注企业的微博。

步骤5：掌握营销技巧。企业微博应体现专业性和特点，内容要精练而不在于量多。企业应撰写优质的微博内容并定期更新，同时需注重与用户的互动，及时回复用户的评论。

步骤6：化解危机。企业在生产、经营过程中可能会遇到各种不确定的危机事件。在化解企业危机时，应遵循以下原则：一是时间原则，危机事件出现后要及时表明态度并着手处理；二是责任原则，企业要肩负起相应的责任，让用户放心；三是态度原则，企业要诚恳地对待问题；四是机会原则，把握危机中可能存在的机会，扭转局面，巩固企业形象。

需要注意的是，微博营销中信息保留时间较长，信息传播过程中来自用户各方面的解读、不同时间对信息的解读，以及将信息进行连续解读，都可能带来不确定的风险。

3. 直播营销

直播营销是指随着现场事件的发生、发展进程，同时制作并播出节目的营销方式。该营销活动以直播平台为载体，旨在提升企业品牌知名度和促进销量增长。

在直播营销中，由于场景真实且互动性强，企业和用户之间容易建立起信任感。一旦企业的品牌信息被用户接受，就很可能在用户群体中引发跟风式消费。

直播营销具有以下三方面的特点：

（1）交互性强。直播本身具备很强的交互性，直播时，主播与用户同时在线，用户可以通过弹幕、刷礼物等方式烘托气氛，使直播中的企业品牌更加真实、具有代入感。相比线下营销，直播营销的用户市场更广，并拥有众多满意度较高和忠诚度较高的用户；相比传统网络营销，直播营销的时效性强，信息丰富，且可以重复传播。

（2）真实性高。直播拉近了受众与企业的距离，让用户能够亲眼看到许多实时发生的事件。尽管信息传播仍需通过网络，但信息来源于现场。主播可利用移动设备全程捕捉产品加工等场景进行直播；消费者则可通过移动设备随时随地参与直播。由于信息技术门槛较低，直播成为农户最容易实施的农村电子商务营销方式之一。

（3）体验感十足。直播可实现用户与产品的直接联系，通过平台实现真正意义上的产品场景营销，使用户获得丰富的体验。同时，企业能够在及时的信息反馈中收集到最直接的用户需求，从而优化产品和营销策略。直播营销的特点使其具备实时营销和二次营销的特性。其中，二次营销能够通过对直播过程进行视频采集、优化，在直播结束后继续借助社交媒体等进行传播。实时营销确保了用户的深度参与，而二次营销则保证了企业品牌信息的广泛传播。

直播营销在形式上主要分为两种模式：一种是"硬广"模式，即以直播作为一种实时广告形式，该形式的接受度相对较低；另一种是定制化的"直播＋"模式。"硬广"模式可直接采用广告的相关理论；而"直播＋"模式则是定制化的，每次营销均无法重复使用。直播的内容连贯给用户带来强烈的体验，该模式已成为目前主流的直播营销模式。然而，这两种营销模式各有优势，企业可根据自身需求选择其中之一，或将两者结合进行整合营销。

"直播＋"模式主要包括以下三种：

一是"直播＋内容营销"模式，在直播结合产品体验（新品发布）或直播结合户外旅游时，利用此模式可全方位展示产品或旅游资源,进行宣传。

二是"直播＋互动营销"模式,主要用于调动用户的主动参与性,促进用户对产品的了解和认可。

三是"直播＋电子商务"模式,主播通常以销售为目的,将直播作为手段,旨在提升用户的购物体验,以促使用户"边看边买"。在此类直播中,单次直播营销活动对产品的转化率是衡量直播效果的重要指标之一。因此,粉丝较多的明星或地方领导参与直播往往具有较高的转化率。

在农村电子商务中,由于各地的资源存在差异,三种直播营销方式均被采用。即使是针对同一地方、同一产品,在不同阶段也会采用不同的直播方式。近年来,在脱贫攻坚和乡村振兴的过程中,乡村旅游成为建设美丽乡村的重要手段之一。"直播＋内容营销"是乡村旅游早期的重要营销方式,通过抖音等直播平台全方位展示乡村旅游体验,从用户视角带动用户云旅游,同时便于用户分享,实现二次营销。"直播＋互动营销"则是乡村旅游中期的主要营销方式之一,通过直播活动增强与用户的互动,消除用户的疑虑。乡村旅游还可采用"直播＋电子商务"模式,实现地方特色产品的营销,促进乡村旅游经济的发展。此外,在现代农业发展中,"直播＋电子商务"也是促进农产品流通的重要手段。

在农村电子商务中,农户积极参与直播营销,县、乡、村等主要领导也高度重视直播营销,为直播营销创造了有利条件。他们搭建平台或直接参与直播,推动现代农业及农产品进入直播领域。目前,"直播＋电商"已成为助力乡村振兴的新引擎。它不仅真正让农户参与电商,还切实落实了 2019 年《中共中央、国务院关于坚持农业农村优先发展做好"三农"工作的若干意见》中提出的"继续开展电子商务进农村综合示范,实施'互联网＋'农产品出村进城工程"的要求;而且,"直播＋电商"还破解了乡村振兴的"人才短板",将更多村民、农场主等打造成为电商"网红"。同时,"直播＋电商"新业态也有效吸引了年轻人回流农村、反哺家乡,形成了比较完整的农村电子商务产业链条,充分发挥了电商对农业农村发展的推动作用。

4. 大数据营销

大数据营销是通过收集并分析海量数据,深入研究消费者的行为模式、沟通习惯、信息获取途径、消费偏好、生活习惯及个人兴趣等特征,进而定制出符合消费者需求的产品或服务,以及相应的品牌传播活动方案。大数据的营销活动能够深入挖掘消费者的需求,并在此基础上提供具有针对性的、跨平台的营销解决方案。

大数据营销主要分为三个步骤:一是数据层面的数据采集与处理,采用大数据营销首先需要广泛收集用户数据。相较于传统市场调研采集的有限数据,大数据通过聊天工具、地图工具、支付工具等多种软硬件渠道获取信息,对用户进行反复画像,使得用户行为描述更为准确;二是业务层面的建模分析,大数据分析实质上是数据挖掘的过程,涉及关联规则分析、分类、聚类、贝叶斯网络及机器学习等模型,通过模型计算得出结果并评估其合理性,如用户市场的细分或重点用户的地域分布等;三是应用层面的数据解读,将数据分析的结果有效应用于营销是大数据营销的关键一环。正确的数据解读既可针对营销问题,封闭性地挖掘对应数据进行验证,也可开放性地探索,得出可能与常识或经验判断截然不同的结论,从而极大地拓展数据解读的空间,正如数据挖掘中的经典案例——啤酒与尿布问题。大数据营销的特点包括:一是多平台数据采集,数据来源广泛且多样;二是强调时效性,在网络时代,消费者的消费行为和购买方式极易快速变化,因此,在消费者需求达到高峰时需要及时进行营销;三是个性化营销,网络时代企业的营销理念已从"媒体导向"转向"受众导向",企业实现对消费者的个性化营销;四是性价比高,大数据营销能使企业的广告投放更加精准,且能根据实时效果的反馈及时调整投放策略;五是关联性,大数据在采集过程中能快速识别目标受众关注的内容和位置,这些信息有助于实现广告的关联性投放。大数据营销进一步促进了农村电子商务的发展。在农业生产方面,通过叠加土地、气象、人文、交通及旅游等多元信息,大大缓解了长期缺乏品牌的农产品在消费端与农业生产端之间的信息不对称问题;同时,农业生产借助农产品市场的大数据,精准分析市场价格、市场分布及需求,从而优化农业生产。正是大数据在农村电子商务中的应用,推动了农村电子商务融入数字农业、数字乡村,助力乡村振兴。任何一种网络营销方式,本质上都是数字品牌的建设与营销,消费者与产品(品牌)之间的互动性强,品牌的塑造则是在传播过程中动态完成的。

6.1.4 数字时代的品牌建设

2005年,中央一号文件中明确提出"整合特色农产品品牌,支持做大做强名牌产品"的要求。随着乡村旅游等多种新兴经济的蓬勃发展,农村经济的品牌建设已从单一的农产品品牌建设拓展至更广泛的领域。

农产品品牌建设是指农产品品牌建设主体对农产品的品牌进行规划、创立、培育及扩张的一系列过程。这一建设过程有助于形成更加完善的市场机制,有效推动生产要素资源和消费品资源按照市场化原则进行高效配置与流动。加强农产品的品牌建设,能够显著提升农业产区及农产品的市场竞争力,进而带动周边地区的整体竞争力提升,促进农业和农村经济的繁荣发展。

以农产品电子商务品牌建设为例,网络营销在农产品品牌建设中的意义主要体现在:一是消除信息不对称,拓宽农产品的销售渠道,提升产品的知名度;二是提供一对一的定制化服务,增强互动性,有助于建立良好的客户关系;三是借助互联网,实现营销活动的全面整合,将市场调查、农产品推广促销、电子交易、客户服务及市场信息分析等功能融为一体,这对提升农产品整体营销质量具有显著作用;四是利用网络营销在信息显示和传播方面的独特优势,降低农产品品牌的建设成本,提高信息传播效率,增强传播效果,并有效控制信息传播成本。

根据消费者在商品交易过程中的行为变化,品牌建设过程可归纳为4C模型,即捕获(Catch)、联系(Connection)、完成购买(Completion)、持续联系(Continuation)。通过促进用户持续的购买行为和信息分享,树立产品或服务的品牌形象,以实现商品交易的持续稳定。

6.1.5 网络营销评价

在网络营销活动中,对营销效果进行评价是一项至关重要的工作。网络营销效果的综合评价是对某一时期网络营销活动的全面总结,通过对不同领域的专业评价和分析数据,能够及时发现网络营销应用中存在的问题,并为下一阶段的网络营销效果提升提供科学的决策依据。

网络营销评价可以分4个步骤。

步骤1:建立总体目标。企业的相关部门及人员应就网络营销需要达到的总体目标达成共识,如提升品牌知名度、塑造企业形象或直接增加销售额等。

步骤2:设定评价标准。即明确网络营销成功与否和达到预期目标的具体评价标准。针对不同的网络营销目标,需设定不同的评价标准,如站点浏览者总数、有购买意向的潜在客户比例、站点知名度的提升等。

步骤 3:选择评价基准。评价过程实质上是一个比较的过程,需要选择一个合适的比较基准。基准的选择可以有多种形式,如比较现在与过去、比较自身与竞争对手、比较网络与其他营销媒体等。

步骤 4:对比营销效果与目标。在评价标准和评价基准确定后,将营销结果与设定的营销目标进行对比,以判断网络营销是否成功。通过上述网络营销评价,可得出切实可行的结论,即通过数据分析,挖掘数据背后的深层信息。

将网络营销评价标准细化为网络指标评价体系时,需要从指标体系制定和实施两方面遵循以下原则。

(1)在网络营销指标体系设计方面,应遵循以下原则。

①科学性原则。网络营销评价指标体系的建立应具有科学性,在评价指标数学模型的构建、评价资料的收集、统计及分析等各环节,均须遵循客观规律,并充分考虑网络营销的特性和影响因素。

②系统性原则。网络营销评价指标体系应全面反映网络营销的各个方面。

③可操作性原则。出于不同目的,评价网络营销的指标可能存在多种。在实际操作中,应选取可操作性强、接近客观实际的指标,避免选取理想化且难以收集的指标。

④简洁明确原则。网络营销评价指标应简洁明确、易于理解、便于量化计算和统计分析。

⑤定性与定量相结合的原则。尽可能采用定量指标,对于定性指标,也应尽可能转化为定量指标。但用户的反馈意见、专家的评论等无法定量的信息在网络营销评价中仍占据重要地位。

(2)在网络营销评价实施的过程中,应遵循以下原则。

①目的明确、目标单一。应明确网络营销评价的目的是测评营销网站还是了解网络营销的收益,且每次评价仅针对一个目标。过多的评价目标会使指标体系复杂化,增加评价工作量。如网络营销产品和网络营销服务的评价指标不同,应分别进行评价。

②符合统计学原理。在样本采集时,应确保评价测试的数量足够多,样本量足够大,以在统计中得出有效结论。

③测试题设计得很精心。对于网上调查问卷或电子邮件方式的评价测试题,应精心设计,避免模糊回答,确保答案明确。题目数量的设置应适中,避免因题目过多导致被测试者不愿回答或回答不全面。

④评价内容差异显著。避免评价、测试那些差异不大的内容。如评价产品销售时,应避免评价功能相近、价格接近、促销手段相似的产品,因为这样的评价结果缺乏说服力。

根据网络营销评价标准,网络营销评价体系主要包含以下五个方面的内容:网站设计评价指标、网站推广评价指标、网站使用评价指标、网站品牌价值评价指标及网络营销活动反应率评价指标。

(1)网站设计评价指标:包括网站界面是否友好、功能是否完全满足要求、系统是否无故障且具备良好的适应性、可扩展性、稳健性和安全性等。

(2)网站推广评价指标:包括网站知名度是否较高(即网络营销人数在所有用户群体中的比重)、网站在搜索引擎中的排名、相关重要网站链接的数量和质量、网站访问量及注册用户数量等。

（3）网站使用评价指标：包括网站访问量、页面浏览量、注册用户数量等。

（4）网站品牌价值评价指标：例如网站品牌是否得到顾客认可，具体可分为品牌价值、域名价值、品牌延伸机会及客户评价等。

（5）网络营销活动反应率指标：部分活动的效果并不直接表现为访问量的增加，而是直接促进销售。因此，这类活动无法仅凭网站访问量来评价。

6.2　农村电子商务的支付结算体系

网络营销实现了商品信息的有效传播，而电子支付则促进了商品交易的顺利转化。交易笔数和交易金额是衡量电子商务交易达成情况的重要指标。在电子商务中，用户浏览、下订单等行为并未真正完成商品交易，只有当用户完成支付后，商品交易才最终得以形成，并随后通过物流实施。尽管商品交易中可能存在退货、换货等个别问题，但这些问题在整体商品交易中所占比例较小。正如网络营销主要解决电子商务中的信息流问题一样，电子支付则是解决电子商务中的资金流问题。

支付结算体系是电子商务资金流的重要保障。以支付机构中的商业银行为例，商业银行参与电子商务的模式主要有三种：一是通过支付结算系统为电子商务提供支付服务；二是作为市场主体，利用电子商务模式提升服务质量，赢得用户市场；三是从产业链角度出发，为电子商务平台提供金融服务。

6.2.1　支付结算体系

货币是支付的核心要素，随着商品经济的不断发展，我国商品交换中的货币形态经历了从以牛羊、贝壳为代表的实物货币，到以金银为代表的金属货币，再到以交子为代表的国家发行的纸币，以及后续的纸币和电子货币，共五个阶段。随着货币形态的演变，支付方式也由传统的面对面线下支付转变为电子支付，进而催生了现代支付体系，有力地支撑了电子商务的发展。我国现代支付结算体系的构成如图6-6所示。

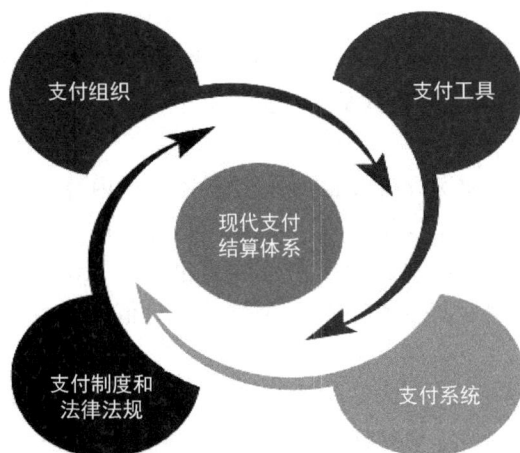

图6-6　我国现代支付结算体系的构成

现代支付结算体系主要由4个部分组成：支付组织、支付工具、支付系统以及支付制度和法律法规①。这些部分相互联系,共同构成了一个有机整体,负责资金的支付、清算和结算等经济活动,确保资金流动的顺畅进行。

支付是指在消费购买、金融投资、资金转移等经济活动中,将资金账户中的资金或货币进行付出的过程,旨在实现交易主体间的资金划拨和转移。清算是发生在银行同业间的一种货币收付过程,用于结清双边或多边的债权债务关系,从而在经济活动中实现银行资金账户中债权债务关系的转移。结算则是在货物买卖、服务提供、贸易往来、投资活动等因消费而产生的债权债务关系清偿及资金转移过程中出现的货币收付行为。

1,支付组织

支付组织虽不同于金融组织,但二者之间存在着紧密的联系,它们之间的关系如图 6-7 所示。

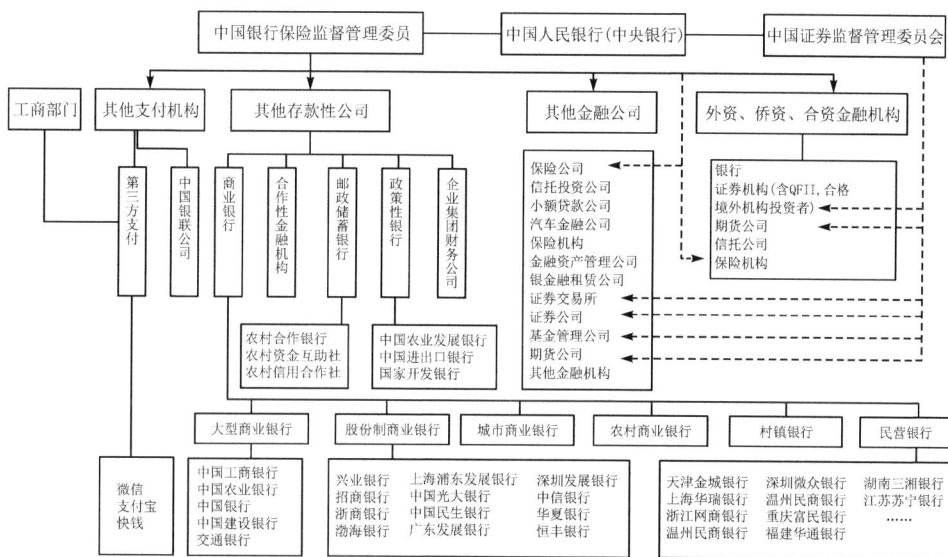

图 6-7　支付组织和金融组织的关系

在图 6-7 中,我们可以清晰地看到,第三方支付组织并不属于金融组织体系,而是隶属于支付组织体系;而证券、保险等公司则属于金融组织体系,但并不包含于支付体系之内;中国人民银行、各商业银行、中国银联等机构则既属于支付组织体系,又同时属于金融组织体系。

在支付组织体系中,中国人民银行负责制定支付政策与制度,并为商业银行等金融机构提供行间支付清算系统。中国银联公司提供与银行卡相关的支付系统,实现银行卡的跨行资金转接功能,并利用其清算系统的优势,为银行卡用户提供便捷的在线支付、POS 机以及 ATM 机支付服务。各商业银行则为社会各界提供银行卡支付、票据支付等多种支付系统,而第三方支付机构则通过与银行的协议与合作,为商品交易的用户提供资金转接服务。

2.支付工具

相对于现金支付,非现金支付主要包括“三票一卡”,即支票、汇票、本票和银行卡。

---

① 由于支付制度和法律法规在支付体系中的法律效力和作用范围存在差异,部分文献将这两者分别视为支付体系的独立内容,从而认为现代支付体系包含 5 个组成部分。

现金是由国家或政府授权的组织发行,通常包括纸币和硬币两种形式。纸币本身并无价值,它仅作为由国家发行并强制使用的货币符号,在经济活动中充当流通手段,其价值以国家信用为担保,具有法偿性。与纸币相比,硬币通常由金属制成,主要用于小额支付场景。现金支付常用于线下面对面交易,将支付、结算和清算三个环节融为一体。

在非现金支付工具中,支票、汇票和本票主要用于企业间大额资金的流转。早期的支票、汇票和本票为实物票据,但随着计算机技术的发展,它们现已采用影像系统,实现了电子支付。《中华人民共和国票据法》对汇票、支票和本票的规定如下。

汇票是出票人签发的,委托付款人在见票时或在指定日期无条件支付确定的金额给收款人或持票人的票据。汇票是国际结算中使用最为广泛的一种信用工具,主要用于跨地区支付。作为一种委付证券,汇票涉及的基本法律关系至少包括三个主体——出票人、受票人和收款人。

支票是出票人签发的,委托办理支票存款业务的银行或其他金融机构在见票时无条件支付确定的金额给收款人或持票人的票据。支票分为现金支票和转账支票,根据使用方式的不同而有所区分。

本票是出票人签发的,承诺自己在见票时无条件支付确定的金额给收款人或持票人的票据。相对于汇票和支票,本票属于自付证券,而支票和汇票则属于他付证券。其中,汇票由其他企业见票付款,支票由银行见票付款。

银行卡是目前最常用的支付工具之一。中国人民银行发布的《2021 年第一季度支付体系运行总体情况》显示,我国人均持有银行卡 6.4 张,人均持有信用卡和借贷合一卡 0.56 张。尽管近年来第三方支付发展迅速,但其资金仍主要依赖于从银行卡转入。

银行卡根据账户性质分为借记卡和贷记卡。借记卡也称资产卡,采用借记支付方式,即支付前账户内必须有足够的资金来满足支付金额的要求;贷记卡又称信用卡,采用贷记方式支付,只要持卡人在银行卡授权额度范围内进行支付,并在免息期内偿还借款。中国银联是我国主要的银行卡组织(目前也是我国唯一的全国性银行卡组织),银行卡由商业银行发行,中国银联现已覆盖国际上多个国家和地区。国际上类似的银行卡组织包括美国的 Visa、MasterCard、Discover 等,以及日本的 JCB。具有银行卡组织相关标识的 ATM 机或 POS 机均支持使用该银行卡组织发行的银行卡。

3. 支付系统

各支付机构为实现自身的支付目标,围绕支付工具开发了一系列支付系统。对金融机构而言,当支付双方在同一银行拥有账户时,由该银行的行内业务系统负责清算和结算;当支付双方的账户不在同一银行,且交易涉及账户间资金转账时,需通过中国人民银行系统实现跨行资金支付;当交易发生在银行卡上时,需要通过中国银联的支付系统进行支付。当跨行资金业务涉及未接入中国人民银行系统的银行时,需要将业务交由代理行进行资金汇划。当支付业务涉及国内外企业间的资金划转时,由国内企业所在银行发起,通过中国人民银行系统转接到国际 SWIFT 系统或 CHIPS 系统进行资金汇划。对于基于银行卡的资金支付,在中国银联网络覆盖地区,资金支付将经由银联的银行卡清算和结算系统进行汇划。企业 A 向企业 B 进行国内外资金支付的流程如图 6-8 所示。

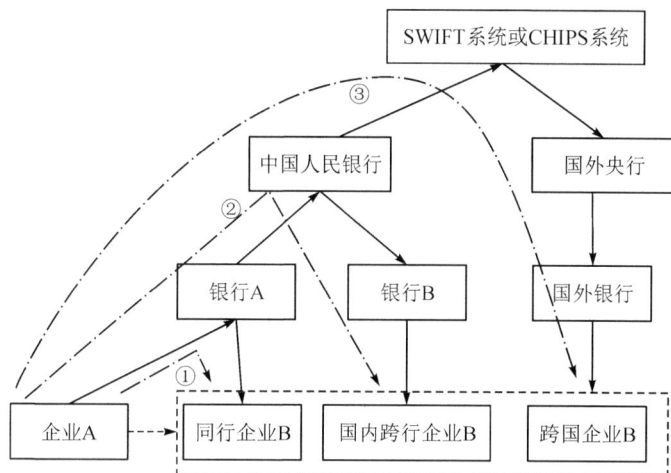

图 6-8 企业 A 向企业 B 进行的国内外资金支付流程

注：①代表行内企业间转账；②代表行间企业转账；③代表跨国企业间转账。由于企业间资金划转主要基于企业账户，本图未涉及中国银联参与的银行卡业务。

为实现资金按预定目标支付，各支付机构均提供了相应的支付系统。

中国人民银行不仅是支付系统的管理者，负责制定支付系统的运作规章制度，同时也是支付服务的提供者，支持各金融机构间的清算和结算。因此，中国人民银行为各类金融机构提供了多种支付系统，其中用于银行间资金汇划的主要支付系统有四类：一是大额实时支付系统（High Value Payment System，HVPS），采用实时资金汇划方式，目前暂适用于超过 5 万元的行间支付业务，由商业银行通过 HVPS 进行资金实时划拨。二是小额批量支付系统（Bulk Electronic Payment System，BEPS），目前暂适用于 5 万元以下的行间支付业务，由商业银行通过 BEPS 进行资金批量划拨，即商业银行每天将所接收的小额行间支付业务进行轧差后分类，可以通过 BEPS 进行行间汇划。三是支票影像交换系统（Cheque Image System，CIS），该系统将支票影像业务的处理分为影像信息交换和业务回执处理两个阶段，即支票提出银行通过 CIS 将支票影像信息发送至提入行提示付款；提入行通过小额支付系统向提出行发送回执完成付款。四是境内外币支付系统，由清算总中心集中运营，由直接参与机构等单一法人集中接入，采用 Y 型信息流结构，外币清算处理中心负责接收、清算和转发支付指令，代理结算银行负责执行支付指令的结算。

中国银联围绕银行卡开发了大量支付系统，其支付结算流程一般如图 6-9 所示。

中国银联的支付系统主要包括三类：一是为各商业银行提供银行卡资金清算服务的系统，确保各商业银行间的银行卡跨行支付顺畅进行，涵盖行间银行卡差错处理、银行卡及终端风险管理等功能，其二代支付系统在银行卡支付效率、差错处理及风险管理等方面的性能均有显著提升；二是中国银联依托系统优势，为用户提供 ATM 和 POS 服务。相较于直接接入商业银行的 ATM 或 POS 系统，当用户通过银联 ATM 或 POS 进行支付时，支付信息首先经由中国银联支付系统处理，由中国银联支付系统发起从发卡行到收单行的资金汇划流程；而商业银行的 ATM 或 POS 系统则是先由 ATM 或 POS 所属银行接收支付信息，再根据业务类型（行内或行间）进行相应处理。三是中国银联凭借系统优势，还提供网上支付系统和移动支付系统，实现免密码快捷支付或扫码支付功能。

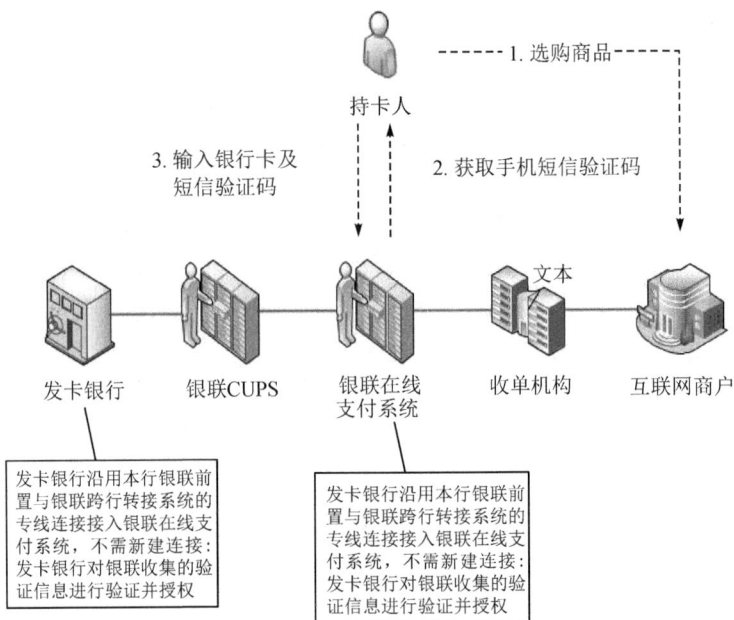

图 6-9　银联快捷支付的结算流程

各商业银行针对社会企业及个人的资金支付需求,提供多样化的支付服务、金融信息管理以及金融理财等服务。企业网银、个人网银、ATM、POS 等支付系统全面支持企业及个人在经济活动中的各类支付需求,并兼容移动支付服务。

第三方支付机构根据电子商务发展的需求,提供支付服务。尽管不同的第三方支付机构与商业银行的合作模式存在差异,但它们的资金流转均基于各商业银行的银行卡支付系统。目前,主要的第三方支付机构包括快钱、微信和支付宝等。其中,快钱是专注于支付服务的第三方支付机构,也是国内最早成立的同类机构之一;微信是在社交网络基础上发展起来的第三方支付机构,因其支持线下扫码支付,拥有庞大的用户群体;支付宝则是为阿里巴巴旗下零售市场的电子商务交易提供支付服务而发展起来的第三方支付机构,其初衷是为确保商品交易顺利进行提供支付保障,担保交易是其支付系统的重要特色之一。

4. 支付制度和法律法规

为了适应支付方式的不断演变,各国在电子支付领域均有相应的立法和制度。

美国于 1978 年制定了《电子资金划拨法》,并在 1989 年对《统一商法典》进行了修订,增设了资金划拨的相关条款。英国于 1994 年修订了《银行业惯例守则》,通过此次修订对电子资金划拨进行法律调整。欧洲中央银行在 1998 年的报告中探讨了建立电子货币系统的基本要求,包括明确的法律保障、技术安全保障、货币统计报告等。国际标准化组织(ISO)的银行金融服务业委员会为电子资金划拨制定了"标准术语",而国际商会(International Chamber of Commerce,ICC)的银行业委员会则拟定了一个《银行间支付规则草案》,旨在为位于不同国家的银行之间划拨资金时发生的损失赔偿提供保险解决方案。联合国国际贸易法委员会于

1987 年发表了由国际支付小组起草的《电子资金划拨法律指南》,并制定了电子资金划拨的示范法律条文。该委员会第 25 届会议于 1992 年通过了《国际贷记划拨示范法》。

　　1994 年发布实施的《中华人民共和国计算机信息系统安全保护条例》针对威胁计算机运行安全与信息安全的两大危害——病毒与黑客,作出了具体的防范性规定。1996 年发布施行的《中华人民共和国计算机信息网络国际联网管理暂行规定》要求计算机信息网络直接进行国际联网时必须使用邮电部国家公用电信网提供的国际出入口信道,任何单位和个人不得自行建立或使用其他信道进行国际联网。接入单位必须符合规定的条件,并经主管部门审批许可,以确保国际互联网的各种信息均经由一条信道出入国门。1997 年修订的《中华人民共和国刑法》增列了对于黑客侵入和利用计算机进行的金融诈骗的刑事处罚条款。

　　我国许多发卡银行都有自己的信用卡章程,如《中国工商银行牡丹信用卡章程》《中国银行信用卡章程》《中国农业银行金穗信用卡章程》等。1995 年,海南省颁布施行了《海南经济特区银行 IC 卡管理规定》,这是我国第一部专门针对电子资金划拨的地方性法规。1999 年,中国人民银行颁布了《银行卡业务管理办法》,对银行信用卡、借记卡等业务进行了规范。

　　2005 年,中国人民银行根据 2005 年颁布施行的《中华人民共和国电子签名法》和 1997 年颁布的《支付结算办法》等法规制度,公布了《电子支付指引(征求意见稿)》,这是一项专门针对电子支付的规章制度。该指引主要从三个方面进行规定:一是规定电子支付的差错和责任,包括资金支付过程中的差错处理、资金安全信息管理等内容;二是对小额电子支付各方的责任进行了规定,如冒领、冒用银行卡等行为;三是对大额电子资金划拨中的法律责任进行了界定。

6.2.2　法定数字货币

　　随着电子支付的进一步发展,一些高新技术企业开始在电子支付领域进行多方面的创新尝试。2009 年,中本聪利用区块链技术创建了比特币世界的首个区块——创世区块,并因此获得了 50 个比特币的奖励。该区块在后续版本中被设定为"0 号区块",这一事件极大地推动了加密数字货币的发展。

　　在我国,随着互联网金融的蓬勃兴起及其向金融科技的转型,我国开始着手研发法定数字货币电子支付(DCEP),一些其他国家将其称为中央银行数字货币(Central Bank Digital Currency,CBDC)。2019 年底,DCEP 进入了内测阶段,首先在深圳、苏州、雄安新区、成都等地进行了内部封闭试点测试。经过这些试点测试,DCEP 将逐步落地使用。

1. 数字货币分类

　　法定数字货币是由国家以法律形式确立的数字货币,它利用密码学原理来保障交易安全并控制交易单位,是一种无形的交易媒介。根据国际货币基金组织(International Monetary Fund,IMF)和欧洲中央银行(European Central Bank)的官方定义,数字货币的分类如图 6-10 所示。

　　作为数字货币的一种,截至 2018 年 7 月 31 日,全球通过首次代币发行(Initial Coin Offering,ICO)方式共发行了 1707 种数字货币。法定数字货币与其他数字货币的区别如表 6-2 所示。

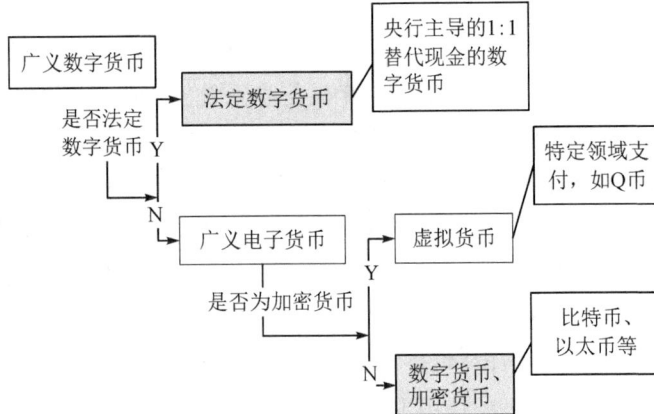

图 6-10 数字货币分类

表 6-2 法定数字货币与其他数字货币的比较

主要特征	法定数字货币	电子货币	虚拟货币	加密货币
性质	法币 M0	法币 M1	企业发行,如 Q 币	加密算法创建,如比特币
发行主体	中央银行	中央银行	企业	分布式账本上的(个人、企业)节点
流通范围	整个市场	整个市场	小部分人群	小部分人群
匿名性	可控匿名	匿名	匿名	账户匿名,交易
与法币的关系	法币的数字化	法币的电子化	非法币的电子化	非法币的电子化
流通方向	双向流通	双向流通	单向流通	部分国家双向流通
信用保障	政府信用	政府信用	企业信用	个人或企业信用
安全性	非常高	较高	较低	较低
交易方式	电子钱包	二维码、账号	账户	点对点支付

数字货币电子支付(DCEP)是中国人民银行研究发行的数字货币。经由商业银行和其他金融机构批发,并最终通过现有的移动支付平台以及其他新型电子支付系统提供给民众、商家、企业及政府等客户群体进行流通使用。DCEP 通过数字钱包进行管理,在货币分类中属于现金(M0)范畴,具备法偿性,即任何机构和个人均不得拒绝接受 DCEP。

2. DCEP 的内涵及运行框架

从不同的角度理解,DCEP 具有不同的含义,具体如下:

一是在价值维度上,DCEP 是信用货币,是由中央银行——中国人民银行发行的,采用特定数字密码技术实现的货币形态。

二是在技术维度上,DCEP 是加密货币,其技术本质在于加密技术,能够确保货币安全。

三是在实现维度上,DCEP 是算法货币。它在设计上不仅采用各种加密算法(如哈希算法、数字签名等)来保障数字货币的安全,而且在货币发行环节,也使用了预设的可靠算法规则。此外,还可以借助大数据技术,对货币的发行、流通、储藏等环节进行深度分析。

四是在应用维度上,DCEP 是智能货币。它不仅能够将货币进行数字化和网络化,更重要的是能够让货币变得更加智能化。

中国人民银行作为 DCEP 的发行方,扮演着顶层支付组织的角色;商业银行或第三方支付机构(如京东)通过中国人民银行的 DCEP 系统参与 DCEP 的流通,为用户提供电子钱包服务,支持用户的资金转账,用户是 DCEP 末端的持有主体,拥有 DCEP 的使用权。由于 DCEP 定位于 M0(现金)范畴,且由中国人民银行直接发行,其支付系统主要由中国人民银行的法定数字货币管理系统和商业银行或第三方支付机构的电子钱包构成。中国农业银行电子钱包如图 6-11 所示。

图 6-11　中国农业银行电子钱包

该支付系统中,电子钱包不仅提供了扫码支付、碰一碰等便捷支付功能,还具备电子钱包管理和数字货币兑换功能,支持银行卡账户资金(M1)与数字货币(M0)之间的双向兑换。

DCEP 在运行框架上采用"中央银行-商业机构"二元模式,该模式基于代币发行法定数字货币。具体而言,中央银行沿用现行的纸币发行流通模式,将法定数字货币发行至商业银行的业务库,再由商业银行向公众提供法定数字货币的存取、兑换等服务,并与中央银行共同维护法定数字货币的发行和流通秩序。DCEP 采用此框架的优势在于能够充分利用现有的金融基础设施,能够有效调动商业银行的积极性,促使其共同参与法定数字货币的发行与流通,从而更好地服务于社会。中国人民银行负责数字货币的发行与验证监测工作,而商业银行则从中国人民银行申请到数字货币后,面向社会提供数字货币的流通服务以及应用生态体系的构建服务。法定数字货币"中央银行-商业机构"二元模式运行框架如图 6-12 所示。

图 6-12 展示了法定数字货币的运行体系,该体系分为三层:第一层涉及参与主体中央银行和商业银行,主要进行法定数字货币的发行、回笼,以及在商业银行之间的转移;第二层是商业银行与个人或企业用户之间的法定数字货币存取,即法定数字货币在商业银行库与个人或企业的数字货币钱包之间的转移;第三层则是个人或企业用户之间法定数字货币的流通,即法定数字货币在个人或企业用户的数字货币钱包之间转移。因此,在电子商务的发展过程中,数字货币的使用并不是要取代第三方支付,而是通过与第三方支付机构的数字钱包相结合,继续参与支付流程。

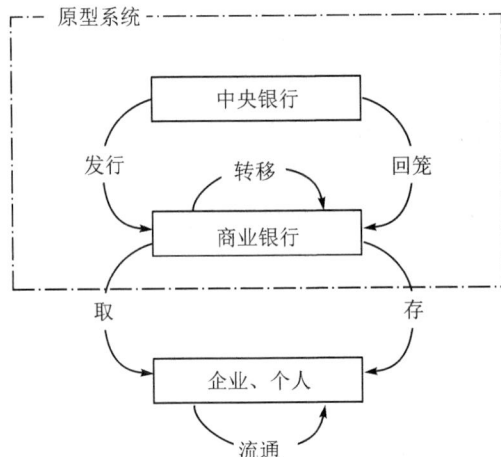

图 6-12　法定数字货币"中央银行-商业机构"二元模式运行框架

3. DCEP 的应用

DCEP 在货币层次中被定位于 M0,而农村作为现金使用的主要场所,农户使用现金的比例较高,农产品交易也主要依赖现金支付。DCEP 的扫码支付和收付款功能,降低了用户在信息素养方面的门槛,使得使用 DCEP 支付变得更加便捷。同时,DCEP 的"碰一碰"功能有效地支持了无移动网络信号条件下的近程支付。

在普惠金融领域,DCEP 有助于实现金融的精准投放和定向帮扶。在医疗救助方面,利用 DCEP 的可编程特性,可以制定支付合约来限定资金用途,实施定向支付。此外,借助法定数字货币的可追踪性,通过中央银行授权的方式,管理专项资金的主管部门可以追踪专项资金的流向,保障专项资金的合法、合规使用。在 DCEP 体系下,经过授权的组织机构可以在其业务权限范围内追踪数字货币的流转信息,从而实现资金的精准可控使用。

在医疗救助过程中,符合条件的救助对象在"一站式"即时结算的定点医疗卫生服务机构就诊时,其自费部分可以按比例获得救助补贴。当地民政部门会定期申请医疗救助资金,并与当地医疗机构签订协议。根据协议,医疗机构会先垫付医疗救助资金,随后发生的资金会经过民政部门的审核,最终由民政部门与医疗机构进行结算。因此,医疗救助过程可以分为两个阶段:第一阶段为医疗救助费用的核算和垫款阶段,第二阶段为医疗救助资金的结算阶段。

医疗救助费用核算和垫款流程如图 6-13 所示。

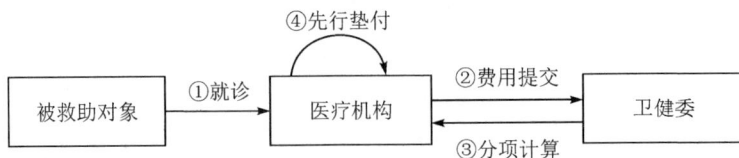

图 6-13　医疗救助费用核算和垫款流程

首先,被救助对象在医疗机构就诊后,医疗机构会进行费用核算。其次,医疗机构需通过卫健委系统计算出其需要垫付的费用,并告知被救助对象经扶贫补贴后个人还需支付的款项。

最后,由被救助对象进行付款结算。

医疗救助资金结算流程如图 6－14 所示。

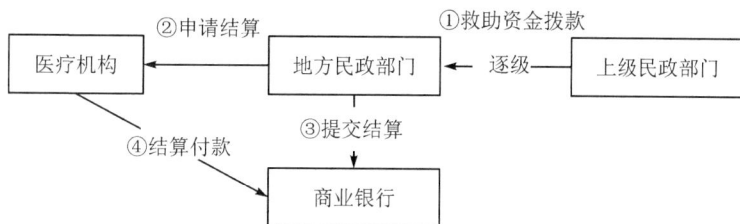

图 6－14　医疗救助资金结算流程

当地民政部门会定期向上级民政部门申请救助资金,并将这些资金存放在商业银行。医疗机构则会定期将医疗救助垫款的明细发送至当地民政部门申请费用结算。民政部门审核后,会提交至商业银行,对救助资金进行结算。

在采用 DCEP 后,由于其具有可编程和可追踪的特点,我们可以设计针对救助资金管理环节的定向支付功能和资金追踪服务。上级民政部门可以使用 DCEP 进行救助资金的拨款,并根据救助资金的要求来设定支付合约。这些合约会由数字货币系统自动执行,以确保数字货币按照指定的资金路径使用。该定向支付功能保证了上级民政部门可以自主控制后续救助资金的用途,从而实现救助资金的专款专用和精准控制。数字货币支付合约实现救助资金定向使用,如图 6－15 所示。

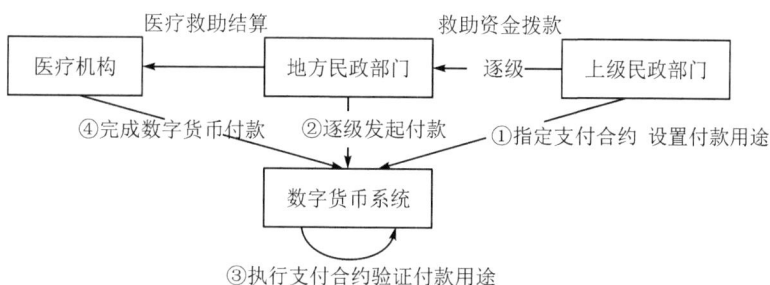

图 6－15　数字货币支付合约实现救助资金定向使用

上级民政部门使用数字货币进行医疗救助资金的拨款(实际拨款过程可能涉及多级部门),并向数字货币系统发送付款指令,同时设定支付合约。该合约规定,数字货币的后续付款操作必须满足指定的用途。地方民政部门作为接收方,在收到这些数字货币后,仅能按照支付合约中指定的用途发起付款操作,如付款给定点医疗机构。在验证通过后,数字货币系统会将数字货币支付给医疗机构。此外,上级民政部门还可以制定更为复杂的支付合约,以实现更加精准的资金用途控制,如验证付款结算清单、确保符合医疗救助条件等。通过数字货币的可追溯性,我们可以实现对救助资金的精准追踪。数字货币的流转信息通过中央银行授权的方式,能够向扶贫主管部门开放救助资金流向的追踪功能,从而实现对救助资金的精准追踪。开通数字货币的追踪功能,主要包括以下 3 个基本操作。

（1）开通：需要启用追踪功能的数字货币所有者，在支付时需选择开通数字货币的追踪功能，此时数字货币系统会对该数字货币进行可追踪标记。

（2）授权：后续收到数字货币的所有者，可以对带有追踪标记的数字货币进行追踪授权。在数字货币的连续支付过程中，如果每个环节的所有者都进行追踪授权，就会形成一条可追踪的数字货币支付链条，链条上的数字货币所有者可以向下追踪数字货币的流向。

（3）关闭：数字货币的所有者在支付时可以选择关闭追踪标记，此时追踪链条断裂，以保证后续交易的隐私性。数字货币下的救助资金跟踪问题如图6-16所示。

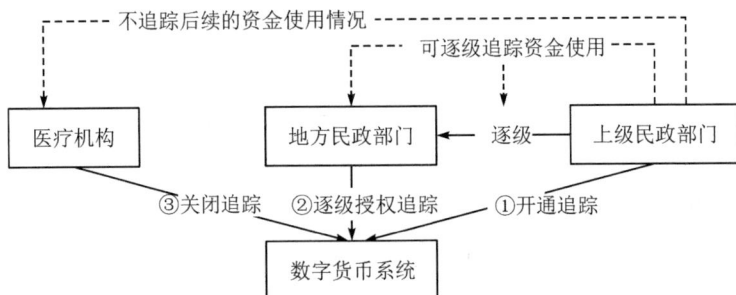

图6-16　数字货币下的救助资金跟踪问题

在医疗救助场景中，上级民政部门可以使用数字货币进行医疗救助专项资金的拨款，并开通追踪数字货币的功能。后续，各级民政部门需按照上级要求，在使用数字货币时进行追踪授权。当上级民政部门需要查询资金使用情况时，需提交之前拨款使用的数字货币及其所有者的私钥证书。数字货币系统接收到请求后，会验证证书与数字货币的关系，并返回带有追踪标记的后续数字货币信息，这些信息包括金额、交易时间、所有者等。通过这条追踪链条，上级民政部门可以跨主体层层追踪资金流向，以实时了解资金的使用情况。配合扶贫管理系统，上级民政部门可以验证资金的使用是否与预算和申请相符，从而使救助资金的监控更加精准和高效。

DCEP对救助资金跟踪的原理同样适用于农业补贴或其他资金的定向投放等领域。

6.2.3　农村电子商务与电子支付的关系

服务于农村的金融组织主要包括农村信用合作社、中国邮政储蓄银行、中国农业银行等。同时，中国工商银行、中国银行等商业银行也通过拓展自身服务网络，为农村提供金融服务。此外，参与农村电子商务支付的还包括微信、支付宝等第三方支付机构。

以中国农业银行为例，在参与电子商务的过程中，中国农业银行扮演了三种角色：提供资金流服务、使用电子商务服务以及提供农村电子商务平台服务。

（1）中国农业银行为农村电子商务提供资金流服务。相较于农村信用合作社等其他农村金融机构，中国农业银行由于较早接入中国现代化支付系统（CNAPS），且长期致力于农村经济的发展，拥有众多且分布广泛的用户资源，资金流动范围广泛，能够满足农村经济活动中的多种需求，其金融工具、产品和服务能够较好地适应农村经济活动的基本需求。

（2）中国农业银行通过电子商务手段提升自身服务能力。在长期为农村服务的过程中，中国农业银行利用自身优势,提供了多种金融服务,以赢得农村金融市场,提高自身的服务质量。例如,在农村开设金融便利店,实施助农取款工程等,为农村用户提供更加便捷的金融服务。

(3)中国农业银行推出了电子商务平台——E农管家,将普通农户、农村小商贩和各级批发商紧密连接起来,构建了一个集电商、金融、缴费、消费于一体的农村互联网金融生态圈。E农管家包含五大板块:惠农商城、收银帮手、缴费商城、惠农直销、积分商城。其中,惠农商城引入了县域日用品和农资批发商;惠农直销则引入了省级大型农资供应商,去除了中间环节,这些供货商能够直接向遍布乡村的农家店提供开放式在线供货。"E农管家"填补了银行在农村电商服务领域的空白,是"互联网+农村金融"的重要形式之一。

6.3　农村电子商务的物流体系

电子商务的发展促进了原材料、产品等资源在全球范围内的配置,加速了世界经济一体化的进程。在此过程中,物流作为资源配置的重要渠道,发挥着至关重要的作用。一个完整的电子商务交易过程通常涵盖信息流、资金流、物流和商流四个方面。目前,信息可以实现实时交互,资金也能够实时支付,但对于实体商品的物流而言,它是信息流和资金流能否最终实现的关键环节。然而,物流是一个复杂的过程,其效率往往是限制电子商务进一步发展的瓶颈。

6.3.1　物流概述

"物流"这一概念最早起源于美国,在汉语中通常被理解为"实物分配"或"货物配送"。早在1915年,阿奇·萧在其著作《市场流通中的若干问题》中首次提及"物流"一词。在第二次世界大战期间,美国军队为了保障战争供应,建立了"后勤"(Logistics)理论体系,并将其应用于战争活动。这里的"后勤"主要指的是战时的物资生产、采购、运输、配给等一系列活动。

物流是指物品从供应地向接收地的实体流动过程,它根据实际需要,将运输、储存、装卸、搬运、包装、流通加工、配送、信息处理等基本功能有机地结合起来。物流过程不仅涵盖了运输、存货管理、仓储、包装、物料搬运等相关活动,还注重效率与效益的双重提升,其最终目标是满足客户的需求并实现企业的盈利。

随着电子商务的蓬勃发展,电子商务物流应运而生。它主要分为两类:一类是传统物流企业向电子商务化转型;另一类是电子商务企业自身的物流运作和管理。前者通常被称为现代物流,它以系统理论为指导,综合考虑各种因素的相互影响,通过遵循"物流八最原则"(最合适的运输工具、最便利的联合运输、最短的运输距离、最合理的包装、最少的仓储、最短的时间、最快的信息传递、最佳的服务质量),实现商品以较低成本和较高效率进行位移。而后者则主要关注电子商务订单的实施与管理。

物流的基本职能包括运输、储存、装卸搬运、包装、流通加工、配送,以及与这些职能密切相关的信息处理等七个方面。

1. 运输职能

采用专用运输设备将物品从一个地点运送到另一个地点的过程,包括集货、分配、搬运、中转、装入、卸下等一系列操作。运输的主要目的是实现物质资料的空间移动。运输是物流基本职能中的核心环节,同时也是物流成本的重要组成部分。选择合适的运输方式对于提升物流效率至关重要。在决定运输方式时,需综合考虑运输系统所需的运输服务和运输成本,以实现安全、迅速、准时且成本合理的运输服务。

2. 储存职能

储存即保护、管理和贮藏物品。储存职能涵盖了进入物流系统的货物的堆存、保管、保养和维护等活动。通常，储存是通过仓库来实现的。然而，随着生鲜电子商务的兴起，储存也成为运输过程中的关键环节。

储存的作用主要体现在三个方面：一是确保货物的使用价值完好无损；二是在物流中心进行必要的加工活动前对货物进行保存；三是作为调节器，平衡商品生产与消费之间的时间差异。由于商品生产与消费在时间上往往是不均衡的，为了保证市场供给的连续性和充分性，以及延长物品的销售周期，需要通过商品储存来保障商品质量。

3. 装卸搬运职能

装卸是指在同一地域范围内（如仓库、码头、工厂等），通过人力或机械实施物品的垂直移动，改变其存放或支撑状态的作业。搬运则是改变物品空间位置的作业。装卸搬运是连接运输、储存、包装、流通加工、配送等物流活动的中间环节，同时也是为实施检验、维护、保养等保管活动所进行的必要操作，如货物的装上卸下、移送、拣选和分类等。

在整个物流活动中，装卸搬运的频率远高于其他环节，且人力资源消耗大。因此，装卸搬运费用在物流成本中所占比例较大。对装卸搬运的管理主要侧重于装卸方式的选择、机械设备的合理配置与使用以及装卸搬运的合理化，以尽可能减少装卸次数，节约物流费用，提高经济效益。

4. 包装职能

包装是指在流通过程中，为了保护产品、方便储运和促进销售，按一定技术方法采用的容器、材料及辅助物的总称。也指为了达到上述目的而采用容器、材料和辅助物并施加一定技术方法的操作活动。

包装贯穿于物流过程的各个环节，包括生产过程中的换装产品的出厂包装、物流过程中的分装和再包装等。包装通常分为工业包装和商业包装两类。工业包装的主要作用是分隔产品、便于运输，并保护在途货物；商业包装的目的则是便于销售。前者属于物流功能范畴，后者则属于营销功能范畴。

5. 流通加工职能

流通加工是指在物品从生产领域向消费领域流动的过程中，为了促进产品销售、维护产品质量和实现物流效率化，对物品进行的加工处理活动，使物品发生物理或化学变化。流通加工的内容包括装袋、分装、计量、挂牌、贴标、配货、挑选、混装、组装和刷标记等。这种在流通过程中对商品进行的辅助加工，虽然不增加商品价值，但可以弥补企业、物资部门和商业部门生产加工的不足，能够更有效地满足用户需求，更好地衔接生产和需求环节，使流通过程更加合理。流通加工是物流活动的一项重要增值服务，也是现代物流发展的一个重要趋势。

6. 配送职能

配送是在规定的区域范围内，根据客户的要求，对物品进行拣选、加工、包装、分割、组配等作业，并按时将物品送达指定地点的物流活动。配送是物流的一种特殊且综合的活动形式，它几乎涵盖了物流的所有职能，是物流的缩影或在某一范围内物流全部活动的体现。配送通常集包装、装卸搬运、保管和运输于一体，并通过这些活动将物品送达目的地。配送与运输的区别在于:从生产地至配送中心之间的商品空间转移被称为运输,而从配送中心到用户之间的商品空间转移则被称为配送。配送通过增大订货批量来实现经济进货,再将用户所需的各种商品配备好并集中发货,或将多个用户的小批量商品集中在一起进行一次发货。

7. 信息处理职能

信息处理是对反映物流各种活动内容的知识、资料、图像、数据、文件等进行收集、整理、储存、加工、传输和提供服务的活动。物流整体职能的发挥依赖于各职能之间的相互联系、相互依赖和相互作用。因此,各种职能的作用不是孤立的,需要及时交换情报信息。物流基本职能的前六项(运输、储存、装卸搬运、包装、流通加工和配送)可以统称为作业职能,有别于最后一项信息处理职能。

信息处理的基本职能在于收集、加工、传递、存储、检索和使用情报信息,包括其方式的研究以及管理信息系统的开发与应用等。其目的在于确保信息的可靠性和及时性,以促进物流整体功能的发挥。

6.3.2　物流的分类

根据不同的标准,物流的分类存在差异,物流主要可分为以下几个类型。

(1)根据物流的作用,物流的分类如表 6 - 3 所示。

表 6 - 3　根据物流作用的物流分类

物流名称	描　述
供应物流	生产企业、流通企业或消费者购入原材料、零部件或商品的物流过程被称为供应物流,即物资生产者、持有者至使用者之间的物流
销售物流	生产企业或流通企业将产品或商品售出过程中的物流活动,即从物资的生产者或持有者处运送至用户或消费者手中的物流
生产物流	从工厂原材料购入并入库开始,直至工厂成品库中的成品被发出为止,这一系列在工厂内部发生的物流活动。它涵盖了原材料到成品的整个转变过程中的物流管理
回收物流	在生产和流通活动中可以回收并再利用的物资,如旧报纸、书籍等,其被回收过程中的物流活动被称为回收物流
废弃物物流	生产和流通系统中产生的无用废弃物的流通处理过程被称为废弃物物流。例如,开采矿山时产生的土石、钢渣、工业废水等无用物质的流通处理,均属于废弃物物流的范畴

上述物流形式中,销售物流是电子商务尤其是农村电子商务中的主要物流形式之一。

(2)根据物流活动的空间范围,物流的分类情况如表 6 - 4 所示。

表 6 - 4　根据活动的空间范围的物流分类

物流名称	描　述
地区物流	地区物流具有不同的划分原则。首先,按行政区域划分,如西南地区、河北地区等;其次,按经济圈划分,如苏锡常(苏州、无锡、常州)经济区、黑龙江边境贸易区等。此外,地区物流也可泛指某个特定城市范围内的物流配送方式,如同城配送或当地的落地配送服务

物流名称	描述
国内物流	物流作为国民经济的一个重要组成部分,是国家总体规划的内容。国内物流涉及的商品和货物主要在某个国家领土范围之内进行传递和运输
国际物流	跨境电子商务的发展促进了产品在全球范围内的资源配置,物流也常超出了一国范围,进行全球物流运作,这便是国际物流

早期电子商务主要采用国内物流模式,但随着新零售和跨境电子商务的兴起,近年来地区物流和国际物流市场规模迅速增长。

(3)根据物流系统性质,物流的分类见表6-5。

表6-5 根据物流系统性质的物流分类

物流名称	描述
社会物流	社会物流一般指流通领域发生的物流活动,是全社会物流的整体,因此被称为大物流或宏观物流。社会物流的一个显著标志是伴随商业活动(贸易)发生,即物流过程与所有权的更迭紧密相关
行业物流	同一行业中的企业是市场上的竞争对手,但它们在物流领域中常常互助协作,共同促进行业物流系统的合理化。例如,共同建设零部件仓库、实行集中配送,建立技术中心、共同培训操作人员和维修人员,采用统一传票和商品规格等
企业物流	在企业经济活动范围内由生产或服务活动所形成的物流系统被称为企业物流

(4)根据物流实施的主体,物流的分类情况见表6-6。

表6-6 根据物流实施的主体方的物流分类

物流名称	描述
第一方物流	需求方为采购某种商品而进行的物流活动,如赴产地采购并自行运回商品等
第二方物流	需求方物流(购进物流),是用户企业从供应商市场购进各种物资而形成的物流
第三方物流	第三方物流是指由物流劳务的供应方和需求方之外的第三方去完成物流服务的运作方式。这些专业物流企业在整合各种资源后,为客户提供包括设计规划、解决方案以及具体物流业务运作等在内的全部物流服务
第四方物流	一个供应链集成商,它调集和管理组织自身的以及具有互补性的服务提供商的资源、能力和技术,以提供一个综合的供应链解决方案。第四方物流通过其在整个供应链中的影响力,为客户提供比第三方物流更大的价值
物流企业联盟模式	物流企业联盟指在物流方面通过签署合同形成优势互补、要素双向或多向流动的物流伙伴关系,以实现相互信任、共担风险、共享收益的目标。在这种模式下,企业之间不完全采取导致自身利益最大化的行为,也不完全采取导致共同利益最大化的行为

在电子商务,尤其是农村电子商务实施过程中,由于电子商务在零售市场的广泛应用,第三方物流成为用户群体较多的物流方式。

(5)根据物流流动方向,物流的分类情况见表 6-7。

表 6-7　根据物流流动方向的物流分类

物流名称	描述
正向物流	正向物流是指原材料在生产企业库存中,由生产企业组织生产变成产品,再由经销商把产品销售给消费者所提供的物流服务
逆向物流	逆向物流是指对原材料、生产过程中的库存和成品,以及相关信息从消费者终点返回初始起点的高效率、低成本流程的计划、实施和控制管理过程,其目的是重新挖掘产品的价值或找到适当的处置方法

6.3.3　条码技术

电子商务物流具备信息化、智能化及自动化等特性,这些特性的实现依托于物流领域中的信息技术和网络技术。例如,本书在关键技术部分提及射频识别技术(RFID)、全球定位系统(GPS)以及地理信息系统(GIS)等。此外,条形码技术也被广泛应用。

条形码技术是一种随着计算机应用的兴起而发展起来的识别技术。它遵循特定的标准,由一组按照规则排列的、黑白相间的条状符号以及字符和数字组合而成,用以表示特定的信息,如商品的名称、产地、价格、种类等。条形码及扫描设备见图 6-17。

图 6-17　条形码及扫码设备

国际上常用的码制包括欧洲商品编号(European Article Number,EAN)条形码和通用产品代码(Universal Product Code,UPC)条形码等标准。其中,EAN 条形码是国际通用的符号体系,它是一种长度固定、无具体含义的条形码,所表达的信息全部由数字组成,主要用于商品标识。在图书领域,可以使用条形码来表示图书的国际标准书号(International Standard Book Number,ISBN)信息。在 ISBN 中,前三位数字均为 978,中间 9 位为图书编码,最后 1 位为校验码。

条形码技术是现代物流系统中至关重要的信息采集技术。为了识别条形码中的信息,需要使用专门的条形码识别设备。随着信息技术的发展,现有的手机等设备大多集成了扫码软件,能够轻松地对条形码进行识别。当条形码被扫描时,其包含的信息会迅速转换成计算机能够识别的数据,并存储在专门的数据库中,以便后续根据需要进行操作和处理。

迄今为止,条形码技术仍是经济实用的自动识别技术之一。它具有速度快、精度高、成本低、可靠性高、误码率极低等优点。然而,随着商品信息表达需求的增加,条形码在信息、表达方面的能力显得有限。此外,一旦条形码破损,就会影响其识别效果。因此,产生了稳健性更强、能够表达更多信息的二维码。二维码如图 6-18 所示。

图 6-18　二维码

二维条形码能够在水平和垂直两个方向上存储信息,包括汉字、数字和图片等,因此其应用领域相比一维条形码更为广泛。二维条码主要分为堆叠式(行排式)二维条码和矩阵式二维条码两种。堆叠式(行排式)二维条码在形态上是由多行截短的一维条码堆叠而成;而矩阵式二维条码则多为正方形,以矩阵的形式构成,其中在矩阵的相应元素位置上,用"点"来表示二进制数"1",用"空"来表示二进制数"0","点"和"空"的不同排列组合便构成了代码。矩阵式二维条码设有三个固定点,扫描时通过固定这三个点的信息,便可以推测出整个二维码的信息内容,因此,二维码具有较强的容错能力。同样地,二维码也可以通过手机安装相应的软件进行扫描和识别。

物流条形码与商品条形码的比较情况见表 6-8。

表 6-8　物流条形码和商品条形码的比较

特征	物流条形码	商品条形码
标识对象	货运单元的唯一标识	最终消费单元的唯一标识
应用领域	用于物流现代化的管理	用于零售业现代化的管理
信息容量	条码的长度固定,信息容量小	条码的长度可变,信息容量多
维护程度	已经国际化和标准化,不可经常更新	可变条形码,可根据交易的具体需要而不断补充、丰富信息

6.3.4　农村电子商务物流

2019 年 1 月,中央一号文件明确指出,在实施村庄基础设施建设工程时,应完善县、乡、村三级物流基础设施网络,支持在产地建设农产品贮藏保鲜、分级包装等设施,并鼓励企业在县、乡及具备条件的村建立物流配送网点。同年 3 月,政府工作报告中提出:"健全农村流通网络,支持电商和快递发展。"农村电子商务物流因此受到了企业和各级政府的广泛关注。

尽管农村电子商务物流被视为现代物流的"最后一公里"问题,但它一直是制约农村电子商务进一步发展的关键因素。当前,针对农村电子商务物流所采取的措施主要包括:支持深度贫困地区加快物流、冷链运输、仓储等基础设施建设;改造提升农村道路;提高农村快递网点覆盖率;形成县、乡、村三级物流配送体系;推动邮政、快递物流企业等按照市场化原则进行资源整合,建立县级分拣中心,实现集中配送。通过集约化、规模化经营降低物流成本,并建立集交通、商务、扶贫、农业、供销、邮政、快递等多功能于一体的"多点合一"村级服务点。

通过以上内容可知,农村电子商务物流主要呈现出以下三种模式:邮政物流、京东物流和快递超市。

1. 邮政物流

经过长期发展,邮政系统已具备显著优势。在 2019 年全国两会召开之际,乡镇邮政局所覆盖率和补白网点正常运营率均达到 100%,建制村直接通邮率高达 98%。邮政系统主动对接了 496 个电子商务进农村综合示范县,在解决农村物流"最后一公里"问题上,邮政凭借其已建成的覆盖县、乡、村的三级物流网络体系,发挥了重要作用。

在现有的三级物流服务体系基础上,邮政通过业务拓展积极为农村电商提供物流服务。早在 2010 年,邮政便开始推动农村邮政企业及其村级加盟连锁服务网点向所在地工商行政管理部门申请办理登记手续,以经营化肥、农药等农资产品。此后,邮政不断拓宽服务范围,逐步增加了代办电信、代理保险、提供科技信息、推动旅游下乡等多种服务,并积极开展"农佳汇"活动,助力农产品进城。2021 年,中国邮政集团有限公司海南省分公司与海南海汽运输集团股份有限公司签订了战略合作协议,双方充分发挥各自资源优势,邮政利用海汽公交客运车辆带运邮件,共同推进"交邮联运"工作,实现了农村电子商务物流的双向高效运输。

2. 京东物流

京东物流作为自营物流体系,其早期的物流系统已相对成熟。在将现有物流向农村拓展的过程中,京东的电子商务物流体系主要由"三段式"构成,但越往末端面临的挑战越大,县域级购物订单的集中配送主要由京东电商平台控制运营。由于县级站点到乡镇级站点的物流受流量限制,京东与全国各地的县域级快递物流中心进行了合作,如"三通一达"(圆通速递、申通快递、中通快递、韵达速递)、顺丰速运等,统一整合各大快递和电商平台的物流订单,再配送至乡镇。

京东的物流体系与其运营的门店紧密相关。京东县级服务中心采用公司自营模式,是京东由线上向线下拓展的重要举措。该中心是一个多业务承载平台,管理人员包括配送站长和乡村主管。乡村主管负责培训、管理当地乡村推广员,并协调服务中心与"京东帮"服务店的功能匹配,使两者协同工作,共同解决农村消费者网购商品的"最后一公里"配送难题。京东县级服务中心是京东针对县以下 4～6 级市场打造的市场营销、物流配送、客户体验和产品展示四位一体的服务旗舰店,为客户提供代下单、配送、展示等综合服务。

"京东帮"服务店主要满足大型家电企业在家电下乡方面的服务需求,以此方式解决电商下乡的"最后一公里"问题。针对大型家电产品在物流、安装和维修上的特殊需求,"京东帮"服务店依托厂家授权的安装网络及社会化维修站资源的本地化优势,通过口碑传播、品牌宣传、会员发展、乡村推广、代客下单等多种形式,为农村消费者提供配送、安装、维修、保养、置换等一站式家电服务解决方案。"京东帮"服务店与京东之间属于合作关系,但其主要承载的是京东的自营家电业务。京东的农村物流体系如图 6-19 所示。

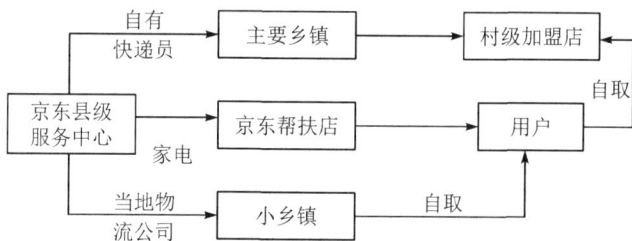

图 6-19　京东的农村物流体系

京东还将大力发展"京东包裹"、无人机等业务,以更好地服务农村电子商务物流。

3.快递超市

2016 年,在国家"快递下乡"政策的支持下,一些快递企业(如中通)开始与乡镇的超市合作,设立起收件、派件的临时存放点。随着青鸟驿站等城市物流模式的出现,快递超市逐渐演变为专业的快递代理网点,开始代理多家物流公司的快递收发服务。

为促进农村电子商务的发展,全面构建农村电商物流体系,我国正加快完善县、乡、村三级农村物流网络,改造并提升农村物流基础设施。同时,深入推进电子商务进农村和农产品出村进城,旨在推动城乡生产与消费的有效对接。为此,农村还需加快实施农产品仓储保鲜冷链物流设施建设工程,包括推进田头小型仓储保鲜冷链设施、产地低温直销配送中心以及国家骨干冷链物流基地的建设等。

6.4　农村电子商务商流

在电子商务环境中,依据商品价值的二重性将商品流通的不同形式划分为物流与商流,即实现商物分离。商流与物流在电子商务中扮演着不同的角色,用以描述物品所有权的转移的是商流,商流与物流在信息流上的地位转变如图 6-20 所示。

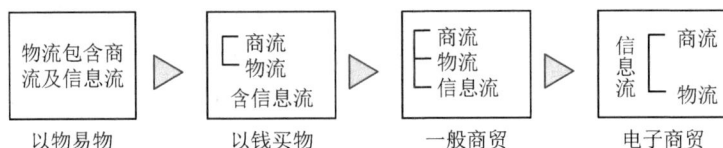

图 6-20　商流与物的在信息流上的地位转变

商流和物流既相互联系又相互区别,它们既相互结合又相互分离,始终贯穿于商品流通活动之中。它们之间的关系如下:

(1)商流与物流的统一。首先,商流是物流的前提。没有商品买卖交易,就没有产品所有权的转移,因此实物的位移也就无须存在。实物运动的方向与商品交易的方向是一致的。其次,物流是商流的保证。商品所有权的转移体现了购买者对商品使用价值的认可。若物流条件不具备或实体运动过程受阻导致商品无法送达,则商流将失去保证。

(2)商流与物流的分离。商流与物流分离的根本原因在于资金流与物流的相对独立性。物流受实体形态的局限性影响,其运动形式、运动渠道与资金流有很大的不同。资金流可以通过银行间的结算系统以划账的方式瞬时完成,从而实现买卖交易,完成所有权的转移。但相应的物资转移则需要经过运输、储存、配送等一系列相对漫长的物流过程。

6.5　农村电子商务的跨境交易

随着我国现代农业的发展和农业供给侧结构性改革的推进,我国众多农产品开始面向国际市场,跨境电子商务成为农村电子商务未来发展的一个主要趋势。如果说农村电子商务是传统电子商务的下沉,那么跨境电子商务则是传统电子商务的向外延伸。

6.5.1　跨境电子商务基础知识

跨境电子商务(简称跨境电商)指分属不同关境的交易主体,借助电子商务平台达成交易、进行支付结算,并通过跨境物流将商品送达、完成交易的一种国际商业活动。它分为出口跨境电商和进口跨境电商。狭义的跨境电商实质上等同于跨境零售,是指分属不同关境的交易主体,通过计算机网络达成交易、进行支付结算,并采用快件、小包等方式,借助跨境物流将商品送达消费者的过程;而广义的跨境电子商务,则等同于外贸电子商务,它涵盖了分属不同关境的交易主体,是一种通过电子商务手段将传统进出口贸易中的展示、洽谈和成交环节电子化,并通过跨境物流送达商品、完成交易的国际商业活动。跨境电子商务的基本业务组成如图 6-21 所示。

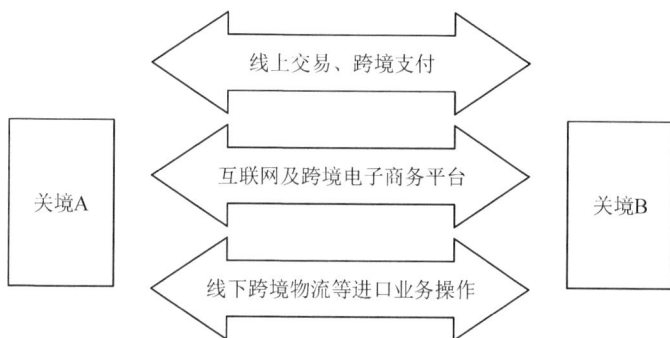

图 6-21　跨境电子商务的基本业务组成

跨境电子商务与跨国电子商务有所不同。对于欧盟等结盟国家之间的交易,虽然商品交易是跨国进行,但仍然处于同一个关境之下。而我国与世界上其他国家都属于不同的关境,因此,对我国而言,所有跨国电子商务交易均可视为跨境电子商务交易。

在进口跨境电子商务模式下,海外卖家将商品直接销给国内买家。一般情况下,国内消费者会通过访问境外商家的购物网站选择商品并下单购买,然后由境外卖家通过国际快递将商品发送给国内消费者。代购可以视作跨境电子商务模式的雏形。在出口跨境电子商务模式下,国内卖家将商品直接销给境外买家。一般情况下,国外买家通过访问跨境电子商务平台网站选择商品并下单购买,完成支付后,由国内的商家通过国际物流将货物发送给国外买家。

跨境电子商务主要由跨境电子商务平台、跨境物流公司和跨境支付平台三个部分组成,这使得它在信息流、资金流、物流和商流上与传统电子商务有所不同。

在信息流方面,跨境电子商务平台主要负责信息展示、在线匹配和撮合。现有的跨境电子商务平台包括速卖通、亚马逊、eBay、Wish、敦煌网等。在物流方面,跨境物流公司有 DHL、TNT、FedEx、UPS 和中国邮政等。跨境支付方式多样,包括银行转账、信用卡支付和第三方支付等。例如,B2B 主要以线下交易模式进行,使用信用卡或银行转账支付;而 B2C 则主要以线上支付完成交易,第三方支付占据主导地位,如 eBay 的 PayPal。

以农产品出口为例,跨境电子商务在信息流、资金流和物流等方面均不同于传统电子商务。在跨境出口电子商务的信息流方面,跨境电子商务的信息表达需要遵循目标市场的法律和风俗习惯,并支持多个国家的语言。在跨境出口物流方面,需要进行报关和报检,因此物流周期相对较长。在跨境支付方面,需要按汇率结算。由于汇率是实时变动的,所以即使物品出口时使用固定的外汇定价,其销售额在不同时间点也会有所不同。

此外,在跨境出口物品方面,跨境电子商务的商品还需符合国外市场的需求。例如,一些具有地方特色的手工艺品,常会增加多国语言的软文解说功能。商品的定价也需根据国外市场的特点来制定,以防止因定价过低而被视为对其他国家同类商品的倾销,从而遭受反倾销制裁。为了提高商品交易的效率,一些企业通常采用海外仓储的方式来缩短跨境电子商务产品的交易周期。

海外仓储是指将货物从本国出口,通过海运、陆运、空运等方式储存到目标国家的仓库中。买家通过网上下单购买所需物品后,卖家只需在网上操作,对海外的仓库下达指令即可完成订单的履行。货物从买家所在的国家发出,相当于在该国进行的电子商务交易。海外仓储的应用大大缩短了从本国发货所需的物流时间。

6.5.2 跨境电子商务实施案例

无论是跨境电子商务中信息流、资金流和物流的变化,还是海外商品的制作与海外仓的建设,都会导致企业的运营成本相对较高。为了降低企业的运营成本,借助"一带一路"政策的支持,我国农特产品出口形成了以下三种主要模式。

(1)高新技术产业孵化园模式。目前,我国包括西安在内的多个地方政府,通过建立高新技术产业孵化园,针对中小企业产品出口在信息流、资金流、物流等方面面临的问题,提供了全方位的一站式服务。中小企业专注于商品生产,而将产品出口的相关事务外包给高新技术产业孵化园,以此来降低产品出口成本,并减少产品销售环节的不确定性。

(2)大型电子商务平台服务模式。国内外一些大型的电子商务网站(如 eBay)提供了企业从事跨境电子商务所必需的信息流、物流和资金流服务。一些农特产品采用预售方式实施订单农业,待产品成熟后直接销往国外,蒲江柑橘就是订单农业的典型代表。

(3)国与国一级批发市场流通模式。成都彭州雨润农产品批发市场是我国重要的农产品一级批发市场,其农特产品实行全球采购与销售。值得一提的是,该市场是我国第一批法定数字货币在成都的主要应用场景之一。

🄩 本章小结

一个成功的电子商务的实施,不仅依赖于技术的支撑和商业模式的合理规划,更需要对电子商务的相关内容进行系统、科学的整合,以确保其整体性和系统性。

本章主要围绕电子商务的信息流、资金流、物流和商流等几个核心方面展开讲解。

电子商务与信息管理系统有所不同,它不仅要能够对信息进行管理,更重要的是能够按照既定的方式促进信息的流动。因此,本章首先深入讲解了网络营销的相关知识,包括网络营销的调研方法、消费者行为的分析,进而延伸至网络广告、农村电子商务的网络营销策略、数字时代的品牌建设,以及网络营销效果的评价方法。

电子商务交易的完成需要通过资金转移来实现债权和债务的清偿。在电子商务利用支付机构完成资金转移的同时,金融机构也在通过实施电子商务来提升自身的服务水平,并利用自身资金供应链的优势提供电子商务平台服务,从而推动农村电子商务的发展。

电子商务的最终完成还需要依赖物流来实现商品的转移。本章重点讲解了物流的分类及条码技术,并简要介绍了电子商务商流的相关知识。

在国家"一带一路"政策的推动下,农产品出口将成为农村电子商务未来发展的重要趋势之一。在跨境电商领域,农村电子商务同样面临着信息流、资金流和物流的挑战。

现代农业的发展促使农业生产培育出更多种类的农产品,这有利于推动农村经济的繁荣。而跨境电子商务的实施,更是让农业生产面向更为广阔的国际市场,真正将农业增收转化为农户的经济增收,最终推动农村经济的全面发展。

思考题

1. 网络市场的调研方式有哪些?问卷的基本组成部分有哪些?
2. AIDMA 模型和 AISAS 模型有哪些异同?
3. 常用的网络广告类型有哪些?CPM、CPC 和 CPA 之间有什么区别?
4. "直播+"的主要模式有哪些?其具体内容是什么?
5. 大数据营销的步骤包括哪些?
6. 现代支付体系包含哪四个方面的内容?法定数字货币在货币层次中处于哪一层次?
7. 第四方物流与物流联盟有什么区别?
8. 跨境电子商务的含义是什么?

第7章 农村电子商务运营

学习目标

1.掌握农村电子商务信息流实施中的关键内容,包括网络调研、网络广告发布以及品牌建设等。

2.理解农村电子商务在实现资金流过程中涉及的现代支付体系。

3.理解农村电子商务物流的定义、分类、常用技术及其特点。

4.了解农村电子商务商流的基础知识框架。

5.了解农村跨境电子商务的基本概念及常用运营模式。

思政目标

1.通过学习,了解农村电子商务运营的基本原理和基本方法,同时强化学生服务人民、奉献社会的核心价值观。

2.深入理解农村电子商务体系中各参与者的信息服务功能和收益形成机制,进一步增强学生的职业道德观念。

内容提要

本章首先阐述了农村电子商务运营涉及的经济理论,具体包括长尾理论以及信息经济的三大核心特征。接着,从系统管理的视角出发,详细说明了农村电子商务中各参与方的协调机制与利益分配。最后,本章从管理学的角度,介绍了如何对农村电子商务流程进行动态优化,旨在促进经济、技术与管理的深度融合与协同发展。

开篇案例

广东省供销系统电商平台

2014 年,广东省阳山县新农村供销合作社开始了"互联网+"的尝试,在组织体系、服务体系、质量体系、金融体系、经营体系以及物流体系等多个方面进行了创新,旨在构建基于互联网思维的农业产业链、价值链与供应链,从而打通农村电子商务的"最后一公里"。

随后,广东省供销合作社发布了《广东省供销合作社综合改革试点实施方案》,供销合作社正式启动了"互联网+"行动计划。该计划旨在建立广东供销社系统,并着力打造一个省级电商平台。此平台向上连接全国供销总社的电商平台——"供销e家",向下则与市县供销社的区域电商平台相连,共同构建了一个具有广东省供销社特色的电子商务经营体系。一方面,该体系整合了供销社所管辖的企业的资源,积极规划并打造了农资、粮油、日用品等省级专业电子商务平台,例如天润粮油商城(网址:https://www.51trly.com/searchlist)。另一方面,鼓励各地供销社根据当地实际情况,探索建立区域性电子商务平台。例如,肇庆市供销社就利用"菜篮子服务快线"平台,解决了农产品在城市物流中的"最后一公里"问题。

广东省供销合作联社系统充分发挥了县级供销合作社在农村电子商务中的主体作用,将供销合作社基层网点作为解决农村电子商务"最后一公里"问题的关键环节。这些网点为农户提供了网上代购、农产品销售、生活超市、金融保险服务等多种便捷服务,实现了"农产品进城"与"工业品下乡"的双向流通。2015 年,茂名市供销合作社成功建立了 31 个集电子政务、电子商务、社会化公共服务功能于一体的村级电子商务综合服务站,极大地促进了城乡商品的流通。英德市供销合作社在推进农村电子商务发展的过程中,采用了"政府主导、供销合作社主办、社会力量参与、市场化运作、经营监管分离"的经营模式,成功打造了"即送网"这一"网上供销合作社",进一步推动了城乡商品的流通。通过与供销合作社"即送网"的对接,不仅将农户生产的生鲜农副产品直接销售给市民,还将日用消费品供应给了乡镇居民。

在构建广东省供销合作联社特色电子商务体系的过程中,广东省供销社系统始终坚持以服务农业、农村和农民为宗旨。凭借其与"农"紧密相连的天然优势,供销社系统积极组织农产品经营企业、农户合作社等市场主体,整合当地的农产品资源,并注重打造具有地方特色的农产品品牌。这使得供销社成为各地推广名优土特产的重要渠道。

同时,供销社系统将农产品质量视为农产品电子商务不可触碰的底线。通过建立健全农产品质量安全可追溯系统,供销社系统实现了对农产品全程质量的管控。此外,供销社还积极探索订单农业模式,引导供销社电子商务企业参与土地流转,将交易、物流、技术、金融等电子商务服务融入农业生产之中,实现了"以销定产"和"产地直供",并取得了显著的经济效益。

(案例根据文献整理,文献来源为:南方日报网络版,到 2016 年底建 3 个省级专业化电商平台 打通农村电子商务[EB/OL],(2016 - 01 - 22)[2022 - 01 - 21],http://www.gd.gov.cn/gdywdt/ tzdt/content/post_69024.html。)

参与农村电子商务的企业或个人因其对电子商务理解的不同以及在电子商务中所扮演的角色各异,对农村电子商务的期望也各不相同。在电子商务的实施过程中,商务活动为各参与者带来的利益既包括直接收益,也包括间接收益。例如,农户通过开设网店销售农产品所获得的销售收入属于电子商务的直接收益;而基层政府则通过提供服务获取电子商务平台上的交易数据,进而辅助乡村治理和经济决策,这构成了电子商务的间接收益。

农村电子商务之所以能够替代传统的农产品交易和服务交易方式,是因为农村电子商务的服务能够为系统内的各参与者带来直接或间接的收益,并通过市场机制促进这些收益在各参与主体之间的合理分配。农村电子商务的发展需要商务活动各方的共同参与和努力。从理性经济人的角度出发,这就要求农村电子商务服务在运营过程中,必须最大限度地降低电子商务服务成本,提高电子商务的整体收益,并确保这些收益能够在各参与者之间得到合理分配。只有当所有参与者在电子商务活动中获得的收益超过其付出的成本时,他们才会更有动力去推动农村电子商务的进一步发展。

7.1　农村电子商务实施的原理

信息经济学从经济学的角度阐释了农村电子商务的运营机制及其发展机制。经济学是研究人类社会在不同发展阶段上的经济活动、经济关系及其运行和发展规律的学科,其核心在于探讨物质稀缺性与资源有效利用的相关问题。随着信息技术的广泛应用,信息经济学应运而生,为信息产业中参与者的经济行为提供了理论解释。

7.1.1 信息经济学

信息经济学在继承和发展西方经济学的基础上,对微观经济学等传统理论进行了深化。以微观经济学为例,消费者理论、厂商理论和市场理论等传统理论在信息经济学的框架下得到了新的发展和应用。

1. 消费者行为理论

消费者行为理论旨在研究消费者作为理性经济人在消费行为中的选择,进而引入效用、预算约束、消费者剩余等概念。在传统微观经济学和信息经济学的理论框架下,消费者效用的变化如图 7-1 所示。

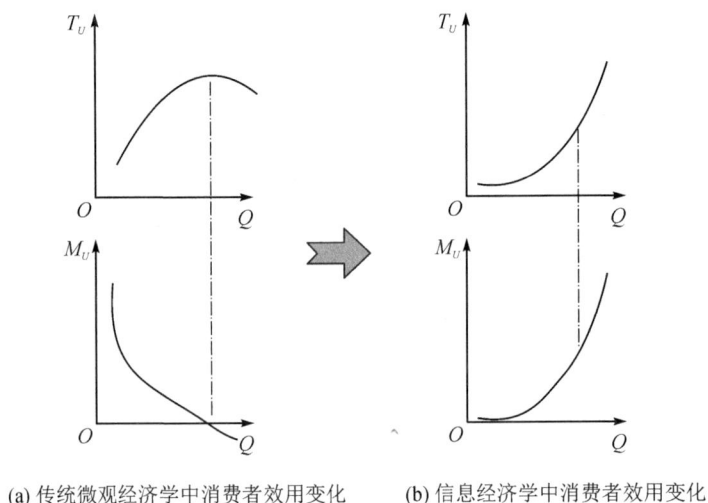

(a) 传统微观经济学中消费者效用变化　　(b) 信息经济学中消费者效用变化

T_U— 消费者总效用;M_U— 消费者边际效用;O— 坐标原点;Q— 消费者获得的服务数量。

图 7-1　两种经济学理论框架下消费者效用的变化

经济学中的效用指的是商品或服务满足人们需求的能力,主要分为基数效用和序数效用。为了分析便捷,图 7-1 以基数效用为例,对比了效用理论在传统经济学和信息经济学中的不同。在信息经济时代,以消费者获取平台服务为例,由于信息的积累和数据的驱动,消费者的决策能力增强,从而提高了服务的效用。因此,当电子商务网站上的买家和卖家数量均较少时,用户效用较低;反之,当买家和卖家数量增多时,用户对平台服务的效用提升,对平台的依赖性也随之增强。

2. 厂商理论

在信息经济学中,厂商理论依然强调企业通过等产量线和等成本线进行生产决策。传统企业生产中固定成本较低,但随着市场扩展,边际成本在达到临界点后逐渐上升。而在电子商务企业中,固定成本较高(如购买软件、服务器等),但随着市场扩展,边际成本趋近于零。此外,市场不确定性导致部分成本无法收回,形成了沉没成本。在电子商务环境下,信息产品的研发成本较高,且运营不确定性大,失败率较高,因此,信息产品可能面临更多的沉没成本。

传统产业和信息产业的生产成本变化如图 7-2 所示。

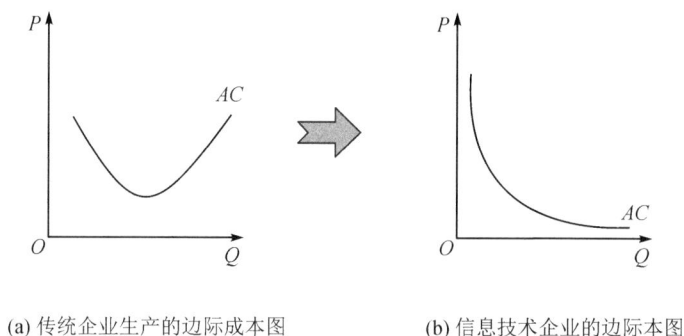

(a) 传统企业生产的边际成本图　　　　　(b) 信息技术企业的边际本图

AC— 企业生产产品 / 服务的边际成本;O— 坐标原点;Q— 企业生产的产品数量 / 服务数量

图 7-2　传统产业和信息产业的生产成本变化图

信息产业在投入软硬件设施时固定成本较高,而在提供信息服务时,通过信息复制和重复使用,边际成本较低,甚至趋近于零。因此,传统企业的平均成本曲线呈 U 形,而电子商务网站的信息产品平均成本曲线则呈下凹形且趋近于零。这意味着一旦电子商务平台投入使用,在后期运营中,随着用户数量的迅速增长,企业利润将快速增长;但如果用户数量不足,前期投入的固定成本将迅速转化为沉没成本,这将加速电子商务平台的消亡。

3. 市场理论

电子商务企业在不同类型的市场(如完全竞争、完全垄断、寡头垄断等)上的决策方法是不同的。

与传统经济学的市场理论相比,电子商务市场因信息技术的溢出效应而具有外部性。萨缪尔森将外部性定义为:在生产和消费过程中给他人带来的非自愿的成本或收益,即这种成本或收益并未由引起成本或获得收益的人加以偿付。外部性表现为一个经济主体的行为对另一个经济主体的福利产生影响,而这种影响并未在市场交易中反映出来。外部性可分为正外部性和负外部性,其存在导致私人成本与社会成本、私人收益与社会收益之间的不一致。

电子商务主要依赖的网络环境具有显著的外部性。新用户的加入会增加网络中其他用户的效用,进而提升整个网络的总效用,这是网络正外部性的体现。网络的外部性是一种消费者对消费者的外部性,不涉及生产者所提供产品的私人边际收益外溢问题,而是保持了私人边际收益与社会边际收益的一致性。

受移动设备外部性的影响,农村电子商务得以快速发展;而现代农业中信息的外部性又进一步推动了农产品的交易;某个地区农村电子商务的发展也会带动附近地区电子商务的发展。电子商务的外部性促进了私人成本与社会成本、私人收益与社会收益之间的转化。

信息技术的外部性推动了商品交易向电子商务交易转换过程中的成本和收益变化。当用户使用移动设备代替计算机进行电子商务交易时,由于移动设备的主要功能是通信,其参与电子商务交易体现了作为信息设备的外部性,且成本接近于零,因此降低了个人参与电子商务的私人成本。个人使用移动网络将部分私人成本转化为社会成本,从而降低了电子商务的交易成本。这既促进了电子商务市场的发展,又转变为电子商务交易的收益,并促进了收益在电子商务交易参与者之间的分配,最终推动了电子商务的发展。因此,在移动电子商务未广泛普及之前,农村电子商务发展缓慢甚至停滞;而移动设备和移动网络技术的发展则加速了农村电子商务的发展。

农村电子商务在移动商务发展的正向外部性作用下呈现出特定的供求关系,移动设备外部性作用下的电子商务服务供求曲线如图 7-3 所示。

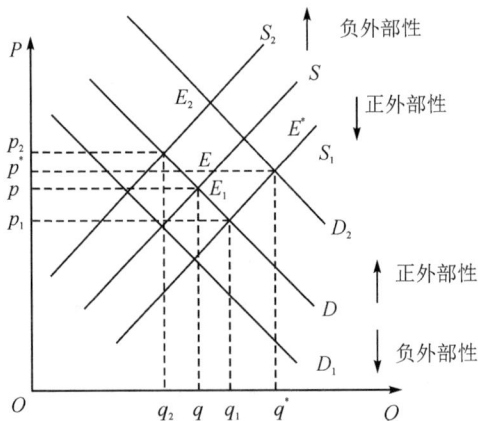

图 7-3　移动设备外部性作用下的电子商务服务供求曲线

在电子商务服务需求保持稳定的条件下,农村电子商务的正向外部性导致电子商务交易服务的供给曲线 S 下移至 S_1;而在电子商务服务供给不变的情况下,由于移动网络和移动设备的使用,电子商务的正外部性会增加私人收益,进而推动农村电子商务交易需求的增长,使电子商务交易需求曲线由 D 上升到 D_2。因此,在电子商务正外部性的作用下,原有的均衡点 $E(p,q)$ 移动到最优点 $E^*(p^*,q^*)$,此时电子商务服务在供求上达到平衡,社会的总经济福利达到最大化。在电子商务交易中,移动电子商务通过将外部性内部化,促进了社会收益向私人收益的转化,最终使市场均衡点由原有的 $E(p,q)$ 转变为新的 $E^*(p^*,q^*)$,该点也是农村电子商务市场存在外部性时的最优点。

电子商务外部性内部化后,农村电子商务的交易成本降低,从而促进了农村电子商务交易供给的收益增长。在此过程中,农户参与电子商务交易的成本也相应减少,进而吸引了更多农户参与,进一步推动了农村电子商务的发展。

4.网络经济的经济特征

随着信息技术的持续应用,信息技术产业得到了高速发展。因此,网络经济适用以下三个典型的经济规律。

一是摩尔定律。该定律是由英特尔创始人之一戈登·摩尔(Gordon Moore)提出的,其内容是:在价格不变的情况下,集成电路上可容纳的元器件数量大约每隔 18 至 24 个月就会增加一倍,性能也会相应提升一倍。即相同价格的电脑性能,每隔 18 至 24 个月就会翻一倍。由于硅的独特性质,集成度越高,晶体管的价格越便宜,这体现了摩尔定律的经济效益。摩尔定律解释了信息技术产业中,电子设备(如服务器、计算机、网络设备等)性能的提高和价格的降低,促进了信息服务成本的降低,使得电子商务平台能够以更低的价格提供更优质的服务。因此,在市场推广阶段,为了优化用户体验,较多的电子商务平台选择提供免费的信息服务,其内在原因是信息服务成本低,企业能够通过在短期内不盈利或获得较少的盈利来开拓市场。

二是梅特卡夫法则。该法则描述了网络价值以用户数的平方速度增长,即网络价值等于网络节点数的平方,且网络价值与联网用户数的平方成正比。用数学公式表示为: $V = n^2$ (V 表示网络的总价值,n 表示用户数)。在该法则下,当一个通信网络中有 n 个人时,网络为每个人与其他人通信提供 $n \times (n-1)$ 个通道,因此网络的总价值为 $n^2 - n$,推动着网络价值呈几何级数增长。梅特卡夫法则是经济学中的网络外部性内部化的应用,即随着用户数量的不断增长,网络中每个用户的价值也不断增加。因此,随着网络用户数的增加,电子商务企业的服务成本更低,用户的效用也相应增加。尽管梅特卡夫法则在理论上因忽略了网络扩大的成本而存在一些缺陷,但在实践中,其网络效应已得到了证实。

三是马太效应。马太效应指的是强者越强、弱者越弱的现象,该效应广泛应用于社会心理学、教育、金融等领域。罗伯特·默顿将马太效应归纳为:任何个体、群体或地区,在某一个方面(如金钱、名誉、地位等)获得成功和进步后,将产生一种积累优势,从而有更多机会取得更大的成功和进步。由于电子商务交易具有信息共享性,在马太效应的作用下,具有优势的电子商务网站能够拥有更好的品牌、更多的用户,从而获得更多的收益并迅速发展成为垄断企业。因此,在完全竞争的市场机制下,一旦电子商务企业之间同质化严重的情况,就难以避免垄断现象的出现。

7.1.2　信息与复制经济

电子商务的信息服务通过信息的不断复制展现了其发展的可持续性,这种信息复制使得传统的经济特征发生了显著变化,具体表现为:

(1)在信息经济背景下,信息对生产要素的促进作用将导致生产的边际收益递增。

(2)信息经济的兴起,得益于费用较低的网络交易取代了费用较高的市场交易。这一变化使得网络经济在发展过程中,对传统经济学中的某些结论产生了偏移。

(3)在信息经济中,时间、空间和信息元素被纳入复制经济模型。信息不再仅仅是虚拟的存在,而是代表了产品、服务或资产。在信息和时间复制的过程中,能够创造出社会财富,从而实现社会福利的增加。

在信息复制的过程中,网络信息得以聚合,形成了协同效应。具体表现为:

(1)网络经济通过信息的复制、共享和合作,将信息的网络外部性内部化,从而获得规模经济效益。

(2)信息的无限复制加强了信息之间的关联性和互补性,使得经济活动不再遵循一般均衡规律,信息也因此不再具有边际效用递减的特征。

在信息复制和网络外部性的共同作用下,网络价值得到迅速提升。在推动网络经济发展的过程中,企业的收益增长呈现出梅特卡夫定律现象。

7.1.3　长尾理论

长尾理论是管理学领域的一个重要理论,该理论阐述了在信息技术应用下,企业通过利用边际成本趋于零的信息技术服务,积累用户市场,从而获得利润。

长尾理论最初由克里斯·安德森(Chris Anderson)于 2004 年在其发表的《长尾》一文中提出。随着技术的进步以及消费者个性化需求的增加,当服务足够便捷且成本极低时,那些需求较少的产品所形成的众多小市场汇聚在一起,可以产生与主流产品相当的市场份额。普惠金融中的长尾理论模型如图 7-4 所示。

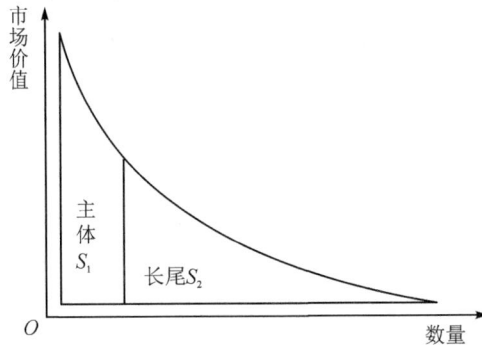

图 7-4　普惠金融中的长尾理论模型

在图 7-4 中,基于长尾理论,我们假设 20％的主体市场高价服务企业获得的总体收益为 S_1,而 80％的尾部市场低价服务企业获得的总体收益为 S_2。在这种情况下,很可能存在 S_2 大于 S_1 的情况。尾部市场的收益虽然分散,但总量庞大,在信息技术的推动下,其经济收益同样值得密切关注。

无论是从规模还是从收益的角度来看,长尾理论都为农村电子商务的发展提供了坚实的理论依据。从纵向发展视角看,专注于一类或多类生鲜农产品或服务的农村电子商务平台能够取得良好的收益;从横向发展视角看,专注于一个或多个区域的农产品上行和工业品下行的农村电子商务平台同样能保持良好的收益。此外,农村电子商务平台积累的数据,对推动县、乡、村数据驱动的治理具有积极作用。

7.2　农村电子商务的主要参与者及其协作

农村电子商务本质上仍然是商品或服务的交易,交易的每一个环节都有明确的参与者。电子商务平台通过整合交易机制,按照参与者约定的方式完成商品或服务的交易,并保障电子商务所需的信息流、资金流、物流和商流等服务顺畅流通。

在不同的交易环境下,农村电子商务的参与者有所不同。在 B2C 电子商务交易中,部分企业采用第三方电子商务平台的服务,而部分企业则自建电子商务网站进行商品交易。对于自建电子商务网站的企业,它们同时扮演了商家和第三方平台的角色,其收益可以用管理学中的"企业内部市场交易"理论来解释,或者更看重品牌收益等方面。为便于理解,本节将以广泛应用的第三方平台电子商务模式来阐述农村电子商务的主要参与者及协作过程。

7.2.1　农村电子商务的主要参与者

参照传统的电子商务的参与者分析,电子商务整体框架中的主要参与者如图 7-5 所示。

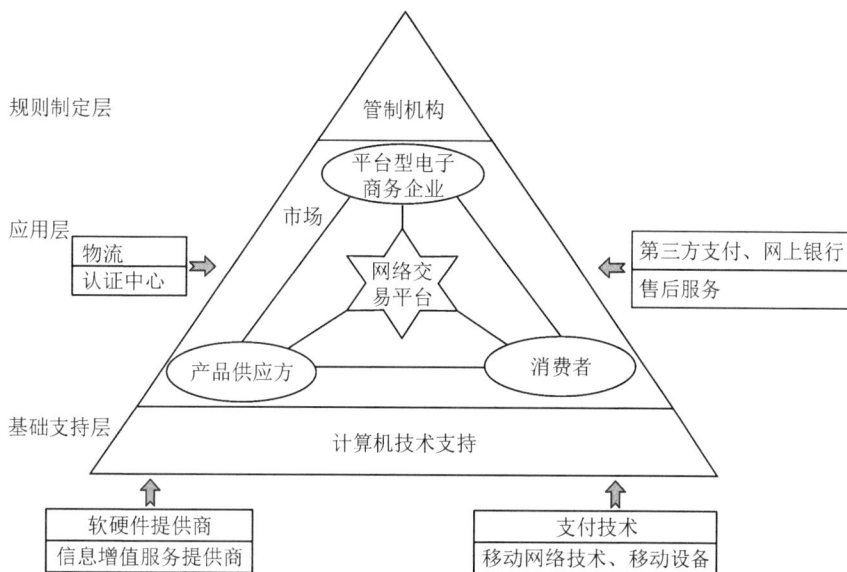

图 7-5　电子商务整体框架中的主要参与者

在图 7-5 中,产品供应方是农村电子商务的主要推动者和受益者;消费者是经济活动不可或缺的主体;政府则扮演着引导者和监管者的角色;中介机构在农村电子商务交易中起着桥梁作用,连接着买方和卖方,对电子商务的成败至关重要。常见的中介机构包括为支付机制服务的金融机构、提供电子商务软硬件和通信服务的厂商(如 IBM、惠普、微软等),以及提供信息搜索服务的信息服务增值商(如雅虎、AltaVista、Infoseek 等)。此外,物流也是电子商务交易的重要参与者,负责完成电子商务的最终交易。

电子商务的参与者可以概括为卖方(企业或个人)、买方、政府和中介机构。其中,中介机构包括服务中介、网上银行、认证中心等。

(1)卖方(企业或个人)。卖方以网上商店作为交易场所,进行商品或服务的展示。在工业品下乡时,卖方主要是工业品销售企业;在农产品进城时,卖方主要是涉农企业或农户。

(2)买方。买方作为消费者,在商务活动中占据重要地位,包括个体消费者和团体消费者,政府也常作为采购方参与商品采购。消费者可以购买商品或享受服务,其用途可能是直接消费或生产活动。以买卖交易为中心,带动了相关商务行为。在工业品下乡时,买方主要是涉农企业或农户;在农产品进城时,买方主要是城市居民或涉农企业。

(3)政府。作为电子商务的引导者和监管者,政府在农村电子商务中发挥着特殊作用,特别是在指导农业、引导农户和治理农村方面。

(4)服务中介平台。服务中介平台为买卖双方提供信息发布和撮合交易的服务,同时确认参与者身份和信息的真实性。

(5)网上银行或信用卡公司。网上银行或信用卡公司在交易中负责实现资金转移,确保结算迅速完成。

(6)CA认证机构。CA认证机构为参与主体颁发数字证书,进行身份确认,并提供信息收发安全加密服务和第三方公证服务。

(7)物流配送中心。物流配送中心负责将有形商品从卖方转移到买方。

电子商务交易的完成离不开所有参与者的共同努力。因此,电子商务运营需要充分考虑各参与者的利益,监管者也应防范各参与者在电子商务交易中产生的风险。

7.2.2 农村电子商务的交易过程

在农村电子商务交易中,商品交易流程被划分为四个步骤:交易前的准备、贸易磋商、合同的签订与执行,以及合同的履行与支付。以农产品进城为例,农村电子商务的一般交易流程如下。

1. 交易前的准备

这一阶段主要涉及买卖双方及所有参与交易的各方在签订贸易合同前所进行的各项准备工作。无论是买方还是卖方,都需要进行充分的交易前准备。

(1)买方需选择欲购买的商品,准备购货款并制订购货计划。若为企业或大规模订购,还需进行市场调研和分析,调整购货计划,并经过审批确定。买方需明确所购商品的种类、数量、规格、价格、购货地点及交易方式等,并通过互联网在电子商务平台上与卖家进行匹配。

(2)卖方需根据待销售的商品进行市场调研和分析,制定销售策略、销售方式及价格,并利用电子商务网站或其他媒介发布商品广告,寻找贸易伙伴和机会,达成预售订单,以畅通农产品的销售渠道。

(3)对于种植或养殖规模较大的涉农企业,采用订单农业实施的农产品交易往往周期较长。其他参与交易的各方,包括中介机构、银行等金融机构、保险公司等,也需为电子商务交易做好充分准备。

2. 贸易磋商

供需双方在获取相关商品的供需信息后,便会进入贸易磋商环节。磋商主要包括以下事项。

(1)谈判。买卖双方利用电子商务系统对交易细节进行协商,通过电子商务信息系统传递商品交易的价格意向、销售策略、供需信息等,并达成一致,且以电子文件形式确认。在订单农业中,农产品交易是一个动态的谈判过程,而当农产品成熟后进行交易时,谈判可能简化为买方或卖方接受对方的一口价交易。

(2)拟定并签署电子商务贸易合同。在进行企业间的农产品交易时,贸易合同会详细规定双方在交易中的权利与义务,包括商品的种类、数量、价格、交货地点、交货期限、交易方式、运输方式、违约和索赔等。对于面向个体的本地化农产品交易,贸易合同可能简化为交易告知事项,未提及的内容则遵循默认的交易规则。农户或企业通过网络交易形成的信用积分、消费者正面口碑以及平台或地方政府的信用保障等,确保了贸易合同的顺利履行。

3. 合同的签订与执行

电子商务贸易合同的各项条款经双方确认无误后,利用电子商务系统签订订单(合同)。合同签订后,买卖双方还需办理相关手续,以保证合同的履行。

4. 合同的履行与支付

完成所有手续后,卖方需要备货,并将商品交由运输公司进行包装、起运。买卖双方可通过物流公司提供的货物跟踪信息,了解商品的到货情况。银行和金融机构则需按照合同内容,在双方约定的时间内处理付款和收款事宜,并进行结算。

7.2.3 农村电子商务参与者的协作

电子商务的交易涉及多个参与者,这些参与者按照商品交易的机制,按照约定的顺序参与交易。若任何一方不参与电子商务,电子商务交易则无法完成。例如,当买方或卖方离开电子商务交易平台,或平台因经营问题无法提供优质服务时,电子商务的发展都会受到阻碍。

1. 电子商务参与者的预期收益

经济学认为,在经济活动中大多数人是理性的。而对于非理性的经济行为,经济学根据人们对风险的偏好,将人分为风险偏好者、风险中性者和风险厌恶者三类。

以平台型电子商务企业的运营为例,这些企业不仅提供平台,打通卖方与买方之间的障碍,还能够将相关各方聚集在一起,形成一个有序的市场环境,让供需双方都能通过有序竞争参与商品交易。因此,对于这类电子商务而言,平台型电子商务企业在电子商务市场中占据核心地位。

(1)平台型电子商务企业是电子商务的主要推动者。为了通过平台运营获取收益,平台上入驻的商家店铺也须保持运营状态,以满足消费者对商品选择的需求。因此,平台通过不断提升服务、拓展业务范围,充分发挥其连接消费者、供应方、金融机构等的桥梁作用,为商家带来更多的商品交易优势,帮助商家实现更多的营销目标或商品交易目标。而平台则通过提供更多的信息服务或商品交易,获得规模收益。作为具有双边市场的电子商务交易平台,入驻商家越多,潜在的买家和商品交易及其数据资产就越多,从而带来更多的经济收益。在农村电子商务中,平台型农村电子商务可以提供包括乡村旅游、农产品上行、农资物品下行、信贷和保险等金融综合一体化的服务,甚至参与市场或渗透到产业链中,以谋求更大的收益。

(2)以农产品上行为例,卖方是农产品的供应方,主要是网络交易平台中能够提供农产品或农产品服务的个人或企业。现有的平台型电子商务市场多数是买方市场,即单个产品提供方在电子商务平台中不能起到决定性作用。然而,电子商务平台的收益主要由卖方决定,而卖方的收益则主要来源于消费者。因此,若电子商务平台能够为卖方提供良好的交易环境,卖方则愿意将其获得的部分收益作为平台的佣金。反之,卖家可能会选择线下交易或转向其他电子商务平台进行交易,从而迫使电子商务平台优化交易机制和利益分配,降低卖方企业的运营成本。当卖方企业为树立品牌或增加产品和服务时,可能会将原有店铺的运营升级到独立的电子商务平台。此时,平台的收益将转变为卖方企业商品交易的收益,而不再单独核算。

(3)消费者主要通过电子商务交易来满足自身的购物需求。若购物渠道可选,消费者会通过比较不同渠道获取商品交易的成本,该成本包括除商品价格以外的隐性成本,如平台的界面友好程度等。不同的消费者有不同的隐性成本。因此,消费者总是选择他们认为最经济的渠道进行商品交易。

消费者的数量是衡量一个网络交易平台对产品供应方吸引力的重要指标,同时也是平台能否生存的关键。因此,所有平台型电子商务的建设和商业模式的形成,都以刺激消费者的消费欲望、满足消费者的需求为核心。消费者是整个市场的消费主体和产品供应方以及平台的利润来源,消费者通过消费带动了整个产业的发展。

(4)国际相关组织以及相关政府职能部门主要负责推动并维护电子商务产业的健康有序发展。他们既是市场规则的制定者、监管者,也是市场正常运营的保障者、约束者。通过制定相关法律法规,他们对各方在市场中的行为进行约束和监管。由于我国正处于电子商务发展的上升期,一方面,政府需要制定相关制度来引导电子商务产业的发展,通过市场促进电子商务各参与者的协作;另一方面,由于电子商务发展中的制度建设滞后性,政府需要监管电子商务各参与者的经济行为。在电子商务活动的参与者中,存在较多的信息优势方,他们借助信息不对称现象形成市场垄断,导致市场上出现不公平的经济现象。此时,需要政府参与共同构建电子商务产业的良好环境,实现电子商务的可持续发展。

农业是国家的基础性产业,但长期的城乡经济"二元化"发展使农产品交易市场不健全。在乡村振兴战略下,国家大力推动农村电子商务发展。与传统电子商务相比,政府是农村电子商务的主要推动者之一。政府的态度以及相关法律法规的制定对整个行业有非常大的影响,既要发展农村电子商务,又要避免由于技术应用和交易创新而引发的经济风险。

法律条文、交易规则和规范的市场秩序等被用来保障交易各方在交易中的合法权利,从而调节整个市场的发展。每一次相关政策的颁布,都会对平台型电子商务市场内的博弈平衡产生影响。2015年颁布的中央一号文件中明确提出要发展农村电子商务后,农村电子商务的实施环境得到改善。在政府的激励下,农村电子商务各参与者的电子商务交易成本降低、收益增加。

(5)物流、支付和移动运营商是平台型电子商务重要的中介机构。凭借前期的技术积累,中介机构的参与大大提高了平台型电子商务的信息服务能力。在农村电子商务中,中介机构凭借自身的优势,以较低的成本参与农村电子商务服务。例如,中国邮政、中国农业银行和中国移动等提供了农产品的上行服务;京东除了支持农产品上行以外,还支持家电等商品的下乡服务。

随着计算机技术的发展,为了给用户提供更好的信息服务和数据处理能力,在控制企业经营成本的前提下,中小型的平台型电子商务企业采用租赁云服务器等方式获取设备、技术或服务。同时,电子商务平台型企业也与支付、物流企业进行合作,为平台型电子商务的买卖双方提供良好的交易环境,以确保电子商务的顺利实施。

相对于商品交易的买方或卖方而言,中介机构的服务费用主要为平台型电子商务企业运营的成本之一,该成本受平台型电子商务企业与中介机构关系的影响。当平台型电子商务企业相对于中介机构处于买方市场时,所支付的成本可能会较小甚至为零,还有可能获得正向收益;反之,则可能成为平台型电子商务企业开展电子商务的固定成本。

平台型电子商务企业会针对物流、支付等中介服务引入竞争机制,提供多家物流公司或支付机构供商家及消费者选择。它们将中介服务及其所支付的交易费用分离出来,以避免其服务对平台型电子商务企业的影响。但是,云服务器的选择、电子商务平台及商户的支持决策等则由电子商务平台决定。

2. 农村电子商务参与者的合作博弈

在农村电子商务交易中,参与者不仅有自身的预期收益,还会在电子商务的各环节中进行选择,以使自身收益最大化。

政府是农村电子商务的引领者,在电子商务发展的不同阶段,政府的预期收益不同,对电子商务的参与度也不尽相同。在农村电子商务发展初期,鼓励农户参与其他成熟的电子商务平台开店、共享现有电子商务平台的资源是政府的最优选择。在农村电子商务发展中期,由于产业的形成和品牌建设,会有大量的涉农企业和农户参与电子商务。通过项目发展本地的电子商务企业以提供电子商务服务,可以大大降低涉农企业或农户的运营风险。随着数字乡村的建设,电子商务平台的运营成本进一步降低。为了有效地开展乡村治理,农村电子商务将形成政府和企业共同参与运营、管理的新局面。当政府所提供的服务可以满足企业或农户一方面或多方面的需求时,才能吸引用户提交更多、更真实的数据,以实施有效的地方治理。

买方是农村电子商务交易中主要的收益获得者。电子商务平台在运营过程中存在广告、数据价值挖掘收益等。买方是商品交易中资金流的起点,也是商品的最终归宿。卖方在给商品定价时,会考虑商品交易的成本。因此,如果电子商务交易系统存在合理的收益分配机制,买方就能够以更低的价格获得商品,从而提高其购物的满意度和忠诚度。在经济运行中,电子商务平台的购物奖励、折扣等均为电子商务收益再分配中对买方的有效激励措施。

卖家是农村电子商务交易的主要参与者之一。电子商务平台的收益大部分来源于卖家的销售佣金,而这些佣金本身来源于买方购买商品时所支付的金额。尽管部分电子商务平台提供免费开店等服务,但由于用户在商品交易中的技术依赖性,最初的体验用户最终会转化为电子商务平台的真实用户。

电子商务平台一旦开始运营,无论是否存在商品交易,都会产生向中介机构支付的服务费、租赁费等各种费用。因此,发展更多的卖家、提供更多的商品交易服务是其利益最大化的必要手段。在交易费率一定的条件下,电子商务平台的交易环境和买家流量会影响卖方对电子商务交易平台的选择。

综上所述,在农村电子商务交易中,参与者的协作主要是为了保障各参与者在电子商务中获得正向收益,并通过电子商务企业、买方和卖方之间的利益分配来最大化各参与者的收益。

7.3　农村电子商务管理优化

EDI 电子商务利用技术手段将传统的商品交易转移至网络上,从而拓宽了商品交易的范围。由于 EDI 系统操作过程比较烦琐,目前它主要应用于外贸领域。随着移动网络技术的飞速发展和移动设备的广泛普及,移动电子商务进一步取代了基于 Internet 的电子商务,并在农村电子商务领域得到了广泛的应用。

电子商务随时随地进行商品交易的特点,加速了其向农村的渗透。农产品电子商务、农业电子商务以及农村电子商务分别从不同维度运用电子商务,以提升商品交易或服务的效率。随着数字电商和数字农业的推进,农村数据的整合以及电子商务生态圈的构建日益受到重视,这为现代农业的创新发展赋能,助力乡村振兴战略的实施。

7.3.1　移动电子商务对用户操作的优化

移动电子商务的发展简化了农村电子商务的操作流程。由于传统的电子商务操作复杂,农户受自身信息素养的限制,难以参与其中。然而,随着移动电子商务的崛起,基于 Internet 的电子商务操作流程在移动平台上得到了优化。具体体现在身份识别过程优化和电子商务交易流程简化上。

(1)身份识别流程得到优化。以手机为例,移动设备为满足自身业务发展的需求,增加了摄像头、触摸板等组件。农户在使用电子商务时,除保留原有的"账户＋密码"的身份认证方式外,还增加了图案密码作为更优的身份认证方式。同时,利用共享的移动设备摄像头和触摸板,实现了人脸识别和指纹识别功能,使电子商务系统实现了"一键式"身份认证。在安全性上,人脸识别和指纹识别技术相较于密码认证更具优势。

(2)电子商务交易流程得到简化。在移动电子商务环境中,移动 App 或微信小程序集成了网站内容等信息,简化了基于 Internet 电子商务访问时的网站信息输入、用户身份认证等步骤。当用户下单时,能够自动共享 GPS 位置信息,减少了用户信息输入,优化了物流地址填写。部分系统还提供匿名购买选项,省去了用户注册信息的环节。

因此,在移动商务环境下,电子商务系统充分利用移动设备、移动网络的信息资源,简化了用户操作步骤,降低了电子商务使用门槛,从技术上实现了对用户的全面覆盖,从而吸引更多用户参与电子商务活动。

7.3.2　农村电子商务管理决策支持得到优化

随着农产品电子商务、农业电子商务和农村电子商务的整合,数字化的农村电子商务生态系统建设得到加强。在数字农业的推动下,数字乡村建设取得了进一步成果。

(1)数据融合提升了数据决策能力。农村电子商务将数字农业信息、农产品交易信息、农业产业发展信息和农村治理信息融为一体,构成农村电子商务生态系统的基础数据,减少了数据决策中的冗余信息。在农村电子商务中的任何一笔商品交易,纵向可以追溯至农产品的田间管理乃至种子来源,横向可以追溯至农户及其社交网络。在数字电商环境中,信息的一致性和完整性可通过信息流动时的交换进行验证,资金信息、物流信息和产品信息按照既定的商品交易规则呈现一致性。因此,数据的可靠性为农村电子商务参与者的决策提供了重要保障,基层政府可通过农村电子商务数据更好地实施乡村治理。

(2)智能技术深化了农村电子商务的管理决策层次。基于电子商务生态系统中各类信息的采集和流动,早期的电子商务系统的局限性在于仅提供交易统计数据等浅层次的决策支持。然而,随着智能技术在电子商务中的应用,电子商务参与者的决策支持变得多元化。以商品交易的卖方为例,智能技术不仅可以分析消费者特征及其社会关系网络,为卖方提供商品市场决策支持,推荐潜在用户以提升商品交易量;还可以根据商品交易规律分析商品间的内在联系,促进同类商品交易;此外,通过数据集成,为卖方分析未来商品市场发展趋势等提供依据。

同时,由于电子商务数据的汇聚,智能技术也常用于发现乡村治理的经济增长点和风险点,为基层政府的乡村治理提供数据驱动的智能化决策支持,实现基层政府对人员、财务、物资的管理,如土地资源的分布及利用、农户的经济来源及消费状况、劳动力的管理和调度等,以便基层政府做出进一步的经济决策。

7.3.3　农业生产的风险管理效率更高

农村电子商务推动了农产品、农业及乡村的数字化进程,加速了数据驱动下的数字乡村治理步伐。在处理农村电子商务的风险管理时,每笔交易都包含多层面的交易数据,且这些数据又涉及多个参与者。通过数据的一致性检验,能够较快地识别出农村电子商务中的风险点。例如,在订单农业中,农产品的生产状况和种植规模在数字农业、观光农业、农业保险等多个场景中可能会被重复提及。鉴于农业生产长周期的特点,农产品的产量和质量难以实现突发性的大幅增长或改善。因此,一旦在农村电子商务系统中发现农产品信息异常,便会立即触发风险管理机制,从而提升农业生产的风险管理效率。

7.4　农村电子商务的运营风险管理

信息技术和网络的复杂性与脆弱性,决定了电子商务运营面临着诸多风险。受农村电子商务参与者和交易内容的影响,其运营风险主要可以分为以下六大类。

(1)信息风险。信息风险涉及信息虚假、滞后、不完善、泛滥或垄断等情况,这些都可能带来损失。在信息传递过程中,若市场行为主体无法及时获取全面准确的信息,就无法进行正确的分析和判断,进而难以做出理性的决策。信息风险的直接体现是网络欺诈,这不仅会让商家和消费者在经济上蒙受损失,更重要的是,它可能会削弱人们对电子商务这一新经济形态的信任。

农村电子商务的信息风险还体现在需要合理告知生鲜农产品的相关信息,以避免交易纠纷。例如,某些农特产品的交易模式和价格可能仅适用于同城交易。

(2)信用风险。电子商务的信用风险主要是由网络交易的虚拟化和特殊性,以及交易主体的信用信息无法被对方充分了解造成的。网络仅提供一个交易平台,在电子商务活动中,交易双方无须见面即可完成交易,这实质上依赖于社会信用。在生鲜农产品交易中,若产品未能在规定时间内交货,会导致商品变质。

(3)管理风险。电子商务的管理风险指的是交易流程管理、人员管理、交易技术管理等方面的不完善所带来的风险。人才是制约农村电子商务发展的关键因素,涉农电子商务需要能够根据实际情况对电子商务不同层次的需求进行规划的多学科复合型人才。人才短缺,涉农电子商务在规划时可能缺乏可行性和前瞻性,无法充分发挥电子商务的优势。当涉农电商企业经营不善时,会削弱人们对农村电子商务的信心。

(4)交易风险。交易风险包括发送者否认发送过某条信息、买家否认下过订单、卖家因价格差异不承认原先的交易等情况。在订单农业中,受作物生长周期的限制,对于大宗采购的农副产品,一旦无法按预期完成交易,采购企业可能因缺乏原材料而无法继续生产,农户也难以及时销售成熟的农副产品。

(5)商业风险。若农村电子商务企业产品创新不足,未能跟上产业发展步伐,则可能导致商家和消费者偏离平台。平台的创新对商品交易流程的优化可能会带来不确定的风险,进而影响平台的正常运营。

(6)政策风险。政策风险是指因国家财政政策、货币政策、行业政策、地域政策等宏观政策的变化,导致市场及其参与者共同面临交易品种变动、市场价格变化等问题所产生的风险。

Ⓩ 本章小结

无论是农村电子商务的规划者、运营者还是使用者,选择农村电子商务进行商品或服务的交易与管理时,既源于数字农业、数字乡村发展的需求,也在于技术应用能为各参与者带来直接或间接的收益,满足各参与者最大化自身利益的需求。

针对农村电子商务运营阶段中各参与者面临的市场与收益问题,本章从以下四个方面阐述了电子商务运营中的关键问题。

首先,阐述了农村电子商务实施的基本原理:网络经济学理论揭示了农村电子商务实现规模收益的可行性;信息与知识经济理论解释了农村电子商务收益增长的内在机制;长尾理论则表明,通过技术手段,农村电子商务的各参与者仍可获得期望的经济收益。

其次,电子商务交易是一个系统性的过程。在农村电子商务中,各参与者基于不同的预期收益做出了不同的选择。然而,电子商务系统的运营需要充分考虑并平衡各参与者的收益,以激发其参与电子商务的积极性。

再次,随着农村电子商务运营的深入,其在操作、管理和风险治理等方面的流程将不断优化,进而提升各参与者的潜在收益。

最后,与其他信息管理系统相似,农村电子商务系统需加强自身的运营风险管理,以确保实现可持续发展。

农业作为国家的基础产业,农户因自身信息素养和经济条件的限制,风险应对能力相对较弱。农村电子商务的可持续运营对于农村经济发展和乡村振兴具有重要意义。因此,在农村电子商务的规划与运行过程中,深入了解各参与者的收益及协作机制,有助于推动农村电子商务快速且稳健地发展。

思考题

1. 网络经济背景下,市场供给和需求是如何变化的?

2. 网络经济中的梅特卡夫法则的具体内容是什么?为何电子商务网站在运营过程中,会随着用户数量的增加而提升其价值?

3. 以平台型电子商务为例,电子商务交易中通常涉及哪些参与者?

4. 在电子商务平台上购物时,电子商务网站为何有时会向消费者发放消费券?

5. 在移动电子商务兴起之前,电子商务为何在农村地区得到发展?

第8章　农产品供应链及应用

学习目标

1. 了解供应链管理的基础知识。
2. 理解农产品供应链的特征、目标及其功能。
3. 应用农产品供应链创新农产品相关服务。

思政目标

1. 了解农产品供应链的原理,培养学生的创新能力。
2. 理解农产品溯源的基本原理和方法,培养学生的职业道德素养。
3. 理解订单农业及供应链金融的基本思想,培养学生诚实守信的契约精神。

内容提要

　　农村电子商务的发展不仅加速了农村的数字化进程,还促进了农村电子商务生态系统的建设。在电子商务的推动下,农户的经济活动信息、农产品的产销信息以及工业品和服务的下行信息实现了整合,形成了各类供应链。农产品供应链是农村电子商务中的主要供应链之一,是推动农产品上行的重要方式,有助于农村经济发展和乡村振兴。

　　农产品供应链以农产品为对象,以农产品消费为核心,将农产品从生产到消费的一系列环节组织在一起。通过供应链管理,农产品供应链各节点相互协调,以实现整个供应链利益的最大化。在农村电子商务的应用下,农产品供应链统一控制了农产品的信息流、资金流和物流,并对农产品的生产、收购、运输、存储、装卸搬运、包装、配送、流通加工、分销等环节进行了优化。

　　本章首先介绍了供应链管理和协同商务的基本概念,然后进一步介绍了农产品供应链,并将农产品供应链的知识拓展到实际应用中,如区块链溯源、订单农业的实施和供应链金融等。

开篇案例

中药材生产、加工、流通服务的四川彭州模式

　　针对我国中药材品种供大于求、存在小散乱现象的问题,为了保护道地药材的品质和提高种植户的收益,《中华人民共和国中医药法》于 2017 年 7 月正式施行,其中专章涉及中药材的保护和发展。国家制定了中药材种植、养殖、采集、贮存和初加工的技术规范、标准,并加强了对中药材生产流通全过程的质量监督管理,以保障中药材的质量安全。

成立于 2006 年的成都天地网信息科技有限公司(简称天地网),在同年引进了行业资本——上海天亿集团,并与之开展了战略合作,以加快在中药材产业链方面的建设。2016 年 1 月,彭州市人民政府通过了《关于彭州市打造中国(敖平)川芎小镇实施方案》,将敖平川芎种植作为重点产业发展。天地网与彭州的合作主要集中在敖平镇,它参与了四川彭州道地川芎的种苗选育、大田管理、产地鲜药初加工到交易服务等各环节,并对各环节实施产业化管理。公司投资建立了中药材电子商务综合服务园区和基地,涵盖了中药材信息、种植技术、订单管理、加工服务、仓储、监测、检验、检测、供应链金融、电子商务等环节,并帮助产地打造了川芎鸡、川芎酒等下游产品。

在与敖平川芎标准化核心示范基地的农户合作中,天地网要求农户进行规范化种植,并严格管理农药、肥料等农业投入品的使用,禁止在中药材种植过程中使用剧毒、高毒农药。公司提供统一的种苗、农资和田间管理规范指导服务。只要农户按照规范操作,种植出来的川芎基本都是合格产品。公司会以高于市场的价格收购合格的川芎,当发现有农户为提高产量擅自使用高毒、高残留的农药时,该农户的产品将不得进入道地药材流通市场。

因此,在彭州的川芎产业上,彭州中药材模式表现为:优化中药材贸易链条,实现川芎产销直接对接;从源头制定中药材质量标准;强化订单种植,保障产区生产稳定;走农业精细化种植道路,实现优质优价;通过电子商务进行资源整合,让"弱者"抱团;采用优质原料和先进加工工艺,实现鲜切制和精深加工;从源头检测药材质量;强化仓储建设,实现前端集约化、标准化仓储;最终形成产业优势。

彭州的川芎产业通过标准化的种植、仓储和无缝连接的供需环境,为产区创造了安全的供应链金融条件,而金融的参与又进一步推动了彭州川芎产业的发展。

(资料来源:四川在线,中药材生产、加工、流通服务的四川彭州模式[EB/OL],(2017－10－12)[2022－01－21]. http://topic. scol. com. cn/2017/17ybh/mtjj_ybh/ 201710/ 56008084. html)

农村电子商务致力于服务农户,它将农村电子商务、农产品电子商务与农业电子商务有机融合,构建了一个全面的农村电子商务生态环境。借助农村电子商务的数据,我们可以实施数据驱动的农产品供应链决策,推动农产品上行,进而促进农村经济的发展。

农产品供应链是一种特殊的供应链形式,其核心在于供应链管理和协同商务。

8.1　供应链管理与协同商务

消费者最终购买的产品的质量,深受供应链上各个相关企业的影响。因此,对整个供应链实施有效管理,强化企业间的协同合作,对于提升整个供应链上所有企业的生产效率和产品质量至关重要。

8.1.1　供应链与供应链管理

供应链是指围绕核心企业,由原材料供应商、生产商、分销商、零售商以及最终消费者等成员,通过与上游、下游成员的连接,所组成的网络结构模式。该网络从原材料的供应开始,经过不同企业的制造、加工、组装、分销等工序,直至产品送达最终消费者手中。供应链不仅是一条连接供应商到客户的物料链、信息链和资金链,更是一条能够实现价值增值的链条。在企业协作和物品流通的过程中,相关企业都能获得相应的收益。

1. 供应链的分类

供应链分为内部供应链和外部供应链。内部供应链是指由企业内部采购、生产、仓储、销售等部门的供需网络。外部供应链则是指涉及企业外部的相关原材料供应商、制造商、分销商、零售商以及客户组成的供需网络。两者共同构成了企业产品从原材料到成品再到客户手中的完整供应链。相较于内部供应链,外部供应链的范围更广,涉及的企业更多,因此企业间的协调尤为重要。

2. 供应链的结构模型

在供应链中,物品交换的过程中伴随着物流、资金流以及信息流的流动。其中,物流从上游向下游流动,资金流从下游向上游流动,而信息流则是双向流动的。物流、资金流和信息流贯穿了供应链的整个过程,供应链的信息流、资金流和物流运行情况如图 8-1 所示。

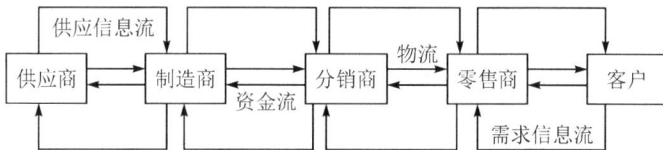

图 8-1　供应链的信息流、资金流和物流运行情况

供应链中,无论是供应商、制造商、分销商还是零售商,都可能发挥主导作用,在供应链中发挥主导作用的企业被称为核心企业。当供应链中存在核心企业时,其他企业会围绕核心企业开展经济活动。在供应链中,上游企业为下游企业提供原材料,因此,每一个上游企业都可以被视为下游企业的供应商。供应链的网链结构模型如图 8-2 所示。

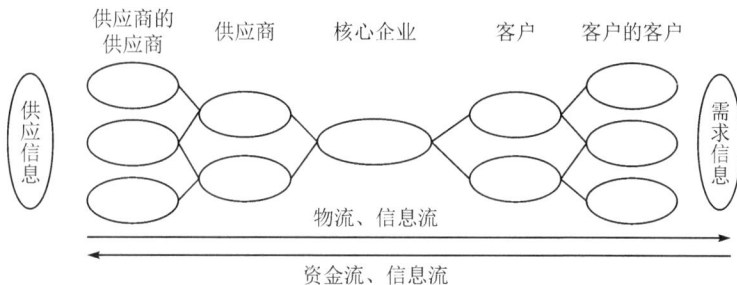

图 8-2　供应链的网链结构模型

供应链是由所有加盟的节点企业共同构成的,这些节点企业在需求信息的驱动下,通过供应链的职能分工与合作(如生产、分销、零售等环节),借助资金流、物流、信息流等媒介,实现整个供应链价值的持续提升。

根据供应链的结构模型,供应链需要协调各节点企业之间以及企业与客户之间的各种关系。因此,供应链主要具备以下特征。

(1)复杂性。由于节点企业的层次和类型多样,甚至可能涉及多国企业,因此供应链的结构模型往往比单个企业的结构模型更为复杂。

(2)动态性。因企业战略调整和市场需求变化,供应链中的节点企业需要动态更新,这使得供应链具有明显的动态性。

（3）面向客户需求。供应链的形成、存在和重构都是基于市场需求的,客户需求是供应链中信息流、物流、资金流运作的驱动源。

（4）交叉性。节点企业可能同时是多个供应链的成员,这增加了协调管理的难度。

3.供应链管理

供应链管理(supply chain management,SCM)是对整个供应链中各参与组织、部门之间的物流、信息流与资金流进行计划、协调与控制的过程。其目的是通过整合,提高所有相关过程的速度和确定性,最大化所有相关过程的收益,从而提升组织的运作效率和效益。

供应链管理主要涉及供应、生产作业、物流和需求四个领域,供应链的管理领域及结构如图 8-3 所示。

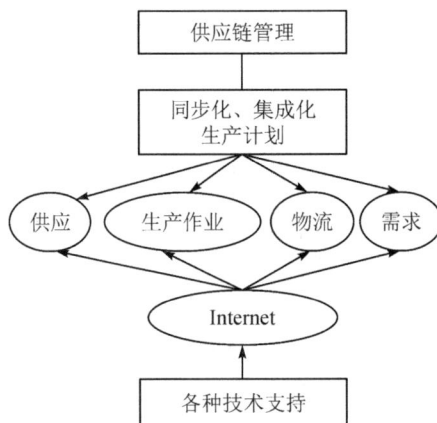

图 8-3 供应链的管理领域及结构

供应链管理主要涉及供应、生产作业、物流和需求四个领域。它是以同步化、集成化生产计划为指导,以各种技术为支持,以 Internet、Intranet 为依托,围绕四个主要领域实施的管理过程。供应链管理的目标是提高用户服务水平和降低总体交易成本,实现供应链的最优管理。

为了实现供应链成本最优化,大多数制造商都致力于精简供应链,加强与一小部分战略供应商之间的密切合作,从而形成战略合作伙伴关系。这种做法既能确保供应商的业务量稳定,又能确保既定的质量、成本和交货时间等关键目标得以实现。通常,这要求制造商与供应商联合进行产品的研发和设计,集成双方的计算机系统,并实现生产流程的紧密合作与协调。

8.1.2 协同商务

为了提高供应链的效率,供应链中常采用协同商务。协同商务起源于协同工作的思想,并发展于计算机支持的协同工作(computer supported cooperative work,CSCW)。

1.协同工作、CSCW 和协同商务

协同工作是指由多人或多个组织共同完成一项或多项任务的过程,即齐心协力、共同工作。随着计算机和通信技术的发展,1984 年美国麻省理工学院的依瑞·格里夫和 DEC 公司的保尔·喀什曼等人提出了计算机支持的协同工作系统,即 CSCW。其基本内涵是计算机支持通信、合作和协调。

协同商务理论的原型是 20 世纪末的虚拟企业理论,该理论主要是指将企业的各个商务处理过程电子化,用信息技术搭建一个全新的企业组织。这个组织不仅能够对企业内部的资源进行有效整合,还能实现跨企业的合作以及动态的企业运行模式。随着跨企业运营模式的不断推进,协同商务应运而生。

协同商务的思想最早于 1999 年由高德纳咨询公司提出。协同商务是指将具有共同商业利益的合作伙伴整合起来,通过共享整个商业周期中的信息,以满足不断增长的客户需求和提升企业自身能力的需要。通过对各个合作伙伴的竞争优势进行整合,共同创造和获取最大的商业价值以及提高获利能力。

协同商务是一种供应链管理思想,它要求将企业内部各部门以及企业的合作伙伴、供应商、分销商、零售商甚至最终客户联系起来。协同商务要求统一计划和执行统一的数据模式,形成动态联盟和协同运作。在协同商务下,供应链上各成员之间,尤其是企业和供应商之间,要形成以订单为中心的战略合作伙伴关系,以实现信息共享和业务协作,从而达成互动、公平、双赢或多赢的局面。

2. 协同商务的开展形式

协同商务在供应链节点企业的集成中,主要体现在以下五个方面。

(1)信息协同。采购商与供应商实现信息共享,采购商将库存情况及所需产品要求等信息传递给供应商,使供应商对其下游企业有较好的透明度,从而提高交货的准确性和速度。同时,供应商也会分享自身产品的信息,以增强双方的信任。

(2)产品生产协同。在动态联盟的统一计划下,需要供应商的协同参与。此外,通过信息反馈和教育培训,促进供应商之间的质量改进和保障。

(3)产品设计协同。客户或企业内部科研部门在设计个性化产品时,会及时将设计信息与供应商共享,以便供应商迅速进行产品的开发和生产,更好地满足市场需求。

(4)采购协同。企业将近期的采购计划定期共享给供应链的上游供应商,并上传采购订单。供应商根据企业的采购计划和订单安排生产,并及时反馈执行情况。若无法完成采购订单,应及时通知企业,以便企业调整生产计划或寻找其他解决方案。

(5)预测协同。通过企业资源计划(enterprise resource planning,ERP)系统,企业可以根据市场变化推算出对原材料需求的变化,并通过采购平台传递给供应商。供应商据此调整备货计划,增强抗风险能力。

3. 协同商务的内容

在协同商务模式下,供应链节点企业协同的主要内容包括以下四个方面。

(1)信息与知识共享。参与供应链的企业在协同过程中共享信息和知识,如员工信息、ERP 系统管理内容等,这有助于企业间在信息互通的基础上实现协同。例如,农户与企业共享农产品产量信息,以便企业根据需要提供相应包装,能够避免出现包装不足或过剩的情况。

(2)业务整合。当企业内部或跨企业的员工需要为一个共同目标工作时,需要借助业务整合。例如,员工在设计产品时,需要市场部门、客服部门甚至外部广告公司的协助。协同商务的处理过程也是企业内部业务整合的过程,客户通过互联网下单,企业通过商务处理满足客户的需求;客户还可以通过企业提供的自助门户随时了解业务处理情况,从而加强客户联系。

(3)建立合作空间。在企业运营过程中,企业员工时常需要得到其他部门的支持和协助。

当企业员工遇到需要专家解答的问题时,就需要借助某个平台或社区来寻求帮助,比如在线会议、在线培训课程等。此外,企业的工作不仅依赖于内部员工的协作,还离不开外部客户的参与。员工在满足客户需求的过程中,需要不断地与外部客户进行有效沟通。协作平台的出现,是电子商务发展的一个重要组成部分,同时也是协同商务理念的具体体现。

(4)商务交易。协同商务必须提供安全、可靠的商务交易流程,包括订单管理、合同管理、财务交易管理等。这些交易流程可以与企业内部其他系统进行互动和数据更新。

一个完整的协同商务系统包括多个模块,每个模块包含多个部件,通过整合形成一个完全集成的基于 Web 的方案,如企业信息门户、知识文档管理、客户关系管理、人力资源管理、资产管理、项目管理、财务管理、工作流程管理、供应链管理等。

4.协同商务的意义

在供应链中实施协同商务的意义在于:一是加强供应链中各企业的协作,将企业的定位从局限在企业本身转变为供应商、制造商、顾客三位一体的思维,其商业原则也转变为协调、竞争与合作并重。二是便于实施业务外包,将非核心功能弱化并外包给其他企业,从而集中资源于企业的核心竞争力上,以获取最大的投资回报。三是建立企业间的战略合作伙伴关系,从系统角度进一步增强产业链的合作关系,打通供应链企业联盟之间的壁垒,促进企业之间的整体协调与调度。

8.2 农产品供应链

8.2.1 农产品供应链及其特点

农产品的属性、生产及销售方式具有独特性,这决定了其供应链不同于一般商品的供应链。

农产品涵盖种植业、林业、牧业、水产业所生产的各种植物、动物的初级产品。具体种类包括种植、饲养、采集、编织、加工所得以及捕捞、狩猎等获取的产品,种类繁多,形态各异。农产品主要包括粮食、油料、木材、肉类、蛋类、奶类、棉花、麻类、烟草、蚕茧、茶叶、食糖、蔬菜、花卉、果品、干菜、干果、食用菌、中药材、土特产品等。

此外,农产品在多个定义中均有所体现。《中国农村工作大辞典》将农产品定义为农业生产各部门所生产的所有动植物产品,包括种植业部门的产品、畜产品、林产品、水产品等。《现代农村经济辞典》将农产品定义为农业各部门(农、林、牧、渔)的直接产品,也包括狩猎和采集的副业产品。

农产品供应链以农产品为研究对象,以消费为核心,涵盖了从农业生产资料采购到农产品生产、加工,直至最终向消费者提供产品和服务的全过程,形成一个由上、下游组织共同构成的网链结构。

农产品供应链的主要特征包括。

(1)环节多,参与者众多。农产品从生产到最终销售,涉及生产、加工、运输、仓储、分销等多个环节。分销环节又可细分为一级批发商、二级批发商、零售商等多个层次。农产品的数量大、品种多,且各品种的品质特性差异显著,这使得供应链各环节的衔接更加复杂。同时,各环节上均存在大量参与者,导致我国农产品供应链难以实现真正的协同。

(2)物流要求高。农产品通常易腐烂、易变质,且易受温度、湿度等外部环境变化的影响。

为确保农产品品质符合食品安全规范,须在保证包装安全、卫生的前提下,缩短运输时间,满足仓储条件,防止产品在物流过程中被污染或变质。此外,农产品具有区域性和季节性特征,产地与销地之间的距离也对仓储和运输提出了一定要求。同时,农产品在质量和体积上较大,但价格较低,这就要求供应链的物流过程尽量做到低成本。

(3)市场不确定性较强。农产品生产的分散性与消费的普遍性导致农产品价格信息难以及时获取,进而影响农业生产。农产品生产易受外部因素影响,价格波动大,市场风险较高。信息共享机制的不完善使得农产品供应链合作者难以及时获取准确信息,导致农产品"卖难买难"现象普遍存在。

(4)协同作用不强,价值链增值较低。农产品生产和消费在时间和空间上难以一致,市场信息分散且传播不畅,使得人们难以全面把握市场供求信息及竞争者、合作者的信息。农业生产的季节性强,农产品上市后难以在短时间内调节,导致市场价格波动较大。同时,农产品的鲜活易腐性限制了其跨区域和跨季节的即时调节。虽然我国已经建立起农产品供应链体系,但缺乏协调、合理的物流管理流程,难以有效解决农产品在产供销过程中形成的结构性矛盾,从而使得整个产业链的增值率较低。

8.2.2　农产品供应链的组织模式

农产品供应链的组织模式主要有六种,这些模式在农产品流通现代化的实践中不断创新,以适应现代农业的发展。

1. 以加工企业为核心的农产品供应链

以加工企业为核心的农产品供应链模式如图 8-4 所示。

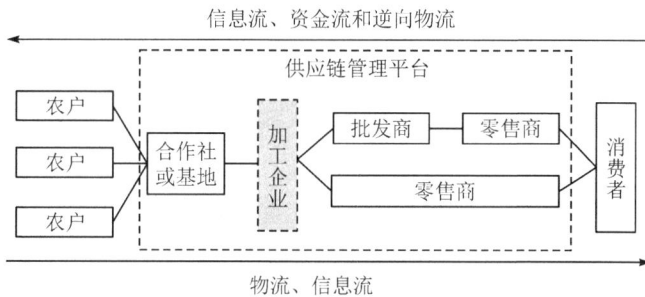

图 8-4　以加工企业为核心的农产品供应链模式

在该模式中,农产品的供应通过整合上游种植户、下游批发及零售企业,并借助产学研机构、物流企业、金融机构等资源,对物流、商流、信息流、资金流实施有效的供应链管理。农产品加工企业与上下游相关企业签订长期购销合同,明确统一管理、利润分配、风险共担等事宜。在运作过程中,加工企业整合生产与销售信息,提供给农户及销售商,以降低供应链的整体成本,实现各环节间的协同。目前,我国乳制品行业主要采用此种模式,比较典型的企业有蒙牛、伊利等。

大量农户进行分散的小规模生产,是供应链中的薄弱环节。作为核心,加工企业具有较强的市场力量,能在资金、技术和生产资料供给等方面为农户提供支持,确保生产活动的稳定性,同时确保自身原料供应的稳定。在这种模式下,加工企业以较少的投入获得稳定的原料来源,降低了内部交易成本,减少了农户的市场风险。然而,加工企业也承担了供应链上大部分的风险,例如,在整合过程中,加工企业承担了供应链管理的主要任务,可能导致加工企业管理成本提高、风险增加。尽管可能产生规模效应,但不一定能实现规模经济。

2. 以批发市场为核心的农产品供应链

批发市场是我国农产品流通的主要渠道,对保障城市供应、解决农产品上行问题具有重要作用。在供应链中,农产品批发市场处于关键地位,连接上游分散的农户或生产基地和下游的超市、次级批发商及消费者,协调商流、物流、信息流、资金流,形成密集的网链结构。以批发市场为核心的农产品供应链结构如图 8 - 5 所示。

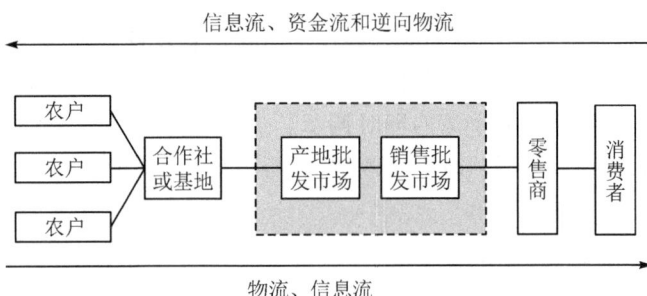

图 8 - 5 以批发市场为核心的农产品供应链结构

该模式也被称为"批发商+农户"供应链模式,批发市场成为连接小生产与大市场的重要桥梁,为农产品消费的各成员提供交易信息和场所,有效衔接上游农产品生产加工企业与下游分销商,集成供需双方信息,实现信息共享,引导农产品生产和消费,提高供应链的市场反应能力。

然而,该模式的缺点是多数批发市场仅为农户和批发商提供交易场所,市场信息主要掌握在批发商手中,价格主要在批发市场内形成。在供应链中,多个农产品供给方和需求方未形成稳定合作关系,处于弱势地位的农户利益难以得到保障。

3. 以零售企业为核心的农产品供应链

超市作为零售业的代表,农产品经营已成为其重要组成部分。在以超市为核心的农产品供应链中,零售商作为核心企业,领导和管理整个农产品供应链的运行。向上游延伸形成农产品加工配送中心,配备完善的信息系统和物流体系。向下游延伸直接面对消费者,可及时掌握和分析复杂的市场需求变化,实现农产品生产和销售的无缝衔接。以零售企业为核心的农产品供应链结构如图 8 - 6 所示。

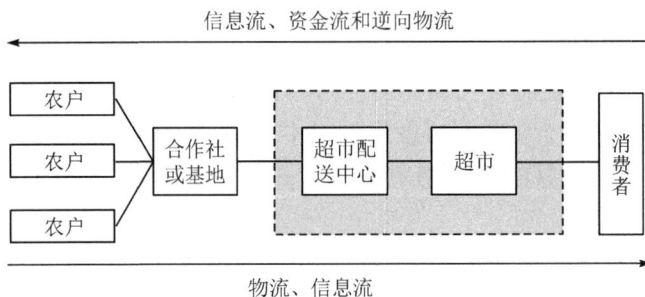

图 8 - 6 以零售企业为核心的农产品供应链结构

该模式也被称为农超对接模式。在以零售商为核心的农产品供应链中,超市等大型零售商一般采取集中大批量、多品种采购的方式,能够间接促进农户规模化生产,推动现代农业发展。与其他模式相比,超市直接面对消费者,利用发达的 POS 系统能够更准确地了解、分析和预测消费者需求,指导农产品的生产和加工,提高服务水平和市场占有率,推动农业向订单化方向发展。

超市通常拥有配送中心,其农产品加工配送中心向上游延伸,将生产环节与超市有效衔接,在配送中心进行产品加工,减少了上游流通环节,提高了农产品的附加值;向下游延伸,与消费者直接对接,使农产品直接进入零售市场,减少了流通过程中的损耗。超市根据市场需求进行统一采购、加工、配送,有效降低了流通成本。

以零售商为中心的农产品供应链模式有利于保证农产品质量及促进农产品流通标准化。在这种模式中,零售商与农户签订协议或自建生产基地,严格控制农产品质量;同时,对仓储运输过程严格控制,以防止农产品在流通过程中受到二次污染。

4. 以第三方物流企业为核心的农产品供应链

物流是农产品供应链的重要环节。在以第三方物流企业为核心的农产品供应链中,第三方物流企业作为桥梁,与供应链中的各成员(生产企业、加工企业、批发市场、零售商等)建立战略伙伴关系,以确保商流、物流、信息流和资金流畅通无阻,实现资源优化配置和价值增值。以第三方物流企业为核心的农产品供应链模式如图 8-7 所示。

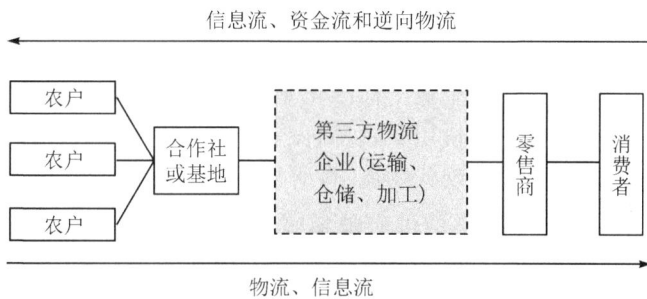

图 8-7　以第三方物流企业为核心的农产品供应链模式

在该模式下,农产品供应商和销售商将自营的一部分或全部农产品物流活动委托给专业的第三方农产品物流企业。第三方物流企业在供应链中扮演着多重角色,组织生产者将分散的农产品集中到物流配送中心,再统一配送到下游企业。由于与供应链各环节企业协作,第三方物流企业掌握的信息比较集中,在供应链中起到领导和协调作用,实现了供应链系统的整合。

在以龙头加工企业、批发市场为核心的农产品供应链中,批发商、龙头企业及零售商的物流服务主要通过自营解决,需投入大量资金用于建设或租用冷库、购买或租用专用车辆等来完成农产品的运输给企业带来经营风险。相比之下,以第三方物流企业为核心的农产品供应链模式在运用新技术、降低成本、减少资金占用、降低风险以及提高服务质量、加速资金周转和产生规模效应等方面具有明显优势。具体表现在三个方面:一是整合传统农产品流通的分散物流,优化资源配置;二是促使物流服务规模化、专业化,降低物流成本;三是进一步加强供应链一体化程度。

5. 以外贸企业为核心的农产品供应链

随着"一带一路"倡议的实施,以及我国作为全球最大农产品生产国、贸易国、消费国的国情,农产品跨境电商成为农业供给侧结构性改革、促进农村经济发展的重要渠道。

在我国农产品进出口贸易快速发展的过程中,逐渐形成了以农产品外贸企业为核心的农产品供应链。该模式中,外贸企业接收国外订单后指导国内农户生产,并将国外需求信息反馈给农户。外贸企业的主要作用包括:一是开拓市场。外贸企业具有一定的实力,能带动较大范围内的生产基地和农户形成市场供给能力,同时拥有丰富的国际贸易经验和稳定的国外客户;二是引导生产。外贸企业作为桥梁和纽带联结国外市场和生产基地、农户,向农户提供资金、技术、信息等支持,引导其提供符合质量要求的农产品。以外贸企业为核心的农产品供应链结构如图8-8所示。

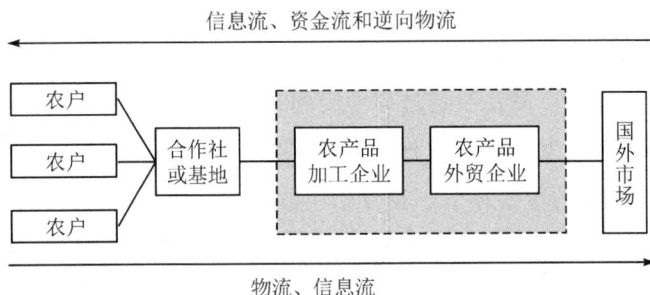

图8-8 以外贸企业为核心的农产品供应链结构

目前,我国许多省市建立了产业孵化园区,吸引了大量外贸企业入驻,对外拓展市场,对内指导农产品生产,逐渐形成了"外贸企业+标准化基地"的模式。标准化基地要求农产品生产过程标准化,严格控制农药、化肥的使用量,以确保农产品的食用安全。在主要农产品出口基地中,还形成了包括专业批发市场、现代物流、科研机构、营销机构等在内的完整产业链。

6. 以农民专业合作组织为核心的供应链模式

农民专业合作组织模式是指以合作组织为主导的"农户(或家庭农场)+农民专业合作组织+农产品加工企业(超市)"供应链模式。它向上联结农户或公司,向下联结农产品加工企业或超市,横向与农资农具生产商等企业形成合作关系。以农民专业合作经济组织为核心的农产品供应链体系如图8-9所示。

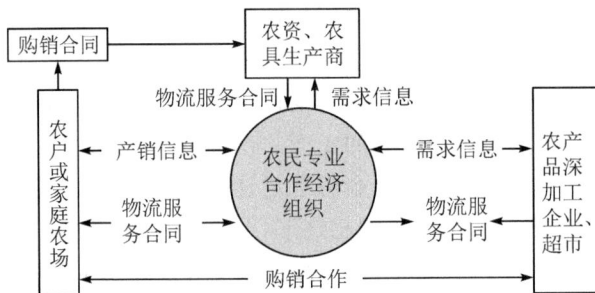

图8-9 以农民专业合作经济组织为核心的农产品供应链体系

该模式将合作社提升到独立投资的层面,对合作社能力要求较高。随着现代农业的发展和专家大院、农业合作社的兴起,农民专业合作组织在农产品供应链中发挥着核心作用。农民专业合作经济组织的发展带动了上游农资、农具生产投入和下游产业的发展。

在上述农产品供应链模式基础上,农产品供应链不断创新发展。为解决供应链中的问题,农产品供应链引入了公司、合作社、农户、银行、信托、政府、科技等因素,鼓励更多企业参与农产品供应链,以确保农产品从生产到消费的畅通。同时,引入金融机构参与信贷、保险以及基金、期权、期货等金融业务,为农业发展提供了保障。

8.2.3 电子商务下的农产品供应链特征

电子商务向农村农产品供应链的渗透,增强了供应链上各节点企业的信息共享与协同能力。在电子商务环境下,农产品供应链以市场需求为导向,以客户需求为中心,将供应链上的合作伙伴紧密组织在一起,通过信息共享和系统决策,提升了农产品供应链的实施效率。

1. 电子商务对农产品供应链的影响

电子商务为农产品供应链管理创新带来了显著变化。一方面,它促进了电子商务与供应链的深度融合,要求企业内部以及供应链上的各成员利用信息技术加强资源共享,从而实现更加综合和全面的管理,最大限度地提高工作效率。另一方面,电子商务加强了先进网络技术与先进管理模式的整合,从供应链联盟的角度出发,帮助企业优化经营管理流程,有助于创造更大的价值,进而提升企业的增值能力。电子商务对农产品供应链的影响如下。

(1)提高农产品供应链管理的效率。电子商务通过互联网技术实时掌握市场动态,将顾客需求转化为数字信息供涉农企业参考。在电子商务环境中,农产品的生产和流通转向对数字信息的管理,通过对数据的管理实现供应链上各环节的优化配置。电子商务手段对农产品供应链进行高效集成化管理,最大限度地协调了农产品与顾客之间的供求关系,从而实现农产品流通的高效率、零库存和低成本。

(2)精简农产品供应链管理的中间环节。电子商务利用互联网技术实现农产品供销的直接对接。在这种交易模式下,农产品生产可以通过第三方服务平台最大限度地满足顾客的个性化需求,从而提高顾客的满意度。农户的生产活动可以根据消费者需求进行种子采购、农业生产及成品配送的全过程管理,从而精简了供应链管理流程。

(3)深化供应链企业间的信任程度。由于企业以营利为目的,在传统的供应链管理中难以实现信息的公开与资源的共享。而在电子商务环境中,供应链借助电子商务平台能够有效地实现信息资源共享。通过第三方服务平台,顾客与供应链上的其他生产、销售等企业有机地结合在一起,建立起良好的供应链企业间的信任机制,从而在满足顾客需求的前提下实现供应链管理成本最低的目标。

(4)加强供应链的信息化管理。电子商务环境下的供应链管理实质上是对供应链的信息化管理。供应链的稳定性主要取决于供应链信息的畅通性和真实性。拥有良好的供应链信息管理能够实现信息资源的共享,从而提高产品的流动效率,降低供应链管理成本,提高顾客满意度,减少供应链失调的不良现象。

(5)转变供应链管理模式。电子商务环境下的供应链管理根据顾客的需求进行分工,原材料采购、产品生产及产品配送分别由不同的企业进行管理。通过供应链横向一体化的管理模式,提高供应链中企业的核心竞争力,促成供应链企业联盟,提高供应链的总体竞争力。

2. 电子商务应用下农产品供应链的转变及特点

在电子商务环境下,电子商务企业集成了供应链的信息流、资金流和物流等信息,协调农产品供应链各节点企业的生产活动。若电子商务企业仅服务于某一产业链,则该电子商务企业也可能成为该产业链的核心企业。然而,传统的农产品供应链核心企业利用电子商务交易中的信息,可以更好地进行供应链决策。

电子商务环境下农产品供应链的特征主要包括以下六点。

(1)网络化。在信息环境下,企业与个人及企业之间的业务交流模式由传统的电话交流转变为网络沟通。电子商务供应链网络管理技术得到发展,供应链模型由垂直单向的线性模型演变为交叉的网络化模型。各种网络信息技术不仅应用于农产品供应链节点企业的协同,还进一步延伸到上下游企业及合作伙伴,为各关联企业创造价值。电子商务的网状供应链将供应链内部的各节点企业联系起来,通过完善企业信息系统平台,实现各企业间的信息共享。电子商务供应链通过信息共享的方式,将信息交换的层次扩大到整条供应链。

(2)智能化。现代农业技术的发展和物联网技术的应用实现了信息的自动采集。RFID、各类信息数据库以及数据挖掘技术的使用,推动了农产品供应链实现信息及时有效地流通和智能决策,对农产品供应链的产品质量进行监控。

(3)柔性化。电子商务的供应链柔性化管理通过系统结构、人员组织、运作方式和市场营销等方面的改革,以及利用各种信息技术或传感设备实时了解生产及存货状况,使生产系统能够快速适应市场需求变化,同时消除冗余损耗,适应生产、流通与消费的需求,满足市场日益增多的多品种、小批量、多批次、短周期的用户需求,灵活组织生产。

(4)敏捷化。在技术发展的推动下,电子商务供应链具有敏捷化的特征。具体表现为电商企业以其核心业务能力为基础,以电子商务系统为平台,以最快的响应方式寻求可利用的优势资源,从而实现对供应链的敏捷化管理。云存储、云计算为加快农产品供应链的反应速度、降低管理成本提供了技术保障。

(5)协作化。电子商务供应链通过建立信息集成与共享机制,能够及时有效地发现市场信息,对本企业有利的信息进行加工总结,并传递给供应链各节点企业进行广泛应用。

(6)可视化。电子商务供应链上的各关联企业利用互联网及电子商务技术,提高了供应链管理的透明度,充分实现了信息共享。在成本最小化的前提下,最大限度地协调了供应链各环节的作业计划,从而更加快速、及时地响应客户需求,有效监控供应链管理各环节的信息。这使整个供应链的关联企业对需求产生快速联动的能力,进而提高了竞争力。

8.3　农产品溯源

电子商务环境下农产品供应链的建立,为农产品溯源提供了重要的信息保障。然而,农产品溯源并非仅有一种渠道,基于农产品供应链的信息溯源仅是众多溯源渠道之一。

农产品溯源是农产品质量体系建设的关键一环,它构成了农产品生产、加工、贸易各阶段信息流的连续性保障体系。这一体系能够从生产至销售的各个环节追踪并审查产品,有助于监测对人类健康和环境产生潜在影响的因素。当最终产品出现违规情况时,借助完善的产品追溯体系,能够迅速便捷地查找违规原因,分析并辨别风险程度,从而提升农产品的质量安全水平。

8.3.1 农产品溯源的定义

在 GB/T 22005—2009《饲料和食品链的可追溯性 体系设计与实施的通用原则和基本要求》中,可追溯性被定义为:追踪饲料或食品在整个生产、加工和分销的特定阶段流动的能力。欧盟委员会也给出了类似的定义:食品溯源是指在生产、加工和销售的各个关键环节中,对食品、饲料以及有可能成为食品或饲料组成成分的所有物质的溯源或追踪能力。

农产品与食品在范围上存在差异。按照国际通行和国内普遍认可的观点,农产品包括植物、动物、微生物产品及其直接加工品,涵盖食用和非食用两个方面。农产品溯源的概念最早源于供应链管理理论的研究,农产品追踪与农产品溯源是一对方向相反的概念。农产品溯源情况如图 8-10 所示。

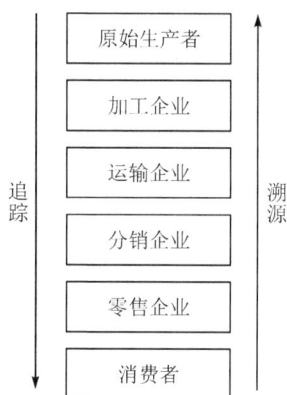

图 8-10 农产品溯源情况

农产品跟踪是指从供应链的上游至下游,以一个或多个标准为基础跟随产品在供应链中运行的能力。这一点对于召回存在危害的农产品至关重要。

农产品溯源则是指从供应链的下游至上游,以一个或多个标准为基础鉴别供应链中特定产品的来源与特性的能力。溯源主要用于查明质量问题的原因,验证某些产品特性的准确性(如有机农业、综合系统等),或检查产品流动的路径。

农产品溯源还有其他常见定义。联合国食品标准化委员会将"食品可追溯系统"定义为保障食品供应各阶段信息流连续性的体系。美国的经济学家认为,农产品可追溯系统是在农产品加工过程或供应链体系中跟踪产品流向或记录产品特征的体系。日本农林水产省在《食品追踪系统指导手册》中,将食品追踪系统定义为能够追踪食品从生产、处理、加工、流通到贩卖整个过程的相关信息的系统。

有效的溯源要求供应链中的每个作业点对其产品进行唯一标识,记录产品的输入与输出之间的连接,并在数据库中保存这些信息。每个作业者在作业时,需负责将这些数据与供应链的其他伙伴共享。

农产品溯源系统负责实施农产品全程追溯,是可追溯信息技术在农产品质量安全领域的具体应用,即上述跟踪和追溯的概念在农产品行业的具体应用。

8.3.2　农产品溯源的分类

在农产品溯源的过程中,既包括供应链节点企业间的信息追溯,也包括企业内部生产过程的信息追溯,以及强制性和自愿性的农产品溯源等。

农产品溯源系统可根据不同标准划分为不同种类。

(1)按农产品种类划分,农产品溯源系统可分为肉制品(包括蛋、奶)可追溯系统、生鲜产品(水果蔬菜)可追溯系统、水产品可追溯系统和谷物粮食产品可追溯系统。

(2)按实施主体划分,追溯系统可分为强制性追溯系统、自愿性追溯系统和"强制性+自愿性"追溯系统三类。强制性追溯系统由国家制定法律法规,强制要求企业产品具备可溯源性,否则不得上市销售,并采取惩罚措施,如我国在一些重点肉类企业实施的肉类溯源系统。自愿性可追溯系统是企业出于对品牌、声誉和长远利益的考虑,为提高产品档次和赢得消费者信任而自愿建立的可追溯系统。"强制性+自愿性"追溯系统则结合了国家要求和企业自身品牌的需求。

(3)按实施规模划分,溯源系统可分为全国范围内的溯源系统和局部范围内的溯源系统。欧盟和美国因历史上发生的疯牛病等问题,较早在全国范围内推行牛肉等产品的溯源系统;而一些作为肉类主要出口国的发展中国家(如巴西和阿根廷),却仅要求在出口领域实施溯源,以解决出口中遇到的产品质量问题。

(4)按实施环节划分,溯源系统可分为全产业链溯源和产业链中部分环节溯源两类。一些农产品从源头到餐桌会经历漫长的周期和众多环节,这些环节通常分布于多个企业,并由政府不同的部门进行监管。由于不同环节具有不同属性,因此,在具体实施中,优先在重点环节部署溯源系统,然后拓展至整个产业链。

(5)按农产品溯源环节划分,农产品溯源分为企业内部溯源和企业间溯源。企业内部溯源基于责任主体内部在农产品物流基础上进行溯源,其追溯对象为责任主体生产、经营的产品,信息可由参与方自行管理。但对于最终产品,企业应赋予唯一条码,便于追溯和查询。企业外部溯源则是基于责任主体间、农产品供应链基础直至消费者的溯源系统。一般而言,外部溯源系统的追溯对象为责任主体,但实际的追溯对象为责任主体生产、经营的产品,因此外部溯源系统的追溯对象应包括责任主体及其产品。

8.3.3　农产品溯源体系的实施

我国农产品质量安全工作由政府的不同部门按供应链环节进行管理。农产品从种植地、养殖地源头至居民餐桌,需经过多个环节,这些环节隶属于政府的不同部门。以猪肉为例,猪的饲养环节归农业农村部管理,猪的屠宰环节归商务部管理,猪肉上市过程中的防疫检测环节归质检部门管理,进入超市等流通环节后归工商部门管理,消费环节归卫生部门管理,食品安全的综合监督、组织协调和依法查处重大事故的工作归食品药品监管部门管理。

溯源体系的建设需要全供应链上各个环节的共同参与,以确保从"产地"至"餐桌"全程质量的可追溯和可控制。这需要从多个层面实施。溯源体系的建立应遵循以下原则:首先,从技术上建立统一的、涵盖全供应链的溯源平台系统;其次,全面加强农业标准化,结合可追溯业务需求,制定科学适用的溯源体系标准;最后,完善农产品质量安全溯源法律法规,建立农产品质量可追溯制度,从政策层面保障全供应链溯源体系的建立和实施。

溯源系统的建立应遵循以下原则。

首先,在农产品追溯系统中,有效标识产品、农产品属性及参与方信息;

其次,确定农产品供应链全过程中的溯源信息,建立各环节信息定义、管理、传递和交换的方案,对供应链中的原料、养殖、加工、储藏、运输及销售等环节的相关信息进行采集和记录,以确保表述一致,防止标识丢失;

最后,建立有效的信息系统,通过供应链中所有参与方在信息交换、管理等方面的合作,实现各环节信息的共享和关联,确保信息流的连续性。

当供应链的节点企业或消费者发现农产品质量问题时,可根据溯源系统追溯农产品信息,以发现同批次产品的问题,并根据预案采取行动。

8.3.4　区块链技术下农产品溯源

利用区块链去中心化、公开透明、数据不可篡改、数据共享、点对点传输等技术特点,将农场、农户、认证机构、食品加工企业、销售企业、物流仓储企业等加入联盟链,使每个关键节点上的信息均形成信息和价值的共享链条,从技术上解决传统溯源平台信息不透明、数据易篡改、安全性差、相对封闭等问题。

目前,区块链技术支持的农产品溯源已有较多应用案例,如北大荒大米溯源系统、畜牧养殖溯源系统以及天水苹果溯源系统等。以天水苹果溯源系统为例,天水苹果溯源系统通过分布式账本技术,使果品信息在产业链条上更加安全可靠地传输、存储,从而实现农产品溯源。

天水市林业和草原局与江苏纸贵数字科技有限公司合作,通过区块链技术解决了产业链上下游环节信息不透明、相互不信任的问题。在具体实施过程中,天水的苹果溯源方案借助物联网、大数据等技术支持,建立起食品安全数据库,实现了从农产品种植、生产加工到分销流通环节的全渠道追溯,天水苹果的区块链溯源流程如图 8-11 所示。

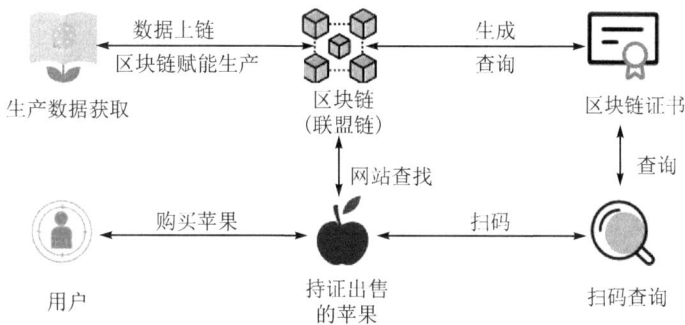

图 8-11　天水苹果的区块链溯源流程

甘肃天水以苹果项目为试点,构建起农产品产业链,为每颗苹果定制"身份证"。借助溯源系统,果农、消费者和商家等均可直观获知苹果从生产到消费的全过程,实现了从果园到餐桌信息的透明、可追溯。在苹果生长过程中,利用光合作用将溯源码晒在苹果上,实现了溯源双保险,确保信息的安全可靠。

8.3.5　农产品信息溯源的意义

农产品供应链的建立促进了农产品信息溯源,而农产品信息溯源又进一步强化了农产品供应链的信息共享。农产品信息溯源的意义在于：

(1)农产品信息可追溯系统是保证农产品质量安全的有效手段。可追溯系统强调产品的唯一标识和全过程追踪,对实施可追溯系统的产品,可在其各生产环节实行质量控制。通过对整个供应链各环节产品信息的跟踪与追溯,一旦发生食品安全问题,即可有效追踪到食品源头,及时召回不合格产品,将损失降至最低。对食品的溯源和食品质量的监管,有利于监测任何对人类健康和环境有影响的产品,及时发现问题并进行改进。

(2)实施农产品可追溯制度成为农产品国际贸易发展的趋势之一。在国际上,欧盟、美国等发达国家和地区要求出口到当地的部分食品必须具备可追溯性。发达国家建立的食品质量安全追溯体系,除了可有效保证食品安全卫生和可溯源外,其贸易壁垒作用也日益凸显。

我国建立的农产品可追溯体系,不仅能为人民群众的饮食健康提供优质安全的农产品,也是打破国外因食品安全追溯而设置的贸易壁垒的重要手段。在我国实施乡村振兴的过程中,随着现代农业的发展,将有更多农产品进入国际市场,实现农产品信息溯源将进一步推动现代农业在出口方面的发展。

8.4　订单农业

订单农业又被称为签约农业或合同农业,起源于20世纪90年代,是一种农户依据需求订单来规划农产品生产的经营模式。其核心在于产销一体化:农产品购买者通过乡村组织,与农户签订正式合同,以明确按照购买者的具体要求组织农业生产,并确保所生产的农产品全部销售给该购买者。买卖双方借助合同契约的形式来实现产与销的供求平衡,从而确保市场的稳定性。因此,订单农业有效避免了生产的盲目性。

8.4.1　订单农业的制度特征

订单农业涉及两方签约主体:一方为企业或中介组织(包括经纪人和运销户),另一方为农户或农户群体代表。订单中明确了农产品的收购数量、质量标准和最低保护价,赋予双方相应的权利与义务,并具有法律约束力,禁止单方面毁约情况的出现。由于订单通常在农产品种养前签订,是一种期货贸易形式,因此,订单农业也被称为期货农业。

(1)订单农业一般有基层政府的参与,形成了"公司+农户+政府"的契约模式。鉴于农业生产周期较长,订单农业进行期间,公司和农户均面临市场带来的不确定性风险。因此,订单农业通常通过企业与农户双方,或企业、农户与乡镇政府三方签订一系列合同来实现利益联结。这些合同以产品购销合同为主,规定了企业向农户收购的产品数量、价格、质量标准,以及企业向农户提供的服务内容等。订单合同签订形式灵活多样,有的企业除与农户签订合同外还单独与乡镇政府签约;有的则是三方共同签订一式三份的合同,以明确各方的权利和义务。

(2)订单农业的契约期限可分为短期和长期。在长期契约中,由于市场的不确定性,合同规定的价格、数量等条款需频繁调整;而在短期契约中,合同任一方在合同期满后均有权解除契约。然而,许多农作物生产周期长,农户的产业调整需要较长时间,因此可能采用续签方式,这无疑增加了企业和农户的签约成本。无论是短期契约还是长期契约,订单农业的不稳定性和履约风险都是关键问题。

(3)订单农业是一种典型的不完全契约。由于农户缺乏合同知识,且农户与企业之间存在严重的信息不对称,农户难以预知并通过契约规避潜在的不确定性,企业也难以通过契约有效监督农户的行为。因此,契约双方中总有一方有较强的违约动机。为解决这一问题,契约的签订往往需要基层政府的参与,利用政府的信用保证来减少甚至消除信息不对称导致的逆向选择或道德风险。在此基础上,双方可采用委托代理的形式,通过动态博弈过程识别并激励低风险的农户、合作社或种植、养殖大户。

8.4.2　订单农业的实现形式

订单农业主要有五种实现形式。

(1)农户与科研、种子生产单位签订合同。农作物生长周期长且具有季节性,只有到生长后期才能确定种子是否符合预期要求。与科研、种子生产单位签订合同,旨在保障农业生产的顺利进行和预期目标的实现,从而保障我国粮食、蔬菜等基本生活物资的供应。

(2)农户与农业产业化龙头企业或加工企业签订购销合同。通过这种方式,农户与产业化龙头企业合作,以解决农产品的销售问题,同时也能为农产品加工企业提供原材料,从而降低生产成本。农户与龙头企业之间既存在合作关系,又存在供销关系。

(3)农户与专业批发市场签订合同。为了将农产品变现,农户与专业批发市场通过签订合同来建立供销关系。与龙头企业合作相比,和专业批发市场合作更侧重于供销层面。

(4)农户与专业合作经济组织、专业协会签订合同。农户通过该方式加入这些组织或协会,与同类农产品生产者结成联盟,他们之间既存在合作关系,又存在竞争关系。

(5)农户通过经销公司、经纪人与客商签订合同。由于农户需要专注于农业生产,因此可以将产品销售问题外包给经销公司或经纪人等。

从供应链的角度看,订单农业的参与主体通常是供应链上的节点企业或农户。借助电子商务,节点企业上下游企业或节点企业之间通过订单农业的方式加强联系,从而优化供应链,最大化各参与主体的利益。尽管订单农业存在不确定性,但电子商务的应用使农户与消费者能够快速建立联系并产生订单。因此,农业电子商务的主要形式为订单农业模式。

8.5　供应链金融

2016 年被视为金融改革元年。中国人民银行、工业和信息化部等八部委联合发布的《关于金融支持工业稳增长调结构增效益的若干意见》,明确提出大力发展供应链金融。随着大数据、云计算、人工智能、区块链等技术的创新和发展,针对农村金融中的金融支持不足这一问题,农村供应链金融在电子商务的推动下迅速应用于农村电子商务领域,在涉农信贷、农业保险以及农产品期权等方面得到广泛应用。

8.5.1　供应链金融基础

供应链金融是指从供应链产业链整体出发,运用金融科技手段整合物流、资金流、信息流等信息,在真实交易背景下构建供应链中占主导地位的核心企业与上下游企业一体化的金融供给体系和风险评估体系,提供系统性的金融解决方案,以满足产业链上企业的结算、融资、财务管理等综合需求,从而降低企业成本,提升产业链各方的价值。

供应链是一个以核心企业(平台)为主导,将上下游企业组织在一起的体系。供应链金融以核心企业(平台)的资质作为信用担保,将供应链上所有企业的信用进行捆绑,为供应链中的采购、制造、运输、库存、销售等各个环节提供融资服务,从而实现物流、商流、资金流、信息流四流合一,解决供应链中各节点资金短缺、周转不灵等问题,激活整个供应链的高效运转,降低融资成本。供应链金融的优势在于,能够使原本不满足融资条件的中小企业依托其所在的供应链获得所需资金,进而解决中小企业融资难、融资时间长等问题,促进整条产业链的协调发展。同时,供应链金融在涉农产业链中的应用也推动了农村金融的发展,实现了金融普惠。

供应链金融为产业供应链上下游的多家企业提供了全面的金融服务。与传统金融中银行只对单一企业主体授信的模式不同,供应链金融围绕某家核心企业,通过从原材料采购、制造到最终产品产出,再到销售网络将产品送达消费者这一整个供应链链条,将供应商、制造商、分销商、零售商、最终客户连成一个整体,全方位地为链条上的多个企业提供融资服务。通过相关企业的职能分工与合作,实现整个供应链的持续增值。因此,它也被称为金融的"1+N"模式。

"互联网+供应链"金融进一步推动了供应链金融的快速发展,主要体现在网络化、精准化、数据化三个方面。网络化提高了交易信息传递的效率,实现了在线互联;精准化增强了对质押物风险的控制能力;数据化对贸易、物流中的各类行为主体进行全方位记录,实现了产融结合。在大数据、云平台、移动互联网的应用下,"互联网+供应链"金融发生了以下变化。

第一,供应链金融的链条架构由"1+1+N"模式变为"N+1+N"模式。"1+1+N"模式中的1代表银行及核心企业,N指上下游的多个企业。银行主要对核心企业进行授信,以凸显核心企业的作用。

第二,提供供应链金融产品和服务的方式从线下转向线上,以降低交易和融资成本,提高融资及整个供应链交易的效率。

第三,互联网和大数据使供应链金融覆盖了众多小企业,推动了普惠金融的发展。

我国许多银行都提供供应链金融服务,主要的银行供应链金融互联网平台见表8-1。

表8-1 我国主要的银行供应链金融互联网平台

商业银行	供应链金融平台	平台功能概述
平安银行	供应链金融2.0系统	涵盖了预付线上融资、存货线上融资、线上反向保理、电子仓单质押线上融资、核心企业协同、增值信息服务、公司金卫士等产品
招商银行	网上企业银行平台8.0版	包括应收账款池融资、票据池、电子订单融资、网上银兑仓、在线发票融资等业务。综合现金管理工具与网络平台,涵盖小企业商务交易、现金增值、便捷融资、电子供应链金融等领域
中信银行	上下通融	从供应链全流程、前后端出发,设计了包括订单贷、保理、应收账款以及消费贷的"接力融资"模式
中国工商银行	电子供应链	为供应链中的核心企业及其上下游企业提供集供应链会员管理、供应链信息管理服务、融资服务、结算服务等综合性金融服务
中国农业银行	E商管家	供应链管理、多渠道支付结算、线上线下协同发展、云服务等。企业可以实现自身以及供应链上下游财务结算、采购销售、营销配送等的全方位管理

资料来源:中银国际证券研究。

除此之外,中国建设银行还推出了"供应链融资"项目,该项目涵盖订单融资、仓单融资、电子商务融资等多种模式。光大银行则拥有"阳光供应链"等服务。在农村金融体系中,除了农村信用合作社、邮储银行外,中国农业银行也是其中重要的一员。随着农村电子商务的蓬勃发展,农村和农业的数字化建设步伐加快。在农业产业链的推动下,龙头企业等核心企业带动农户融资的能力显著增强。同时,供应链金融进一步巩固了农产品供应链中各节点企业的联系,促进了订单农业的发展,推动了农业供给侧结构性改革。

8.5.2　供应链金融应用

1.供应链上的农户信贷

农产品供应链加强了涉农产品节点企业及农户之间的联系。作为农产品供应链的一种应用模式,订单农业减少了农户生产的盲目性。然而,处于供应链弱势地位的农户,在加入龙头企业产业链时,往往被要求改变原有生产形式,依赖龙头企业维持生产活动,从而不得不寻求技术与融资支持。

农户参与供应链后,借助龙头企业的信用获取信贷担保和贷款。一方面,金融机构利用龙头企业的市场优势,缓解了传统涉农信贷的信息不对称问题,降低了信贷风险;另一方面,农户摆脱了因质押品不足等导致的融资难题。相较于土地入股、反租倒包等融资模式,供应链中的农户与龙头企业间的互动更为紧密,龙头企业对农户的了解程度高于金融机构。对于贷款金额小、地理位置分散的农户,金融机构的信息搜索成本较高,且难以全面掌握其贷款用途、经营状况及还款能力,信息的不对称容易引发道德风险和逆向选择问题。在供应链体系下,订单农业模式将龙头企业与农户的利益紧密相连。龙头企业会对农户的农业生产活动进行监督。一方面,龙头企业在参与农户农业生产活动的过程中,能够为农户提供农业生产技术和生产资料,并实时掌握农户信贷资金的投入去向。另一方面,龙头企业与农户建立了良好的合作关系,这不仅有助于企业了解农户的生产和生活动态,而且,双方若进行了多轮订单农业合作,龙头企业还能根据以往的合作经验和当前的农业生产情况来评估农户的发展能力和还贷意愿,从而有效预防农户信贷违约行为的发生,从而降低融资风险。

为了更全面地掌握借贷农户的信息,金融机构通常选择与龙头企业进行合作。龙头企业负责搜索和甄别借贷农户的信息,或者金融机构直接授权龙头企业进行信贷配给。这样的合作有助于金融机构尽可能减少信贷决策中的选择偏差,避免道德风险的发生,从而降低贷款风险并提高贷款回收率。在龙头企业的协助下,无论是供应链内部的融资还是外部的融资,农户获取贷款的可能性都会相对较高。

2.供应链上的资产证券化

2016 年 2 月,中国人民银行、工业和信息化部等八部委联合发布的《关于金融支持工业稳增长调结构增效益的若干意见》,明确提出大力发展应收账款融资和推动更多供应链加入应收账款质押融资服务平台,为供应链金融的发展提供了政策支持。

随着农业供应链数字化程度的提升,各节点企业能够迅速且准确地获取相应的供应链数据信息,如贸易订单、货物状态、物流进度、资金结算等。在真实的交易背景下,节点企业可通过应收账款进行融资,这是供应链金融的重点之一。随着经济的快速发展,基于供应链的交易金额持续增长。通过资产证券化等金融工具,将供应链金融业务中产生的应收账款作为基础资产,形成资产证券化产品,并在资产支持证券(asset-backed securities,ABS)云平台进行登记,直接对接资金供需双方。

在农产品供应链与农村电子商务的双重推动下,订单农业迎来了快速发展的机遇。农产品期权、期货价格保险以及"粮食银行"等新兴的金融服务模式受到广泛关注。现代农业的发展需要更多与之相适应的期权、期货产品作为更为便捷有效的金融工具。同时,这些金融工具的应用还需进一步拓展至核心企业的上下游产业链,以扩大期权、期货产品的影响力,并增强其融资能力。

供应链上的资产证券化不仅丰富了金融市场优质的投资资产,还实现了供应链实体企业或农户的直接融资,促进了经济发展。此外,供应链资产证券化拓宽了供应链金融的资金来源渠道,可以更好地发展农业。

3. 供应链上的农业保险

农产品供应链不断巩固各节点企业及农户的合作。订单农业虽然确保了农产品从生产环节顺利进入加工或消费环节,但鉴于农业生产的特殊性及农产品生产周期长、附加值低等特点,强化农业保险有助于降低供应链节点企业的风险,促进订单农业的发展。

目前,中央财政已为15个品种的农业保险提供保费补贴。对于玉米、水稻、小麦、棉花等种植业的保险,中央财政为中西部地区提供40%的保费补贴;对于能繁母猪、奶牛、育肥猪的保险,中央财政为中西部地区提供50%的保费补贴。随着现代农业的发展,保险业不断扩大财政补贴覆盖面、提高风险保障水平,并积极增加设施农业、水产养殖等保险品种,扩大保险覆盖面。同时,逐步减少保费补贴,通过市场手段鼓励保险机构推出特色农产品保险产品,开展多种形式的互助合作保险。

8.5.3 供应链金融风险

大量的现代农业数据和农村电子商务下的农产品交易数据,降低了金融服务中的信息不对称问题,农产品供应链金融风险也发生了变化。

1. 供应链金融的风险

供应链金融将供应链作为服务对象,具有金融风险,如信用风险、市场风险、法律风险和操作风险等。

信用风险主要源于供应链中的节点企业及农户。在供应链体系中,任何一个节点企业或农户的信用风险,都有可能最终演变为整个供应链的信用风险。具体而言,产品来源不明确、产品质量不达标、物流企业未能如约履行配送义务等,都是引发供应链信用风险的重要因素。

市场风险主要源于市场价格的波动以及汇率的变动。这种变动会导致质押物在特定时间段内的价格随时发生变化,进而影响到质押物的变现能力。因此,并非所有商品都适合进行仓单质押。特别是那些应用不广泛、难以处置、易变质或价格波动幅度大的商品,若作为质押品,将存在较大风险。

在新技术应用和新业务流程创新的背景下,法律风险主要源于法律的滞后性。例如,我国现行的《中华人民共和国民法典》及相关法律法规,在规范动产质押的有效性和排他性方面,其条款过于原则化,导致在一定程度上存在概念模糊、操作性不强的问题。特别是仓单在转让过程中,其有效性问题往往容易引发法律风险。

在供应链管理中,操作风险主要源于仓库与银行之间的信息不对称、信息失真或信息滞后等问题。这些问题可能导致任一方决策失误,进而使质押商品面临监管风险,例如私自提货。

2. 农产品供应链金融的风险

基于农产品的特性,农产品供应链金融还存在环境风险、供应链运行风险,且市场风险也发生了一定的变化。

环境风险涵盖自然环境、市场环境、行业环境及区域环境等多个方面。其中,自然环境(如天气、气候及自然灾害)对业务运营具有较大影响。农产品,特别是那些随时间推移在数量或质量上有所改善的改良品种,对天气、气候等自然条件的依赖尤为显著。良好的自然环境有助于减少农产品的变质损耗,促进活体农产品产量提升,进而增加市场供给,但也可能影响存货的变现能力等。市场环境则涉及该类存货在市场上的供需状况、竞争格局及政策变动等因素。行业环境和区域环境则主要反映不同行业、不同区域因市场竞争水平、开发程度、技术水平及经济发展状况的差异而产生的不确定性。

供应链运行风险主要源于农产品的弱质性、易变质性和周期性等特点,这些特点使得银行等金融机构在实施普惠金融时面临困难。因此,农户或中小企业往往需要依赖供应链中的核心企业来获取金融服务。然而,这种依赖关系可能引发供应链控制风险、协作风险和竞争风险等问题,进而造成供应链整体的不稳定性。

在农产品供应链中,市场风险主要表现为并非所有类型的农产品都适宜作为质押物进行融资担保。对于那些价值易波动、存储难度大、运输复杂且易变质的农产品,需特别谨慎对待。换言之,在选择适宜的农产品作为质押物时,应全面考虑其质地稳定性、市场价格波动、变质损耗率、市场需求状况、季节性及周期性特征等因素。优选质地稳定、价格波动小、市场需求旺盛且易于储存的农产品,以避免因质押物价格波动过大,尤其是价格大幅下降导致价值不稳定,进而引发潜在损失。同时,变现能力也是关键因素之一,若质押物变现困难,银行在合作社违约时将难以迅速获得补偿,这也会影响信贷资金的安全性。

由于操作风险可通过技术改良进行管理,综合农产品供应链金融的风险,其风险评价指标体系见表 8 - 2。

表 8-2　农产品供应链金融风险评价指标体系

目标层	一级层指标	二级层指标
农产品供应链金融综合风险 R	环境风险 A1	自然环境 B11
		市场环境 B12
		区域环境 B13
		行业环境 B14
	信用风险 A2	物流企业规模 B21
		借款企业发展潜力 B22
		借款企业财务状况 B23
		借款企业素质 B24
	供应链运行风险 A3	控制风险 B31
		协作风险 B32
		竞争风险 B33
	市场风险（质押农产品风险）A4	质物选择风险 B41
		价格波动风险 B42
		质物变现风险 B43
		变质损耗风险 B44
	技术风险 A5	价值评估技术 B51
		信息共享技术 B52
		价格波动监测 B53
		违约处理技术 B54
	法律风险 A6	权属风险 B61
		合规风险 B62

表 8-2 中，农产品供应链金融的风险指标体系包含 6 个一级指标和 21 个二级指标，全面反映了农产品供应链的主要风险类型。

3. 农产品供应链金融风险的特征

农产品供应链金融风险因其特有属性，表现出传导性和依赖性等特点。单个企业的风险可能会被放大数倍，甚至引发连锁反应。

（1）贸易的真实性。供应链金融成立的基础是贸易的真实性。在我国的供应链融资体系中，商业银行始终是主要的资金供给方。银行对供应链企业的信贷支持，基于贸易的真实性和自偿性。若贸易合同虚构，银行将面临较大风险。借助农村电子商务，贸易的真实性可通过多种渠道验证，这增加了企业逆向选择的难度，有助于降低农产品供应链金融的风险。

(2)风险的传导性。供应链金融业务的开展,主要依赖于整条供应链中核心企业的信用等级。实践中,以银行为主的资金供给方常将核心企业的信用等级视为整条供应链的信用履约级别。供应链上下游的中小企业,实际上共享了核心企业的信用等级,形成了信用捆绑关系。因此,当核心企业信用出现危机时,该危机将迅速沿交易链条传导至整条供应链,最终影响供应链金融的安全性和稳定性。

Ⓩ 本章小结

农村电子商务的应用加速了现代农业的发展。农业农村中的经济活动、生产要素以及农产品流动等信息被数字化存储,实现了农产品产供销信息和工业品下行信息的一体化。企业与农户的上下游关系得到强化,农村电子商务中涌现出各类供应链。在众多农村经济活动供应链中,农产品供应链因其在发展乡村经济、推动乡村振兴中的重要作用,成为农村电子商务中最重要的供应链之一。

首先,本章从供应链管理与协同商务开始,强调关注供应链的目的是更好地实施供应链管理,优化供应链,全面提高供应链效率,增加供应链各节点企业的收益。这有助于强化供应链中核心企业的地位和加强各节点企业之间的合作关系。其中,重要的手段是供应链节点企业的协同,包括围绕核心企业的上下游协同和同类企业协同。

其次,本章选取农产品供应链作为农村电子商务领域中的典型代表。在农产品供应链中,由于农产品在国家经济发展中的基础性地位,以及其生产周期长、附加值相对较低等特点,本章重点阐述了农产品供应链的特征、组织模式,以及在电子商务环境下农产品供应链的独特性质。这样做的目的是更好地实施供应链管理策略,优化供应链中各节点企业的合作流程,从而提升农产品上行的效率与效益。

最后,本章在农产品供应链的基础上,介绍了供应链在订单农业、农产品溯源和供应链金融三个方面的应用。在农村电子商务的作用下,订单农业成为现代农业发展的一种趋势,适用于农产品成熟前,能够事先解决农产品上行的市场问题。订单农业的实施可发生在农业生产前,根据市场需求定制农业生产;也可发生在农业生产过程中,用于提高农产品交易效率。农产品溯源是食品安全和质量监控的重要保障,通过沿供应链逆向追溯,区块链技术成为支撑未来农产品溯源的重要技术。供应链金融以供应链为服务对象,向供应链节点企业或农户提供信贷、证券、保险等服务,使金融在农业生产中支持农业、支持小微企业,从而实现普惠金融。

农村电子商务的渗透使农业生产活动中的现金流、资金流和物流数字化,共同构建起农村电子商务生态体系。在农村电子商务生态系统中,数据驱动的供应链决策提高了农业生产中农产品供应链管理的效率,能够及时发现风险点,以进一步实施供应链优化。通过发展和优化农产品市场,为农业生产提供了良好的环境,进一步促进了现代农业的发展和乡村振兴的实现。

思考题

1. 什么是供应链？其特征有哪些？

2. 什么是协同商务？其主要内容是什么？

3. 什么是农产品供应链？其特征有哪些？

4. 农产品溯源指什么？为什么要进行农产品溯源？

5. 简述区块链技术下农产品溯源的过程。

6. 什么是订单农业？其主要形式有哪些？

7. 什么是供应链金融？农业供应链金融有哪些表现形式？

第9章　宏观经济政策与农村电子商务的转变

学习目标

1.了解国家发展现代农业的宏观经济政策与农村电子商务之间的关联。
2.认识在国家乡村振兴宏观经济政策背景下,农村电子商务所发生的转变。
3.掌握国家"一带一路"倡议为农村电子商务带来的机遇与挑战。

思政目标

1.了解现代农业对农村电子商务的影响,培养学生的思辨能力。
2.理解乡村振兴战略对农村电子商务生态环境的改变,增强学生的创新意识。
3.把握"一带一路"政策下农村跨境电子商务的发展,激发学生对大国农业走向世界的自豪感。

内容提要

为加速农村经济发展,国家颁布一系列文件,旨在引导现代农业发展、加强乡村治理、实施"一带一路"倡议以及推动农村电子商务的应用。这些措施促使我国农村电子商务实现了全面发展。

国家宏观政策的推行促进了我国的城乡融合。随着数字农业的兴起、经济贸易的繁荣以及人们对电子商务的广泛认可和接受,农产品电子商务、农业电子商务与农村电子商务在横向上实现了融合,形成了以农户为中心的农村电子商务服务体系。在纵向上,电子商务服务由单个企业向上下游延伸,提供了包括贸易、金融、物流等在内的一体化产业链服务。在经济融合层面,电子商务作为农村经济活动的工具、渠道和基础设施,最终融入了经济体,共同构建了农村电子商务生态系统。

在国家宏观经济政策的推动下,农村电子商务取得了显著发展,促进了交易制度的优化、技术的革新以及新兴服务和产业的兴起。例如,在发展现代农业的过程中,国家推动了观光农业、云旅游等农村电子商务形态的发展,以及完善面向农村的农机售后服务等;在实施乡村振兴战略中,国家加强了基础设施建设、金融服务,促进了农村电子商务的多元化发展;在实施"一带一路"倡议中,国家开展了农产品跨境电子商务,拓宽了电子商务的覆盖范围。

本章以现代农业、乡村振兴以及"一带一路"倡议等国家重点应用的宏观经济政策为基础,分别阐述了电子商务在这些政策影响下的发展和演变。

开篇案例

"一带一路"背景下,陕西"红苹果"成"金苹果"

2013 年 9 月和 10 月,国家主席习近平分别提出了建设"丝绸之路经济带"和"21 世纪海上丝绸之路"的战略构想。陕西作为"一带一路"的重要省份,在该战略的带动下,陕西苹果出口至五大洲的 80 多个国家,与陕西果品确立长期交流合作的"一带一路"共建国家已达 9 个。目前,陕西已成为全球集中连片种植苹果的最大区域,世界上每 7 个苹果中就有 1 个产自陕西,每 3 杯苹果汁中就有 1 杯出自陕西。陕西省果业中心委托成都映潮科技股份有限公司进行的大数据监测显示,尽管受到新冠疫情影响,但 2020 年上半年,陕西水果网络零售额仍高达 45.15 亿元,同比增长 57.03%。其中,鲜食水果网络零售额为 39.43 亿元,同比增长 60.70%,占比 87.32%;水果加工品网络零售额为 5.72 亿元,同比增长 35.68%。咸阳和渭南两地作为陕西水果的主产区,特别是苹果的优生区,吸引了众多生鲜电商企业,如"盒马鲜生""京东到家"等,为其提供电商服务,促使两地水果在全网畅销,同时也带动了该地区冬枣等其他水果产业的发展。

为了进一步提高苹果的出口量,2019 年,西安航空基地获批成为"中国(西安)跨境电子商务综合试验区创新示范先行区",旨在依托丰富的航空产业资源和西安航空基地综合保税区这一国际化平台,大力推动跨境电子商务的发展。西安航空基地综合保税区以民用航空产业为核心,按照保税加工、保税物流、保税服务三大功能进行规划,全力打造研发设计、加工制造、物流分拨、检测维修及销售服务等"五大中心",其中促进跨境电子商务发展是销售服务中心的重要组成部分。为畅通苹果出口渠道,陕西苹果搭载中欧班列长安号出口至俄罗斯等"一带一路"共建国家。相比航空运输,中欧班列成本较低;相比传统物流,中欧班列的物流周期仅为原来的三分之一。为了更好地对苹果产业及市场进行监测和决策,陕西省洛川县通过苹果卫星遥感大数据平台,对苹果产业和果园的管理进行实时监测,并提供大数据服务。

总之,在国家"一带一路"政策的推动下,陕西苹果产业得到了较快发展,这对农村电子商务提出了更高的要求,如发展跨境电子商务、建立自贸区、提高物流效率以及采用大数据进行监管和决策等,以促进农村生产要素及经济活动的数字化,推动农村电子商务的发展。

(资料来源:吴莎莎,陕西果业 40 年发展回望:陕西苹果走向世界[EB/OL],(2019-01-08)[2022-01-21]. http://www.moa.gov.cn/xw/qg/201901/t20190108_6166320.htm;

省果业中心信息数据处,2021 年 4 月份陕西主要果品出口情况[EB/OL],(2021-05-27)[2022-01-21]. http://www.guoye.sn.cn/html/2021/scdt_0527/3333.html.)

自 2004 年以来,国家一直以中央一号文件的形式关注农村问题。在各领域、各基层政府贯彻国家政策的过程中,农村电子商务的外部环境不断发生变化。在政策扶持下,农村电子商务备受关注,农村经济的高速发展促使经济活动活跃,电子商务在农村经济中的资源配置优势得到了基层组织和农户的认可。信息技术和网络技术的发展也使得农村电子商务的开展更加便捷、决策更加智能、安全性更高、成本更低。

在国家宏观经济政策的影响下,电子商务发生了变化。在商品形式上,由物流周期长、不易变质的电子商务转向时效性要求较高的生鲜电子商务,并通过开展农产品跨境电子商务来拓展销售市场;在渠道上,由传统基于 Web 的电子商务转向基于移动网络的电子商务;在服务对象上,由单个企业的电子商务演变为供应链式的电子商务;在决策支持上,由单个企业数据的决策支持演变为整个电子商务生态系统的决策支持,从而支持企业、产业以及政府等的经济决策。

9.1　现代农业与农村电子商务

现代农业是国家宏观经济发展的重要战略部署。现代农业的发展为农村电子商务提供了大量的基础信息,包括农户信息、田间信息、作物信息等。农村电子商务在现代农业信息的基础上,不仅可以强化农产品的数字品牌,还可以沿着产业链开发更多的电子商务服务,实现对现代农业价值的立体化开发。

9.1.1　现代农业的四个发展阶段

我国农业先后经历了传统农业、数字农业、精准农业以及智慧农业等发展阶段。

(1)传统农业阶段。数字农业之前的农业生产阶段被称为传统农业。

(2)数字农业阶段。进入数字农业阶段后,信息技术被广泛应用于农业生产。它将信息作为农业的生产要素,利用现代信息技术对农业对象、环境和全过程进行可视化表达、数字化设计、信息化管理,从而实现现代农业的发展。

数字农业是指在地理空间和信息技术支撑下的集约化和信息化的农业技术,它将遥感、地理信息系统(GIS)、全球定位系统(GPS)、计算机技术、通信和网络技术、自动化技术等高新技术与地理学、农学、生态学、植物生理学、土壤学等基础学科有机地结合起来,实现对农业生产中农作物、土壤的实时监测,以获取农作物生长、发育状况、病虫害、水肥状况以及相应环境的信息,生成动态空间信息系统,对农业生产中的现象和过程进行模拟,以达到合理利用农业资源、降低生产成本、改善生态环境、提高农作物产量和质量的目的。

(3)精准农业阶段。随着信息技术的发展,数字农业不再局限于利用信息系统对农业进行数据采集和信息管理,而是为了获取更优质的农产品,根据事先定义的专家系统,配合相应的硬件设备进行控制,如浇水、施肥等。

精准农业又称精确农业或精细农作,它以信息技术为支撑,根据空间变异,定位、定时、定量地实施一整套现代化农事操作与管理系统。它是信息技术与农业生产全面结合的一种新型农业,是专门用于大田作物种植的综合集成的高科技农业应用系统,是信息技术和硬件综合作用的产物。

(4)智慧农业阶段。随着人工智能技术的广泛应用,现代农业已不再满足于对信息的管理和控制,而是要求根据瞬息万变的自然环境、作物生长等情况进行生产,以获得最优的农产品。由此,出现了智慧农业。

智慧农业是指充分应用现代信息技术成果,集成应用计算机与网络技术、物联网技术、音视频技术、3S技术(遥感技术、地理信息系统、全球定位系统)、无线通信技术以及专家智慧与知识,实现农业可视化远程诊断、远程控制、灾变预警等智能管理。

智慧农业主要在农业生产中运用物联网技术,通过传感器和软件,借助移动平台或电脑平台对农业生产进行控制,使传统农业更加具有"智慧"。除了精准感知、控制与决策管理外,从广泛意义上讲,智慧农业还包括农业电子商务、食品溯源防伪、农业休闲旅游、农业信息服务等方面的内容。

智慧农业是现代农业发展的高级阶段,它的发展将农产品电子商务的交易向农业产业链延伸,并推动了农产品电子商务向农村电子商务融合,促进了电子商务更加重视数据驱动的智能化决策,能够为电子商务各参与主体提供更优质的服务。

9.1.2 现代农业下的电子商务

随着现代农业的发展,农村出现了专家大院、农业合作社等新型组织。现代农业对电子商务的需求推动了电子商务的进一步发展,不仅表现在生鲜电子商务的内容更加丰富、效率更高上,还表现在供应链电子商务更加受到重视。此外,O2O电子商务也被创新应用,出现了云旅游、观光农业和农机服务下乡等电子商务模式。

1. 云旅游

云旅游最早于 2011 年提出,是在互联网日益兴盛、"云计算"技术迅速发展的背景下形成的一种"线上＋线下"融合模式。它将旅游全过程资源、服务进行整合,利用互动运营平台等智慧旅游工具为互联网用户提供随时随地获取旅游资讯的服务,是旅游数字化的一种发展形式。

早期的云旅游服务相较于线下旅游,更侧重旅游前、中、后的旅游信息和旅游服务供给。其目的主要是通过资源整合与共享,解决旅游供需信息不对称问题,同时通过旅游平台大数据对旅游产品的规划和开发进行科学决策。

2020 年初,为有效防控新冠疫情,国家提倡减少人员聚集,众多旅游项目因此被叫停。在此背景下,云旅游应运而生。借助现有的现代农业设施,农作物成为云旅游的重要内容之一,许多地方出现了"云赏花"项目。

疫情下的云旅游具有以下特征。

(1)公益性。疫情下的云旅游不仅丰富了居家抗疫民众的生活,还通过网络营销为疫情后的经济复苏做了准备,这要求云旅游的实施要尽可能降低成本。现代农业下的产业园区数字环境已基本建成,通过软件 App 或 Web 远端访问链接产业园区系统,即可通过直播实现云旅游。

(2)参与主体多元化。参与主体多元化主要表现为供给主体多元化。地方政府、旅游企业与平台、网络社交平台、购物平台、个人等都可以成为云旅游的供给主体,尤其是网络社交平台、购物平台利用用户流量优势发挥了重要作用。不同供给主体之间相互联合,如云南文旅部门利用官方旅游平台 App"游云南"与各地文旅部门及企业联合起来,将 900 多个景区移至线上。

(3)客体具有临时局限性。线下旅游具有很强的体验感,而云旅游无论是利用摄像头直播还是通过视频解说,体验感均较差。但云旅游对乡村旅游的宣传为后期乡村旅游线上线下融合转型和发展打下了基础。

(4)供给形式多样化。云旅游凭借现有的网络和计算机技术,以"直播＋互动"的形式展现,为直播前的"云游"者提供沉浸式观赏体验。"直播＋互动＋带货"的模式,可以实现农产品的预售、售卖以及旅游目的地住宿、门票的预售等。

云旅游作为现代农业下的新兴服务,推动了农村电子商务的进一步发展。具体表现为:

(1)云旅游将农产品的营销提前到农业生产阶段,通过 GPS、GIS 以及园区实时图像采集、视频采集等手段获得农产品潜在的用户市场信息,为农村电子商务的进一步发展奠定了良好的基础。

（2）云旅游使电子商务更加重视信息共享等搭便车行为。为了降低服务成本，需要充分利用现代农业的软、硬件系统，共享其数据，以满足用户对云旅游的需求。

（3）云旅游使电子商务更注重对数据的采集和对数据价值的挖掘，以便进行最优的资源配置。在云旅游中，涉农的保险、信贷、财政补贴等数据均为真实的一手数据。跨界数据的交互认证有利于最大限度地防范用户的逆向选择和道德风险，从而促进农户的信用体系建设。

2. 观光农业

观光农业是现代农业中涌现的新兴产业，它的发展对电子商务提出了新的服务需求。观光农业也被称为休闲农业或旅游农业，是一种农业与旅游业相结合的生态旅游形式，属于具有消遣性质的农事活动，是农业的一种特殊形态，主要依托当地优越的自然条件，开辟休闲观光场所。

观光农业在内容和范围上分为广义和狭义两种。广义的观光农业是指充分利用农业自然资源、农村人文资源及空间进行旅游开发，以发展农村的观光旅游功能。狭义上的观光农业则是以农业自然资源为基础，利用农村空间，将农园观光采摘、园艺展示以及农产品的生产、经营等活动以旅游的形式进行展现。它将农业生产经营活动与旅游发展紧密结合，通过优化农业生产结构、合理规划布局，达到保护自然环境、美化景观的目的。同时，它还是一种能够提供观光游览、参与性劳动、学习机会以及享用新鲜绿色食物等多种体验的农业形式。

国内外对观光农业园这类园区的称呼多种多样，如观光农园、观光农业园、农业观光园等，这些称呼是从不同角度和不同层面对同一事物的描述。常见的观光农业类型主要包括以下四种。

（1）农业观光园型。这种模式通过建立农业公园、市民农园、教育农园或租赁农园等，展示种植业的栽培技术、园艺成果、农产品及其生产过程。

（2）农业园采摘型。这种模式通过开放成熟期的果园、菜园、瓜园、花圃等场所，供游客进入园区观赏、采摘、品尝。游客可以亲身体验采摘的乐趣，同时欣赏田园风光。

（3）渔场垂钓型。这种模式利用乡村的水库、池塘等水域，开展垂钓、驾船、品尝水鲜产品等旅游活动。

（4）综合观光型。这种模式是指在观光农业景区内设置多种项目，如山区特色旅游项目，让游客既能观赏农园田园风光，又能享受民俗乡野风情，同时还可以利用乡村果林资源开展农业采摘活动。

由于观光农业的体验性强，它给农户和消费者都带来了较大的收益。观光农业对电子商务发展的推动作用不仅体现在直播方面，更重要的是它能够通过电子商务手段在营销和服务之间实现均衡。特别是对于农业园采摘型的观光农业（如草莓采摘园），由于农产品是分批次成熟的，通过电子商务手段合理控制消费者流量，不仅可以提升对消费者的服务质量，还可以防止园区因过量采摘而影响总体收益。

3. 农机售后服务

在现代农业的发展进程中，大量大型智能农机被投入使用。由于农业生产具有分散性，智能农业机械的集中维修面临较大困难。为了简化售后服务流程，一些生产厂商在农业机械上安装了传感器。这些传感器利用物联网技术和故障识别设备，能够在机具发生故障时，通过互联网自动向厂商发送故障代码，从而使厂商能够迅速提供维修服务或产品升级服务。

厂商在收到农机故障代码后，能够获取准确的农机故障信息，包括农机的使用地点、购买及使用情况、故障类型等具体信息。随后，厂商会利用电子商务系统进行决策，调配相关资源，以便提供及时的维修服务，从而确保农业生产顺利进行。

在物联网技术的支持下，智能农机具的使用及维修服务得以发展，进而推动了农村电子商务的进步，促进了大型农业机械等设备服务向农村地区的延伸。

9.2 乡村振兴与农村电子商务

2017年10月18日，习近平总书记在党的十九大报告中明确提出："实施乡村振兴战略。"农业农村农民问题是关系国计民生的根本性问题，必须始终把解决好"三农"问题作为全党工作重中之重。要坚持农业农村优先发展，按照产业兴旺、生态宜居、乡风文明、治理有效、生活富裕的总要求，建立健全城乡融合发展体制机制和政策体系，加快推进农业农村现代化。

乡村振兴要求深化农村土地制度改革，完善承包地"三权分置"制度；同时深化农村集体产权制度改革，保障农户财产权益，壮大集体经济。要确保国家粮食安全，构建现代农业产业体系、生产体系、经营体系，完善农业支持保护制度，发展多种形式适度规模经营，培育新型农业经营主体。此外，还需健全农业社会化服务体系，实现小农户和现代农业发展的有机衔接，促进农村一、二、三产业融合发展，支持和鼓励农民就业创业，拓宽增收渠道。要加强农村基层基础工作，健全自治、法治、德治相结合的乡村治理体系，培养造就一支懂农业、爱农村、爱农民的"三农"工作队伍，即加强人才队伍建设。

在乡村振兴的大背景下，农村电子商务主要向以下方向发展。

（1）乡村振兴依赖于全面建设数字乡村的精准施策，要求农村电子商务未来能全面实施涵盖土地流转、农业生产、金融支持、生态环境等多方面信息的管理，并实现数据驱动的决策。在土地资源管理方面，需将土地承包权、使用权及相关农业生产信息、农户及金融信息全面集成；在农业生产方面，需沿着农业生产的供应链实现信息的集中管理；在农户金融、社会网络等方面，需完成信息的集成，全面将农村生产资源及要素数字化。

（2）乡村振兴要求未来农村电子商务系统提供多维一体的信息管理服务，不仅要满足农业生产的使用需求和农产品的销售需求，更要注重支持农村信息的跨界管理和决策。例如，在农村金融方面，可利用农户的农业生产信息，在低风险或无风险的情形下主动提供金融服务；基层组织可利用农业生产数据加强生态治理，或利用土地流转信息加强外出务工人员的管理，通过数据挖掘出能够参与乡村发展的外出务工人员或流出人才，激励其返乡创业或提供专家咨询服务，以解决农业农村发展中的人才不足问题。

（3）乡村振兴要求未来农村电子商务全面实施智能化的数据决策。由于农户或基层管理者可能受自身信息素养的限制，农村电子商务系统的智能化决策精度和效率将决定其为各参与者提供决策支持的能力水平的高低。

（4）随着农村电子商务的发展，其服务将呈现两极分化的趋势，即政府主导的大而全的电子商务平台与小微涉农企业的小而精的微店、微信公众号等电子商务服务并存。基层政府将更加重视农村电子商务中的数据采集，并更加关注电子商务政务和电子商务服务的协调发展。

9.3　"一带一路"与农村电子商务

农产品生产具有鲜明的季节性和周期性,分为淡季、旺季及缺货期。农作物的耕种、畜牧养殖以及水产品的养殖和捕捞,均遵循一定的生产周期。例如,即便是生长速度较快的人造经济适用林,也至少需要 6 年方能砍伐。农产品的生产不仅受气候等多种因素的影响,还具有明显的区域性。由于其易腐、易烂的特性,农产品的运输半径相对有限。因此,农产品电子商务主要面向国内或区域性市场。

自 2013 年"一带一路"倡议实施以来,农产品电子商务作为农村电子商务的重要组成部分,开始面向更为广阔的市场。在此背景下,农村电子商务主要呈现出以下特点。

(1)与跨境电子商务类似,农村电子商务在信息流、资金流、物流和商流等方面均得到了发展。在信息流方面,要求网站支持多个国家的语言,产品要符合出口国家的风俗文化;在资金流方面,要求支持外汇结算;在物流方面,需要海关的参与。为了提高电子商务的运行效率,部分企业或企业联盟建立海外仓。由于跨境电子商务实施周期长,农村跨境电子商务主要针对深加工的农特产品。得益于"一带一路"倡议和相关贸易协定的存在,农产品的物流效率得到了大幅提高。因此,在国家政策的支持和相关资金的扶持下,参与农村电子商务服务平台的农产品种类增多,大量的生鲜农特产品成为农村电子商务的跨境商品,这不仅丰富了跨境电子商务的内容,也促进了农村电子商务的发展。

(2)在"一带一路"政策下,农村电子商务主要采用"电子口岸",这缩短了农产品的通关周期,为跨境电子商务货物通关提供了便利。同时,加强了"电子口岸"建设,提高了"大通关"水平。通过应用物联网、云计算、移动互联网、大数据等新一代信息技术,构建了"智慧口岸"和"智慧海关",提高了跨境电子商务货物通关的自动化和智能化水平。例如,海关采用物联网技术构建了监管区域的"电子围栏",对装载出口货物的车辆进行自动核放。此外,在海关、商务、公安边防、检验检疫、外交、交通运输、外汇管理等相关的业务领域,深入推进了简政放权和信息化建设,以"制度＋技术"的方式促进了跨境电子商务的发展。

(3)在"一带一路"政策下,农村电子商务更加重视信息服务工作。通过 App 为进出口企业提供信息和办事服务,方便进出口企业及时获取手续办理情况、货物进出关情况等信息。同时,按国别组织编译、整理了国外基本情况、贸易政策、商业规则、行政程序、知识产权保护、安全、风土人情等方面的信息,并及时、全面、准确地提供给出口企业,对进出口风险进行预警。此外,为了防止外商的违约和交货后的不付款行为,农村电子商务需要与外国政府和征信机构开展合作,建立外商信用数据库和外商征信系统,供中国进出口企业查询。由于生鲜农产品具有易损、易腐等特性,若不能按预定计划交付商品,则将给涉农企业造成巨大损失。

本章小结

农业是国家的基础产业。自 2004 年以来,国家一直致力于解决农村问题,促进城乡一体化发展。在国家的宏观经济政策指导下,农村电子商务得到了飞速发展。农村电子商务的内容覆盖面日益广泛,供应链的作用得到强化,O2O 形式也呈现出更加多元化的趋势。以 O2O 为例,现代农业的发展使得农村电子商务能够提供云旅游、观光农业以及农业机具下乡服务等多元化服务。

受乡村振兴政策的有力推动,数字乡村的建设加速了农村电子商务生态环境的构建,实现了多方面数据的集成与整合。在此基础上,数据驱动的决策变得更加全面和智能化。当然,在农村电子商务的发展过程中,那些综合能力较强的电子商务平台、服务于小微涉农企业的网上商店以及微信公众号等,仍将继续发挥重要作用并长期存在。

受"一带一路"政策的影响,农村电子商务面向全球用户市场,与跨境电子商务相似,其在信息流、资金流、物流以及商流等方面均得到了较大幅度的能力提升。为了满足农产品跨境电子商务的需求,农村电子商务采用了"电子口岸"大通关模式,实现了技术与制度的协同发展。此外,农村电子商务还更加注重信息服务,以确保农产品顺利出口,并实现商品交易的有效进行。

在国家宏观经济政策的引导下,农村电子商务的内部和外部环境得到综合治理和优化,促进了农村电子商务系统管理流程的优化和发展,提供了更多的服务来支撑农产品的出口贸易。农村电子商务在理论和实践中的成果同样适用于传统电子商务。

思考题

1. 现代农业的发展对农村电子商务有哪些具体影响?
2. 乡村振兴政策的实施对农村电子商务的发展具有哪些影响?
3. "一带一路"政策对农村电子商务的发展有哪些影响?

第 10 章　农村电子商务与农业供给侧结构性改革

学习目标

1. 了解农村电子商务技术应用对农业生产方式变革的影响。
2. 理解农村电子商务应用对农业生产结构调整的影响。
3. 理解农村电子商务应用对农村"沉睡"生产要素的挖掘方式和方法。

思政目标

1. 了解农村电子商务技术应用下农业生产方式的改变,强化学生的职业道德素养和创新能力。
2. 理解农村电子商务技术应用对产业结构调整的重大意义和方法,强化学生对农业的认同感。

内容提要

农村电子商务在农业生产中的资源配置作用以及对农村的综合治理功能,推动了农业供给侧结构性改革,提升了农业与农村的资源配置效率,并增强了农村应对风险的能力。在新冠疫情防控期间,农村电子商务在解决 14 亿人口农副产品购销难题、恢复农业生产以及促进经济复苏等方面,充分展现了其对经济供给侧结构性改革所起到的积极作用。

从 2015 年起,我国开始尝试通过设立电子商务示范县、示范乡镇和示范村来发展农村经济,旨在实现农村经济脱贫并推动乡村振兴。在此过程中,农村电子商务的深入发展促进了农业供给侧结构性改革,带动了一批相关产业的兴起。截至 2020 年,我国农村地区已全面实现脱贫。为防止农村出现返贫现象,农村电子商务需要更加重视消费端的需求,及时将市场信息反馈给生产端,以进一步推动农业供给侧结构性改革。

农业供给侧结构性改革主要包括转方式、转结构和促改革三个方面。农村电子商务将农业、农村数字化,最大限度地消除了基层政府在乡村治理时的信息不对称问题,依赖智能化信息系统进行决策,制定出更好的政策来实施农业供给侧结构性改革,引领了产业发展。同时,农村电子商务的建设完善了农产品供应链,将市场需求通过信息系统传递给农业生产者,实现了产业结构优化和农业附加值的挖掘,促进了一、二、三产业的融合发展。

本章主要从农业供给侧结构性改革方面讲解电子商务渗透对农业经济发展的影响,旨在帮助读者了解电子商务渗透下农业经济结构的变化,并利用农村电子商务助力乡村振兴。

📚 开篇案例

三峡库首秭归县:"小橙子"撑起 30 亿元"大产业"

据商务部资料,截至 2020 年 2 月,我国电商扶贫已实现对 832 个国家级贫困县的全覆盖。至 2020 年底,我国贫困县已全部实现脱贫,步入乡村振兴阶段。秭归县隶属湖北省宜昌市,位于三峡工程大坝库首,全县贫困发生率曾高达 24.23%,于 2007 年被认定为国家级贫困县,后于 2019 年 4 月通过产业发展实现经济脱贫。

在经济脱贫过程中,秭归县种植脐橙超过 40 万亩,年产量达 60 万吨,产值超过 30 亿元。秭归脐橙已成为当地农户的主要经济来源。

秭归县充分利用电子商务手段,积极推动现代农业发展,并精准捕捉市场信息。首先,秭归县通过电子商务平台获取市场需求,并据此改良橙子品种,引进"伦晚"等晚熟品种,实现错峰上市,从而获得更为理想的市场价格。其次,秭归县为当地农户提供了一个智慧农业平台。通过这一平台,农户能够查看全县的气象数据与商情监测点数据,实施数字化农田管理,进而推动现代农业生产,确保水果品质上乘。再次,秭归县依托县内的农业龙头企业,联合重点高校和科研院所,实现了产学研紧密结合。这不仅提升了橙子的品质,还围绕橙子产业拓展了生态观光农业和农产品加工业等,成功实现了第一、二、三产业的融合发展。最后,秭归县大力发展农村电子商务,目前全县已拥有电子商务企业 1620 家,电商及微商从业人员超过 2.5 万人。这一举措不仅促进了当地电子商务的繁荣,还带动了物流、快递、仓储、包装等相关产业的快速发展。秭归县成功探索出了一条"政府支持、片区推进、企业主导、合作社跟进、柑农受益"的柑橘销售新路径。

秭归脐橙实现了从花到果、从皮到渣的"零废弃"综合利用。脐橙果肉深加工产品从橙汁延伸至橙茶、橙酒、橙醋、橙糖等。落花、落果、橙皮等副产品也实现了深加工,生产出柑橘精油、膳食纤维、果胶等高附加值系列产品,并出口至欧美多个国家。

综上所述,秭归县通过农村电子商务的发展,成功地推动了供给侧结构性改革。在此过程中,秭归脐橙逐渐崛起,成为该县的支柱产业,为农户带来了显著的经济效益,助力他们实现了经济脱贫,并顺利迈入了乡村振兴的新阶段。

(资料来源:人民网-财经频道,商务部——电商扶贫实现 832 个国家级贫困县全覆盖[EB/OL],(2020-02-10)[2022-01-21]. http://finance. people. com. cn/n1/2020/0210/ c1004-31580403. html;

三峡库首秭归县:"小橙子"撑起 30 亿元"大产业"[EB/OL],(2020-11-26)[2022-01-21]. http://rmfp. people. com. cn/n1/2020/1126/c406725-31945176. html.)

农村电子商务通过整合农村与农业的电子商务资源,共同为农户提供服务,旨在实现乡村振兴,并推动城乡一体化建设。

在农村电子商务的推动下,数字乡村建设进程显著加快。基层政府得以获取更全面的农业生产要素和资源信息,进而通过数据驱动的决策全面优化乡村治理。同时,农村电子商务的应用为农业经济的发展开辟了广阔的空间,它帮助农业生产从需求端获取精准信息,从而有效推动了农业供给侧结构性改革。

10.1 电子商务与农业生产方式变革

面对农村电子商务的资源配置优势,国家倡导发展现代农业。仅靠自给自足的小农户难以实现农业现代化,需要进行农业生产方式和经营方式的变革。

1. 农业生产方式变革

在农村电子商务的渗透下,农业生产方式在绿色、标准、品牌、科技四个方面发生了转变,具体如下。

(1)绿色。绿色发展是农业可持续发展的基础。在农村电子商务的影响下,农业生产面向国内外消费市场。在农业生产供应链以及农产品溯源系统的支持下,人们对食品安全的高度关注促使农业生产信息共享。在农业生产中,按农业农村部的部署推进化肥农药的零增长,保障食品安全。同时,实施休耕轮作、黑土地保护、退耕还林还草还湖、地下水漏斗区的治理、土壤污染的治理、秸秆的综合利用、禽畜粪便无害化处理等措施,发展有机农业,保护生态环境,促进宝贵的农业资源可持续利用。

(2)标准。运用农村电子商务进行信息管理,以实现农业从生产到流通环节的全链条控制。这要求具备良好的农业生产规范和技术规程,旨在提升农产品质量并确保食品安全。

农业标准化是指以农业生产活动为对象的标准化实践。其核心目的是将农业科技研究的成果与长期生产实践经验相结合,制定出一套易于操作的技术标准和管理标准。农业生产者遵循这些标准,能够生产出品质优良、数量充足的农产品,进而为农产品的品牌建立和市场推广奠定坚实的基础。

(3)品牌。在农村电子商务的背景下,农产品的品牌建设和维护备受重视。通过强化品牌的建设和使用,能够增强农业生产供给侧的市场意识,进而以品牌为突破口打开市场,提升经济效益。农产品是否拥有品牌,对其价格有着显著影响。在当前的农产品电子商务领域,拥有品牌的农产品占比较高。此外,农产品在品牌维护过程中会受到大众口碑、农产品溯源信息等多重因素的影响,并接受市场的严格考验。

(4)科技。农村电子商务的发展需要现代农业在产品、信息等多个方面提供强有力的科技支撑。这不仅是推动农业转型升级的第一生产力,也是促进农业节本增效的最有效途径。农业的技术体系正在发生转变,具体表现为:从过去主要追求数量增长,转变为现在更加注重质量增长;从以往主要围绕粮食作物生产,扩展到现在涵盖整个大农业领域;从仅关注种养环节,延伸到关注全产业链的发展。只有充分利用科技手段,才能实现以最低成本达到高效农业生产和商品交易的目标,从而获得更大的经济收益。

2. 农业经营方式的变革

农村电子商务的蓬勃发展,促使农业必须转变传统的经营方式,并积极培育新型农业经营主体。虽然自给自足的小农户能够利用电子商务开设网店,但在实现农业现代化方面仍面临诸多挑战。随着农村劳动力不断向城市转移,农业的经营体制亟待创新。

为此,我们需要在坚持家庭承包经营的基础上,着力构建"3+1"的农业经营体系。这里的"3"代表家庭农场、农民合作社以及产业化龙头企业,而"1"则是指覆盖全产业链的农业服务体系。只有建立起这种完善的经营体系,中国农业才有可能真正实现现代化。

(1)土地确权和土地流转。土地资源是发展现代农业的基础,我国现行的土地制度源自1978年实施的家庭联产承包责任制。这一制度通过分离土地的集体所有权和使用权,重新界定了农民、集体、国家之间的权利和义务关系,赋予了农民土地使用权。为了适应现代农业对土地资源的需求，也为了充分利用有限的土地资源，我们需要积极推动土地经营方式的转变，加强土地确权工作，并促进土地流转的顺利进行。

土地确权是土地流转的先决条件，未经确权的土地若直接进行流转，往往会导致权属关系模糊不清。所谓土地确权，是指对土地所有权、土地使用权及其他相关权利的确认与界定，简称确权。而土地流转是指拥有土地经营权（承包权）的农户，在保留其土地承包权的前提下，将其土地经营权（即使用权）转让给其他农户或经济组织的行为。这一流转机制旨在促进土地资源的合理配置，推动多种形式的适度规模经营。

土地流转后，集中连片的土地资源有利于涉农组织进行规模化生产，从而有足够的农副产品去实施从生产到销售的全产业链管理，最大化挖掘产业链价值。

（2）土地使用制度改革。在农业生产中，部分作物的生产周期较长，因此，在土地确权和土地流转之后，需要确保土地的合理、长效经营。这要求我们从制度层面为农户提供长期稳定的土地承包权保障。为此，我国实施了延长土地承包期的政策，明确规定土地承包期限 30 年不变。这一举措不仅为农村土地流转制度的实施奠定了坚实基础，促进了农业生产经营新主体的培育，推动了农业适度规模经营的发展，加速了农业现代化的转型进程，还更加有效地保障了农户的土地财产权益，使广大农户能够安心从事农业生产经营活动，从而维护了国家农业的安全与稳定。

国家提供了长期稳定的土地承包政策，并在土地确权和土地流转方面给予了有力支持，这有效解决了农民进城务工后土地利用率不高的问题。同时，通过开辟新的资金渠道，进一步加快了新型城镇化建设步伐。

10.2　电子商务与农业生产结构调整

农业生产结构调整包括三个方面：

一是确保粮食安全，提升农业供给体系的质量和效率。

二是优化农业的产品结构和生产结构，以更好地对接国内外市场需求，充分发挥不同地区的比较优势，打造以"三区"——粮食生产功能区、重要农产品生产保护区和特色农产品优势区为基本框架的农产品生产布局，形成在全国范围内长期有效的农业生产格局。

三是优化农村产业结构，促进农村一、二、三产业融合发展。以第一产业为基础，延伸产业链条，增加农业附加值，形成完整的产业链。

（1）粮食安全仍是重中之重。2021 年第七次全国人口普查数据显示，中国拥有超过 14 亿的人口。粮食安全作为社会稳定的基石，必须确保粮食自给自足。而确保粮食安全的首要条件是坚守 18 亿亩的耕地红线，并有效解决种子问题。借助农村电子商务的应用，我们可以利用 3S 技术来监测土地资源及其使用情况，并结合农村电子商务生态系统的相关数据，加强对粮食安全的监管。同时，为保障粮食安全，还需调整农业产业结构，引导消费者改变消费习惯。我们可以通过增加蔬菜、瓜果等农产品的消费，减少对粮食的过度依赖，进而巩固粮食安全的基础。此外，应进一步优化粮食最低收购价政策和临时收储制度，让市场在粮食价格形成与储备调节中发挥更大的作用，这样既保障了我国粮食生产的安全，又提升了农业整体产业链的竞争力。

（2）优化农业的产品结构和生产结构。农业供给侧结构性改革表面上是改变农产品的供给品种、品质和数量，实质上是优化现有的农业生产方式和过程，调整农业产业组织制度和产业结构。当前，我国粮食生产量、库存量、进口量均呈增长态势，但农户增产不增收，农产品结构性过剩的供给侧问题主要源于农业产业组织制度和产业结构的不合理。此外，农业领域的信息不对称增加了农户的判断难度，加剧了农业市场供给侧的矛盾。

我国农业市场结构存在不合理之处，具体表现为集中度较低，农户数量众多且经营分散。这些问题直接导致了生产成本高昂、市场风险增加。同时，同类商品的进口对国内农产品市场造成了较大冲击。此外，农业生产领域存在进入门槛相对较低、退出门槛较高的现象。农业产业结构与市场需求之间存在一定的不匹配，而这种不匹配在很大程度上受到人们的收入水平的制约。随着人们收入的变化，需求结构会相应地发生调整。需求结构的优化能够推动农业产业结构的调整与优化，进而提升农村劳动生产率，促进资源的合理配置，实现农户收入的稳步增长和收入结构的不断改善。在这一过程中，需求结构、收入结构和农业产业结构之间形成了相互促进的良性循环，共同构成了一个相互影响、相互制约的综合体系。

农村电子商务在多个方面发挥着积极作用。一方面，利用农村电商大数据来引领农业生产的产品结构和生产结构的优化。通过分析农产品的区域性、品种等生产信息，可以引导农户向优质、高效的农业生产管理方向转变。同时，利用大数据获取与分析技术，农户能够掌握农产品生产区域与消费区域的变化情况，从而提高农产品的产销区匹配度，降低农产品的物流成本，并有效避免农产品市场价格出现过大波动。此外，通过及时获取农产品的生产过程信息，并进行大数据关联分析，能够更好地了解生产要素投入与管理之间的关系，进而提高农业投入品的使用效率。

另一方面，农村电子商务紧密连接了农产品的生产与消费，推动了农业供给侧结构性改革。这一改革的最终目标，是要真正实现以消费者为中心。借助大数据进行农业生产经营与分析，农业生产者和经营管理者能够更深入地了解市场需求，进而有针对性地开展产品创新、简化流程、降低成本，并提升供给侧的整体效益。政府方面，也能够从大数据分析中及时获取市场形势、消费者需求以及生产者变化的信息，从而更加精准地研究制定相关政策，选定合适的农业政策工具及应用时间，引导生产端的农户、企业、经营主体优化调整农业结构，精准助力农业供给侧结构性改革。

（3）促进农村一、二、三产业融合发展。农村一、二、三产业的融合并非仅仅强调产业间的简单结合，而是需要建立起一种互惠共赢、风险共担的紧密型利益联结机制。这种机制的核心在于"基在农业、惠在农村、利在农民"，这也是农村一、二、三产业融合发展的内在要求。

农村电子商务在这一过程中扮演着重要角色，它将农业、农村、农民的信息紧密联系在一起，极大地提升了一、二、三产业之间的协同效率。通过这种协同，农村一、二、三产业的融合发展能够更好地惠及广大农民，进而以产业兴旺促进农村经济发展。

在一、二、三产业的融合中，应优先支持农业合作社等与农户关系密切的经营组织，构建起"公司＋合作社＋农户""公司＋基地＋农户"等农企融合的共赢模式，将农民特别是贫困家庭的劳动力纳入产业组织和产业链中，带动农民积极参与融合发展，实现稳定增收。在支农资金分配、涉农企业扶持等方面，应向有利于农民分享增值收益的融合主体倾斜，确保农民能够更好地分享产业链增值带来的收益。

10.3 电子商务与农村沉睡生产要素挖掘

农村电子商务的普及显著提升了农业的数字化水平。在大数据的支撑下,农村中沉睡的生产要素被有效挖掘,如农村剩余劳动力的合理配置、外出务工人员土地利用效率的提升等。通过制度创新推进改革,唤醒这些沉睡的生产要素并激发新动能,是实施农业供给侧结构性改革的重要举措。

生产要素是经济学中的一个基本概念,涵盖了人的要素、物的要素。生产要素是指在生产社会财富的过程中,生产要素是指进行社会生产经营活动所必需的各种社会资源,它们是维系市场主体生产经营活动及国民经济运动所不可或缺的基本要素。

具体而言,生产要素主要包括劳动力、土地资源、资本和科学技术这四种。这些生产要素在市场中进行交换,从而形成了各自的价格,进而构成了生产要素价格体系。

(1)劳动力。长期存在的城乡二元经济结构导致农村劳动力整体文化素质相对较低,然而,随着农村电子商务的普及,越来越多的农户通过电子商务获取知识或直接参与电子商务活动,实现了再就业。例如,电商平台的发展为农户带来了教育资源,使他们能够学习大量知识,实现科技种田;同时,部分农民通过电子商务参与农产品直播带货,创造了一批新的就业岗位,推动了农民增收。此外,农村电子商务经济的发展还吸引了大学生、优秀企业家回乡创业,提升了农村的文化生活水平。

农村电子商务的"沙集模式"是电子商务唤醒"沉睡"劳动力的典型案例,该模式起源于江苏省徐州市沙集镇东风村。自2006年起,"电商三剑客"返乡创业,面对工农业基础薄弱、自然资源匮乏的现实环境,他们尝试开展简易家具电商业务,并带动更多农村剩余劳动力加入其中。通过电子商务平台,他们根据用户需求进行家具设计、线下加工、网上销售和物流配送,突破了传统产业的发展模式,创造了"无中生有"的电子商务模式,唤醒了大量"沉睡"的劳动力,推动了农村经济的发展。

电子商务的渗透推动了劳动力市场的变革,使"沉睡"的劳动力成为"新农人",为农村的发展注入了新动能。

(2)土地等自然资源。土地是农村经济发展中最重要,也是最有限的资源。随着数字乡村的建设,农村中闲置和低效的土地资源得到了有效开发。集体经济下的旧厂房、废弃的乡村小学占地、农户的旧宅及废弃宅基地、空心村、抛荒地、废弃耕地等土地闲置现象严重,造成了土地资源的极大浪费。农村电子商务利用信息集成的优势,深入分析土地资源的使用效率,对闲置耕地进行污染治理与修复,结合现代农业生产要求改善其利用条件和价值,推动闲置耕地的整理和再利用。这有助于挖掘沉睡或处于半睡眠状态的土地资源,促成土地流转并进行产业创新,使土地资源发挥最大效益。

新丰县位于广东省韶关市,是一个地理位置优越但农业种植效益相对较低的县。由于大量农村劳动力外出务工,该县出现了严重的土地抛荒现象。为应对这一问题,新丰县创新性地实施了"431"模式。该模式包含四种复耕方式,即自行复耕、村集体委托管理、大户承包以及"党建＋攻坚"模式,旨在调动各类积极因素,采取"一地一策"的方式,全面推进土地综合整治工作;同时,强调三大作用的发挥,包括党员干部的示范带头作用、经营主体的引领带动作用以及科技服务的提效作用,以引领和推动复耕工作的顺利进行;此外,还构建了"一个体系",即严密的督导体系,以确保各项措施得到有效落实。通过这一模式的实施,新丰县成功激活了上万亩"沉睡"的土地资源,为乡村振兴注入了新的活力。

(3)资本。资本是农业供给侧结构性改革的重要支撑。电子商务的渗透推动了农村普惠金融的发展,改善了金融服务。在电子商务的推动下,金融业通过信息技术提高了服务能力,实现了金融服务在地域上的全覆盖;移动支付降低了用户的信息素养门槛,实现了金融服务在使用人群上的全面覆盖。此外,DCEP 在农产品交易中的使用提高了结算效率。电子支付使农村资金流动信息化,支持了更多普惠金融服务及其他金融服务(如财政贴息、融资担保、扩大抵押物范围等),努力解决返乡下乡人员创业创新的融资难问题。

金融机构还通过分析农户资金流使用情况,在风险可控的前提下有序推进农村承包土地经营权抵押贷款试点,有效盘活了农村资源、资金和资产。银行业金融机构创新金融服务,开发符合返乡下乡人员创业创新需求的信贷产品和服务模式,探索权属清晰的动产和不动产抵押贷款业务(包括农业设施、农机具等),提升了返乡下乡人员的金融服务可获得性。同时,加强对纳入信用评价体系的返乡下乡人员的金融服务,加大对农业保险产品的开发和推广力度,鼓励有条件的地方探索开展价格指数保险、收入保险、信贷保证保险、农产品质量安全保险、畜禽水产活体保险等创新试点,更好地满足返乡下乡人员的风险保障需求。

因此,电子商务的渗透增强了金融机构的服务意识,为农村提供了普惠金融服务。电子支付将经济活动中的资金流信息化,强化了农村信用体系的作用,及时为农业生产提供金融支持,促进了农业生产并满足了社会多元化的产品需求,推动了农业经济供给侧结构性改革。

(4)科技。农业经济供给侧结构性改革的目标是促使农业"提效率、促升级、增收入、保安全"。其中,"改什么"和"如何改"是关键问题,需要充分发挥科技作为第一生产力的作用。

随着电子商务的渗透,市场信息能够及时反馈给生产者,农业知识能够及时帮助农户提高生产技能,为农产品交易提供广阔市场,这本身就是科技的应用。在现代农业中,将高新技术(如物联网技术、3S 技术等)应用于农业生产同样是科技的应用。党的十八大以来,农业科技加速推进了中国农业、农村的现代化进程。

电子商务要加速推动农业经济供给侧结构性改革,需要进一步激发科技的潜能,以科技为支撑走现代农业内涵式发展道路。要调整科技创新方向、优化科技资源布局、推进重大科研攻关、深化科技体制改革,助力乡村振兴。

本章小结

农村电子商务的应用将农业电子商务与农村电子商务相融合,实现了农村生产要素信息和经济活动信息的全面集成。这推动了数据驱动的决策制定,促进了农业供给侧结构性改革和乡村振兴。

特别是在突发事件中,农村电子商务赋能农业供给侧结构性改革,不仅解决了 14 亿人口的农副产品购销问题,还促进了经济快速复苏和农业生产恢复。这充分展示了农业供给侧结构性改革在产业结构优化中的抗风险能力。同时,农村电子商务示范县、示范乡镇和示范村在国家贫困县脱贫过程中的积极贡献也印证了其有效性。

农村电子商务对农业经济供给侧结构性改革的影响主要表现在三个方面:一是促进农业生产方式变革,向"绿色、标准、品牌、科技"四个方向转化;二是优化农业生产结构以确保粮食安全、优化农业的产品结构和生产结构以及优化农村产业结构,促进农村一、二、三产业的融合发展;三是唤醒农村沉睡的生产要素,充分发挥劳动力潜能、合理利用闲置土地资源、全面覆盖农村普惠金融以及最大化挖掘科技的潜力。

农村电子商务的渗透解决了农业经济供给侧结构性改革中的信息不对称等瓶颈问题,并创新了其内容,加速了农村经济的发展。

思考题

1.电子商务下农业生产方式变革四个方面的具体内容是什么?

2.农村产业结构调整是否意味着将原先种粮食的区域改为种特色经济作物?

3.农村"沉睡"的生产要素主要有哪些内容?

参考文献

[1] 邵兵家. 电子商务概论[M]. 4 版. 北京：高等教育出版社，2019.

[2] 孙红敏. 数字农业技术基础[M]. 2 版. 北京：高等教育出版社，2015.

[3] 马莉婷. 电子商务概论[M]. 2 版. 北京：北京理工大学出版社，2019.

[4] 张功国，李彬，赵静娟. 现代 5G 移动通信技术[M]. 北京：北京理工大学出版社，2019.

[5] 上海财经大学"千村调查"项目组. 2017 中国农村互联网应用发展报告[M]. 上海：上海
    财经大学出版社，2018.

[6] 张卫钢. 通信原理与通信技术[M]. 4 版. 西安：西安电子科技大学出版社，2018.

[7] 彭木根. 物联网基础与应用[M]. 北京：北京邮电大学出版社，2019.

[8] 罗兴宇，刘玲，闫会峰，等. 计算机科学导论[M]. 上海：上海交通大学出版社，2017.

[9] 卢晓慧，聂鹏程. 农业物联网技术与应用[M]. 北京：中国农业大学出版社，2016.

[10] 邵欣，刘继伟，曹鹏飞. 物联网技术及应用[M]. 北京：北京航空航天大学出版社，2018.

[11] 高航，俞学劢，王毛路. 区块链与人工智能：数字经济新时代 [M]. 北京：电子工业出版
    社，2018.

[12] 张志. 云计算与物联网关键技术研究及应用[M]. 吉林：吉林大学出版社，2018.

[13] 张珺，盛晏，王华丽. 管理信息系统[M]. 北京：中国农业大学出版社，2019.

[14] 林荣恒，吴步丹，金芝. 软件体系结构[M]. 北京：人民邮电出版社，2015.

[15] 韩炜. 可信嵌入式软件开发方法与实践[M]. 北京：航空工业出版社，2017.

[16] 张海藩，牟永敏. 软件工程导论[M]. 6 版. 北京：清华大学出版社，2013.

[17] 初雪. 计算机网络工程技术及其实践应用[M]. 北京：中国原子能出版社，2018.

[18] 谢正兰，张杰. 新一代防火墙技术及应用[M]. 西安：西安电子科技大学出版社，2018.

[19] 史浩. 互联网金融支付[M]. 北京：中国金融出版社，2016.

[20] 秦科. 网络安全协议[M]. 成都：电子科技大学出版社，2019.

[21] 吴明华，钟诚. 电子商务安全[M]. 2 版. 重庆：重庆大学出版社，2017.

[22] 袁东升. 电商基础：策略·运营·技术[M]. 北京：北京理工大学出版社，2019.

[23] 白东蕊，岳云康. 电子商务概论[M]. 3 版. 北京：人民邮电出版社，2016.

[24] 祁梦昕. 云计算与大数据环境下的互联网金融[M]. 武汉：武汉大学出版社，2016.

[25] 李琪. 电子商务导论[M]. 北京：中国铁道出版社，2012.

[26] 田真平. 农业供给侧改革背景下的中国农村电子商务研究[M]. 徐州：中国矿业大学出
    版社，2017.

[27] 林颖. 电子商务实战基础：新媒体营销实战[M]. 北京：北京理工大学出版社，2019.

[28] 崔译文，邹剑峰. 市场营销学[M]. 3 版. 广州：暨南大学出版社，2017.

[29] 韩彩霞. 网络营销[M]. 北京：对外经济贸易大学出版社，2010.

[30] 马慧娟. 金融法学[M]. 昆明：云南大学出版社，2017.

［31］张珺，盛晏，王华丽．管理信息系统［M］．北京：中国农业大学出版社，2019．

［32］朱长征．电子商务物流［M］．北京：北京理工大学出版社，2016．

［33］倪锦丽．吉林省农村一二三产业融合发展研究［M］．长春：吉林人民出版社，2019．

［34］章宁．电子商务教程［M］．北京：首都经济贸易大学出版社，2015．

［35］乌家培．信息资源与信息经济学［J］．情报理论与实践，1996（4）：5－7．

［36］张永林．网络、信息池与时间复制——网络复制经济模型［J］．经济研究，2014（2）：171－182．

［37］钱钰鉴．平台型电子商务网络交易博弈过程研究［D］．武汉：武汉大学，2017．

［38］孙克武．电子商务物流与供应链管理［M］．北京：中国铁道出版社，2017．

［39］崔丽．农产品供应链质量安全风险控制研究［M］．北京：中国财富出版社，2015．

［40］国家标准化管理委员会．现代农业标准化：上册［M］．北京：中国质检出版社，2013．

［41］许芳，张林子．订单农业参与农户供应链金融服务的可获得性研究［J］．湖北科技学院学报，2020（5）：6．

［42］任宗伟．供应链管理［M］．北京：中国财富出版社，2016．

［43］焦继军．金融服务创新助力实体经济发展［M］．北京：中国经济出版社，2017．

［44］戴炳业，刘慧，李敬锁．中国农业农村现代化探索与实践研究［M］．北京：科学技术文献出版社，2019．

［45］陈联刚．地理标志农产品电子商务发展模式创新研究［M］．武汉：华中科技大学出版社，2018．

［46］金江军，郭英楼．互联网时代的国家治理［M］．北京：中共党史出版社，2016．

［47］张赵晋．供给侧改革下有机农产品电子商务创新研究［M］．成都：电子科技大学出版社，2018．